SORG

Immobilienmakler

Grundlagen – Strategien – Entwicklungspotenziale

4. Auflage

Immobilienmakler

Grundlagen – Strategien – Entwicklungspotenziale

von

Ralf Sorg
Dipl. Betriebswirt (FH)
Geschäftsführer des Immobilien Verbandes
Deutschland, IVD Süd e.V.
Vorstand (CEO) der ivd24-immobilien AG
Geschäftsführer der IVD Institut GmbH

4., vollständig überarbeitete Auflage

2022

Bibliografische Information der Deutschen Nationalbibliothek |
Die Deutsche Nationalbibliothek verzeichnet diese Publikation in der Deutschen Nationalbibliografie; detaillierte bibliografische Daten sind im Internet über www.dnb.de abrufbar.

4. Auflage, 2022
ISBN 978-3-415-06194-1

Scharrstraße 2
70563 Stuttgart
www.boorberg.de

Titelfoto: © Studio Romantic – stock.adobe.com | Satz: abavo GmbH, Nebelhornstraße 8, 86807 Buchloe | Druck und Bindung: Laupp & Göbel, Robert-Bosch-Straße 42, 72810 Gomaringen

Richard Boorberg Verlag GmbH & Co KG | Scharrstraße 2 | 70563 Stuttgart
Stuttgart | München | Hannover | Berlin | Weimar | Dresden
www.boorberg.de

Vorwort

Immobilien sind in der Rechtssprache unbewegliche Sachgüter. Tatsächlich sind es besondere Güter. Sie lassen sich nicht bewegen, sie sind nicht beliebig verfügbar, sie gehören zu den teuersten Gütern und sie sind essenziell für unsere Gesellschaft. Unabhängig davon, ob es Wohnimmobilien, Gewerbeimmobilien oder Garten- und Grünflächen sind.

Deutschland hat einen sehr gut regulierten Mietmarkt. Dies spiegelt sich auch in der hohen Mieterquote von rund 53 % wider, 47 % der Menschen wohnen im selbst genutzten Wohneigentum. Befragt man Mieter, so möchten knapp drei Viertel aller Mieterhaushalte grundsätzlich gerne in der eigenen Immobilie leben. Das Interesse an der Bildung von Wohneigentum ist unmittelbar auch immer mit dem Gedanken der Altersabsicherung verbunden. Die Corona-Pandemie befeuert den Strukturwandel bei den Gewerbeimmobilien. Während Einzelhandelsflächen immer höhere Leerstände verzeichnen und der Büroimmobilienmarkt stagniert, boomen Logistik- und Lagerflächen.

Der Makler ist die zentrale Figur am Immobilienmarkt. Er bringt sowohl Mieter und Vermieter als auch Käufer und Verkäufer von Immobilien zusammen. Beim Verkauf berät er entweder beide Seiten oder nur eine Seite. Angefangen von der Objektaufbereitung und Vermarktung über die Durchführung von Besichtigungen, Interessentenvorauswahl und Verhandlungen bis hin zur Begleitung beim Notartermin reicht sein Tätigkeitsspektrum. Dabei hat er eine Vielzahl von rechtlichen Vorschriften zu beachten. Eigenmarketing für die Akquise neuer Objekte, Objektbewertungen, Auftragskalkulationen und Netzwerkpflege gehören zum Tagesgeschäft.

Das vorliegende Buch gibt Antworten auf viele rechtliche Fragen, Tipps zur Akquise und Informationen zu Marktrisiken und Markteinflussfaktoren. Es startet mit einer historischen Rückschau, wie sich der Beruf des Maklers sowie der rechtliche Rahmen – insbesondere die Maklerverträge und Provisionsregelungen – entwickelt haben. Ein Blick in andere europäische Länder hilft bei der Einwertung des eigenen Standorts.

Die Marktfunktionen des Maklers und dessen Leistungsspektrum werden ebenso erörtert wie die Auftragskalkulation und Kennzahlen eines Immobilienbüros. Abgerundet wird das Werk durch Organisations- und Verbandsstrukturen sowie Verhaltensregeln, die sich die großen Maklerorganisationen selbst gegeben haben, um den Verbraucher und den Berufsstand selbst zu schützen.

Die vorliegende vierte Auflage wurde vollständig aktualisiert und überarbeitet. Sie berücksichtigt alle gesetzlichen Änderungen und greift auch die aktuellen Trends beim Thema Online-Akquise mit auf.

Ralf Sorg München, 13.09.2021

Gliederung

Inhaltsverzeichnis

Abkürzungsverzeichnis

Abb.	Abbildung
AGB	Allgemeine Geschäftsbedingungen
AGB-Gesetz	Gesetz zur Regelung des Rechts der Allgemeinen Geschäftsbedingungen
BauGB	Baugesetzbuch
Bd.	Band
BGB	Bürgerliches Gesetzbuch
BGH	Bundesgerichtshof
CEPI	European Council of Real Estate Professionals
DIA	Deutsche Immobilien Akademie
EDV	Elektronische Datenverarbeitung
Eq	Erfolgsquotient
EU	Europäische Union
Ew	Erfolgswahrscheinlichkeit
FM	Facility Management
GewO	Gewerbeordnung
GwG	Gesetz über das Aufspüren von Gewinnen aus schweren Straftaten (Geldwäschegesetz)
HGB	Handelsgesetzbuch
IHK	Industrie- und Handelskammer
IVD	Immobilienverband Deutschland
Kap.	Kapitel
KWG	Kreditwesengesetz
MaBV	Makler-Bauträger-Verordnung
OLG	Oberlandesgericht
PangV	Preisangabenverordnung
RDM	Ring Deutscher Makler
Rd. Nr.	Randnummer
Rq	Risikoquotient

S.	Seite
TEGOVA	The European Group of Valuers Association
TMG	Telemediengesetz
Tsd.	Tausend
TÜV	Technischer Überwachungsverein
VDM	Verband Deutscher Makler
WEG	Wohnungseigentumsgesetz
WoVermG	Wohnungsvermittlungsgesetz
z. B.	zum Beispiel
ZPO	Zivilprozessordnung

1. Historischer Rückblick

Dieses Kapitel gibt einen Überblick über die geschichtliche Entwicklung des deutschen Maklerrechts. Die Vergütung des Maklers – sowohl in der Höhe als auch der Leistungsumfang – waren immer wieder Gegenstand von Diskussionen. Jedes Produkt enthält eine Vertriebsprovision, der Makler arbeitet jedoch auf Erfolgsbasis und stellt seine Provision separat in Rechnung. Dies weicht von den Gütern, die uns tagtäglich umgeben, ab und führt automatisch zur Frage, wie die Preisgestaltung und Abrechnung interessengerecht aufgeteilt werden soll. Daher geht das Kapitel auch auf grundsätzliche Überlegungen zur Provision ein. Gesetze und Verordnungen zu verändern ist oftmals ein langwieriger Prozess; dies wird am Beispiel des Fach- und Sachkundenachweises dargestellt.

1.1 Vorbemerkung

Es gibt viele Situationen, in denen sich Menschen unversehens in der Rolle eines Maklers wiederfinden, auch wenn sie sich dessen nicht bewusst sind. Solche Situationen sind nicht nur in der Wirtschaft, in der Politik, im Kulturbetrieb oder in Familienkreisen anzutreffen – Vermittler, Mediatoren und Schlichter finden sich überall, egal ob zwischen Staaten, Parteien, Institutionen oder Personen.

Der bekannte Ausspruch Otto von Bismarcks, seine Rolle sei die eines ehrlichen Maklers, als er 1878 auf dem Berliner Kongress im Balkankonflikt zwischen dem Osmanischen Reich und den europäischen Großmächten eine Vermittlerrolle übernahm, haben ungezählte Politiker nach ihm bis in die jüngste Gegenwart (Gerhard Schröder ebenso wie Angela Merkel) für sich oder ihr Land in Anspruch genommen. Schließlich wird einem Politiker, der eine solche Rolle übernimmt, ein hoher staatsmännischer Rang eingeräumt. In der Tat: Ohne Menschen oder Institutionen, die Maklerfunktionen ausüben, wäre die Menschheit in vielen Bereichen des Lebens eine reine Ansammlung von Individualisten mit unerfüllt bleibenden Wünschen.

Menschen, die die Begabung für die Rolle eines *Mediators* haben, fördern die Existenz einer funktionierenden arbeitsteiligen Gesellschaft. Sie mindern die *Transaktionskosten*, die ohne sie bei denjenigen entstünden, die für ihre Zwecke geeignete Vertragspartner suchen. Sie ermöglichen zusätzliche Transaktionen, die es ohne sie nicht gäbe, und tragen so zur Mehrung des gesellschaftlichen Nutzens bei.

Besonders im Wirtschaftsleben hat es in vielen Ländern Personen gegeben, die als Makler einen Beruf oder ein Amt ausübten. Es waren vornehmlich solche Volkswirtschaften, in denen ein regelmäßiger Handels- und Tauschverkehr florierte. Kaufleute, die häufig nicht ortsansässig waren, benötigten an den für sie interessanten Handelsorten Mittlerpersonen für ihre Handelsgeschäfte. Makler (wie der von der Bürgerschaft gewählte Proxenos im alten Griechenland oder der Proxenata im Römischen Reich) waren in diesem Spektrum nicht nur Vermittler von Handelsbeziehungen, Ämtern und Geschäften, Begutachter von Maßen und Qualitäten, sondern auch unentbehrliche Dolmetscher. Gleichzeitig waren sie Repräsentanten und Organisatoren der Märkte.

In den Handelsstädten des deutschsprachigen Raumes bekamen sie bereits ab dem 14. Jahrhundert durch ihre *Vereidigung* eine amtliche Stellung. Im deutschen und österreichischen Raum erfolgte die Bestellung und Vereidigung, bis der Einzug der Gewerbefreiheit in der 2. Hälfte des 19. Jahrhunderts dem Einhalt gebot, durch den Rat der Städte („Ratsmakler") und teilweise durch Kreisbehörden. Ebenso gab es durch Fürsten „landesherrlich" bestellte Makler.[1] In Liechtenstein werden auch heute noch Handelsmakler („*Sensale*") amtlich bestellt und vereidigt.

In Deutschland gab es ein Relikt aus dieser Zeit noch bis 2002 an der Börse. Es handelte sich um die für den „Amtlichen Handel" mit Wertpapieren zuständigen Kaufleute („*amtliche Kursmakler*"), die allerdings durch den elektronischen Handel mehr und mehr verdrängt wurden. Die Regelungen zur öffentlichen Bestellung und Vereidigung fanden sich in den Rechtsverordnungen der Bundesländer auf der Grundlage des Börsengesetzes. Dieses schrieb in § 30 vor, dass „Kursmakler vor Antritt ihrer Stellung den Eid zu leisten" haben, „dass sie die ihnen obliegenden Pflichten getreu erfüllen werden". Um genügende Gewähr dafür zu schaffen, dass nur absolut zuverlässige und von Börseninteressen unabhängige Personen zu Kursmaklern ernannt würden, erschien die Vereidigung der für dieses Amt ausgesuchten Personen ein geeignetes Mittel. Wirtschaftliche Leistungsfähigkeit, berufliche Eignung und *Zuverlässigkeit* waren Voraussetzungen für die Bestellung zum Kursmakler. Sie erhielten ihre Courtage vom Käufer und Verkäufer in gleicher Höhe. Diese Regelung sollte die *Neutralität* des Maklers dokumentieren. Es war das Idealbild des amtlichen Handelsmaklers, dessen Neutralität zusätzlich durch eine Reihe von Verboten abgesichert wurde: Verbot des Eigenhandels, Verbot der Gewährung von Bürgschaften an Auftraggeber

1 So bestellte der sächsische Kurfürst August der Starke 1705 eigene Makler, sog. „Kammer-Sensale" oder „Finanz-Sensale", die er bei seinen enormen Bauaktivitäten gut gebrauchen konnte (siehe Moltke, Siegfried: „Geschichte der Leipziger Maklerschaft" Leipzig 1939, S. 1).

und Verbot des Kommissionshandels. Die Anwärter, die sich um eine Bestellung und Vereidigung bemühten, mussten sich überwiegend einer *Fachkundeprüfung* unterziehen.

1.2 Die Entstehung des deutschen Maklerrechts

1.2.1 Ausgangssituation

Da ein *Immobilienhandel* in nennenswertem Umfang erst in der zweiten Hälfte des 19. Jahrhunderts einsetzte[2] und *Bodenhändler* bzw. *Terraingesellschaften* zunächst das Marktfeld zu beherrschen begannen, konzentrierten sich Makler hauptsächlich auf das Handelsgeschäft zwischen Kaufleuten. Aus ihnen entstanden die späteren „*Handelsmakler*" i. S. d. Handelsgesetzbuches. Das Mitte des 19. Jahrhunderts entstehende und schnell wachsende Geschäftsfeld des Immobilienmarktes wurde dagegen nicht von Maklern, sondern fast ausschließlich von Händlern und Bodenunternehmern („*Bodenspekulanten*") beherrscht.

An Bedeutung gewannen Immobilienmakler erst, nachdem die Risiken des Grundstückshandels und der Grundstücksspekulation unüberschaubar wurden.[3] Immerhin war das Berufsbild so wenig ausgeprägt, dass der Gesetzgeber bei der Frage, ob das (Immobilien-)Maklergeschäft Eingang in den Regelungsbereich des Bürgerlichen Gesetzbuches finden sollte, höchst unentschlossen war. Die für die Erstellung des Entwurfs eines Bürgerlichen Gesetzbuches eingesetzten Kommissionen befassten sich nur am Rande mit dem *Zivilmakler*.[4] Sie konnten mit ihm nicht viel anfangen. Die zivile Rechtsentwicklung und die Entwicklung des gewerblichen Immobilienmaklergeschäftes kreuzten sich historisch quasi an der falschen Stelle. Die BGB-Vorschriften über das für den Immobilienmakler anzuwendende Recht wären undenkbar, wenn es vor 1900 bereits das Maklergeschäft gegeben hätte, das wir heute kennen und allerorts antreffen.

2 Näheres hierzu siehe Sailer, Erwin: „Die Problemgeschichte des Deutschen Immobilienmarktes" in Bach/Ottmann/Sailer/Unterreiner: „Immobilienmarkt und Immobilienmanagement" München 2005.

3 Der überwiegende Teil der Bodenhandelsunternehmen und Terraingesellschaften (meist Aktiengesellschaften) ist noch vor Beginn des Ersten Weltkriegs in Vermögensverfall geraten.

4 Sehr detailliert befasst sich mit der Geschichte des Maklerrechts Mario Axmann in seiner Dissertation, die unter dem Titel „Maklerrecht und Maklerwesen bis 1900" 2004 im Richard Boorberg Verlag Stuttgart erschienen ist.

1.2.2 Orientierung am Handelsmakler

In Deutschland befasste man sich vorrangig mit Regelungen für den *Handelsmakler*, der es mit Gütern zu tun hat, deren Rechtsverkehr nicht im Bürgerlichen Gesetzbuch, sondern in anderen Gesetzen geregelt war. Nur die Handelsmakler standen in der Tradition der ehemals amtlich bestellten und vereidigten Makler. Zu ihnen zählten vor allem die Börsenmakler, die Versicherungsmakler, die Schiffsmakler und die Warenmakler. Ihr Recht fand in den §§ 93-104 HGB ihren Niederschlag. Kennzeichnend für deren Rechtsstellung ist die Vorschrift, dass mangels einer Vereinbarung über den Maklerlohn oder eines anderen „Ortsgebrauchs" dieser von beiden Parteien je zur Hälfte zu entrichten sei. Hier kommt der Gedanke der *Neutralität* zum Ausdruck.

Für diejenigen, die sich nicht als Handelsmakler einordnen ließen, wurden im BGB Vorschriften platziert. Der Unterschied zwischen Handelsmakler und *Zivilmakler* bestand und besteht auch heute noch darin, dass es Handelsmakler mit Gegenständen des Handelsverkehrs (Verträge über Waren, Wertpapiere, Versicherungen, Güterbeförderung, Schiffsmiete usw.) zu tun haben, während Gegenstände der Maklertätigkeit von Zivilmaklern im Bürgerlichen Gesetzbuch geregelt sind. Hierzu zählen Verträge über Grundstücke, Mieträume, Darlehen und Dienstverträge. Beim Sonderfall der Ehe wird allerdings nicht auf die Vermittlung von *Eheverträgen* abgestellt. Dies ist in Deutschland Sache der Notare.[5]

Eine besondere Konstellation findet sich beim Versicherungsmakler, auch *Broker* genannt, der ausschließlicher Interessenvertreter des Kunden ist, obwohl die Versicherungsgesellschaft die Provision bei Abschluss eines Versicherungsvertrages bezahlt. Im Gegensatz zum Versicherungsmakler vertritt der Versicherungsvertreter die Versicherungsgesellschaft und hat deren Weisungen zu beachten. Das Recht des Versicherungsmaklers ist zuletzt mit der EU-Vermittlerrichtlinie 2016 neu geregelt worden. Die Bestimmungen zur Voraussetzung zur Erteilung einer Erlaubnis für Versicherungsmakler nach § 34 d GewO wurden durch die Richtlinie zuletzt im Februar 2018 aktualisiert.

Im Gegensatz zum Immobilienmakler müssen Versicherungsmakler eine Berufshaftpflichtversicherung vorhalten und Fachkunde durch eine Prüfung bei der IHK auf der Ebene des Versicherungsfachwirtes nachweisen. Versicherungsmakler gehören zu den Handelsmaklern.

---

5 Die „Heiratsvermittlung" (§ 656 BGB) bezieht sich auf den „Nachweis der Gelegenheit zur Eingehung einer Ehe" und die „Vermittlung des Zustandekommens einer Ehe". Das Versprechen eines Lohnes hierfür ist – im Gegensatz zu den Regelungen des Maklervertrages – unverbindlich.

1.2.3 Das Maklerrecht im BGB

Der erste Entwurf des BGB (Stand 1888) enthielt hinsichtlich des Maklerrechts nur einen einzigen Paragrafen (§ 580 Mäkler Vertrag).[6] Danach sollte ein Lohnanspruch für den Makler nur dann entstehen, wenn infolge eines Vertragspartner- bzw. Objektnachweises oder infolge der Vermittlungsbemühungen des Maklers ein Vertrag zustande kommt.

Den Befürwortern dieser Auffassung, die Maklern eine vollkommene Handlungsfreiheit gegenüber den Auftraggebern gewährt hätte, standen bereits damals Vertreter gegenüber, die den Makler zur Tätigkeit verpflichten wollten. Solche Überlegungen fanden in den „Motiven“[7] zum BGB ihren Ausdruck. Danach sei die Bestimmung bedenklich, „dass der Maklervertrag den Makler berechtigt, aber nicht auch verpflichtet, der Makler mithin aufgrund des Vertrages zur Aufwendung von Bemühungen im Interesse des Auftraggebers nicht angehalten werden kann“. Dies habe zur Folge, dass der Makler bei Verschulden im Zusammenhang mit seiner Maklertätigkeit nicht durch den Vertrag, sondern nur nach den Grundsätzen über unerlaubte Handlung zur Verantwortung gezogen werden könne. Wollte man den Makler zur Tätigkeit verpflichten, wäre daraus ein wesentliches dienstvertragliches Element in das Maklerrecht aufgenommen worden mit der Folge, dass damit auch eine *Vergütungspflicht* gegenüber dem Makler *erfolgsunabhängig* entstanden wäre.

1898 gab es bereits einen Versuch des damaligen *Vereins Deutscher Immobilienmakler,*[8] zu einem eigenen Maklergesetz zu gelangen. Dieser Versuch, der viel zu spät gestartet wurde und kaum Unterstützung fand, scheiterte.[9] Ein Grund dafür war wohl auch, dass dieser Verein nicht die Größe und Bedeutung hatte, damit er eine ernsthafte Lobbyfunktion hätte übernehmen können. Bei den Beratungen auf dem 24. Deutschen Juristentag im Jahr 1898 wurde immer wieder die Frage gestellt, wer dieser Verein eigentlich sei und wer sich dahinter verberge.

Die endgültige Fassung des zivilen Maklerrechts, die trotz Bedenken keine *Tätigkeitsverpflichtung* des Maklers mehr vorsah, stammt aus dem Jahr 1896 und ist als Teil des BGB am 1. Januar 1900 in Kraft getreten. Der Kern des Rechts findet sich in § 652 BGB. Im Laufe der Arbeiten am BGB wurden

6 Wegener, Urlich/Sailer, Erwin/Raab, Stephan: „Der Makler und sein Auftraggeber“ Stuttgart 1976, S. 24.

7 Motive für den Entwurf eines Bürgerlichen Gesetzbuches für das Deutsche Reich, Bd. II, 1888, Berlin und Leipzig.

8 Nicht zu verwechseln mit dem „Verband Deutscher Makler“, der 1963 gegründet wurde.

9 Axmann, Mario: „Maklerrecht und Maklerwesen bis 1900“ Stuttgart 2004, S. 160 ff.

noch die für Immobilienmakler relevanten §§ 653 und 654 BGB hinzugefügt. Während in der Schweiz das dem deutschen BGB weitgehend nachgebildete Maklerrecht noch zusätzlich die Herabsetzungsmöglichkeit einer vereinbarten Provision beim Immobilienmakler vorsieht, bezieht sich die deutsche Parallelvorschrift des § 655 BGB nur auf die Vermittlung von Dienstverhältnissen.

So regelt das heute geltende Maklerrecht eine Rechtslandschaft, die geprägt ist von der Ende des 19. Jahrhunderts noch verbreiteten Vorstellung, dass es Gefälligkeitsmakler, Gelegenheitsmakler und (eher am Rande) gewerbsmäßig tätige Makler gibt. Ein *Gefälligkeitsmakler* verlangt keine Provision. Seine Rechtsposition ist also unkompliziert, wenn man einmal von Haftungsfragen absieht. Der *Gelegenheitsmakler* muss aber klarstellen, dass er nur gegen Provision im Falle eines von ihm vermittelten Vertrages oder einer von ihm nachgewiesenen Vertragsgelegenheit tätig werden will. Gelingt ihm als Nachweismakler die „Entdeckung" eines möglichen Vertragspartners und kommt es mit diesem zum Geschäft, erhält er wie bei der *Auslobung* eine Art Finderlohn.[10] Nicht zufällig folgt im BGB bei der Anordnung der Schuldrechtstypen dem Titel 10 „Maklervertrag" der Titel 11 „Auslobung", in dem auch das Preisausschreiben geregelt ist.

Der Erfolg des Maklergeschäftes auf der Grundlage des Maklervertrages nach dem BGB ist ebenso wenig kalkulierbar wie der Erfolg der Auslobung, ob es sich nun um eine Belohnung für die Auffindung eines entlaufenen Haustieres oder um eine Gewinnzusage im Rahmen einer Lotterie handelt. Auslobung und Maklervertrag in der Ausformulierung durch das BGB haben einen gleichen gemeinsamen Nenner: die Hoffnung auf Glück. Während in der Realität beim Glücksspiel derjenige, der einen Einsatz riskiert, sich des Risikos des Einsatzverlustes auch voll bewusst ist, kann man dies bei vernünftiger Betrachtungsweise dem Immobilienverkäufer, der einen Makler beauftragen will, nicht unterstellen. Auftraggeber von Maklern wollen nicht den Erfolg auf einer Erwartungsbasis in Aussicht gestellt bekommen, bei dem Zufälle und (geringe) Wahrscheinlichkeiten den Ton angeben und der Makler einen Zeit- und Kosteneinsatz nur in der Hoffnung riskiert, dass er Glück hat.

1.2.4 Der Alleinauftrag entwickelt sich

Die für die Makler unbefriedigende Situation führte bereits im ersten Jahrzehnt des vergangenen Jahrhunderts durch Nutzung der Vertragsfreiheit zu einer Vereinbarungspraxis, die dem entspricht, was wir heute als qualifi-

10 Ähnlich beschrieb es Hans Reichel in „Die Maklerprovision", München 1913.

zierten Alleinauftrag bezeichnen. Hinzu kommt, dass es nach der ursprünglichen Fassung des § 313 BGB (jetzt § 311b BGB) nur einer Verpflichtung zum Verkauf einer notariellen Beurkundung bedurfte, nicht aber der Verpflichtung zum Erwerb. Der Makler konnte also Erwerbsverpflichtungen herbeiführen und auf diese Weise das Risiko des Nichterfolgs eindämmen.

Durch die Ausschaltung der Risiken, die das gesetzliche Maklerrecht in sich barg, konnten die *Provisionssätze* niedrig gehalten werden. Sie betrugen üblicherweise jeweils 1 % für Verkäufer und Käufer. Der Verkäufer musste aber weitgehend die Kosten für Annoncen übernehmen. Bei Landgütermaklern kamen noch Reisekosten (Fahrten mit der Kutsche, der Eisenbahn oder dem Automobil) hinzu. Außerdem gab es für den Immobilienmakler beim Immobilienverkauf das Zusatzgeschäft der *Hypothekenvermittlung*, die eine weitere Provision von 1 % aus dem Hypothekenbetrag einbrachte.[11]

Da im Laufe der Zeit durch Ausnutzung der gewährten Vertragsfreiheit völlig unangemessene, die Auftraggeber erheblich benachteiligende Vereinbarungen getroffen wurden, kam es vor allem in der zweiten Hälfte des vergangenen Jahrhunderts zu einer Umorientierung in der Rechtsprechung. Sukzessive wurden (zu Recht) vom Bundesgerichtshof Vereinbarungsmöglichkeiten zurückgeschraubt, die die Auftraggeber schlicht übervorteilten. Dies galt für *Vertragsstrafeversprechen,* Versprechen von Reuegeldern, *erfolgsunabhängige Provisionen* und dergleichen. Allerdings wäre der BGH vermutlich besser beraten gewesen, die Inhaltskontrolle solcher Vereinbarungen zu stärken,[12] anstatt sich bei der Beurteilung der Maklervertragsbedingungen auf den damaligen § 313 BGB (jetzt § 311b BGB) zu stützen. Das Grundproblem, das bestehende BGB-Maklerrecht, blieb unangetastet. Für den gewerbsmäßig tätigen Makler hat der Gesetzgeber § 653 ins BGB eingefügt.

§ 653 BGB Maklerlohn

(1) Ein Maklerlohn gilt als stillschweigend vereinbart, wenn die dem Makler übertragene Leistung den Umständen nach nur gegen eine Vergütung zu erwarten ist.

(2) Ist die Höhe der Vergütung nicht bestimmt, so ist bei dem Bestehen einer Taxe der taxmäßige Lohn, in Ermangelung einer Taxe der übliche Lohn als vereinbart anzusehen.

Die Provision gilt als stillschweigend vereinbart, wenn die dem Makler übertragene Leistung nur gegen eine „Vergütung" zu erwarten ist. Dies setzt

11 Eine ausführliche Darlegung der damaligen Situation ist dem Buch „Der Immobilien- und Hypotheken-Makler" des Kölner Maklers Julius Kerb (Tübingen 1911) zu entnehmen.

12 Vgl. Schwerdtner: „Maklerrecht" 1. Aufl. München, 1975.

also die „*Übertragung*“ einer Maklerleistung voraus. Wenn sich jemand bewusst an einen gewerblich tätigen Makler wendet und ihn auffordert, für ihn zu vermitteln, kann davon ausgegangen werden, dass dieser im Erfolgsfall Provision verlangt. Es handelt sich hier ausschließlich um Fälle, bei denen die Auftragsvergabe nach der Methode der *passiven Auftragsakquise* erfolgt.[13]

Allerdings muss darauf hingewiesen werden, dass es einen Interpretationsspielraum zugunsten der Auftraggeber gibt. Neben dem Makler sind zumindest zwei weitere voneinander und vom Makler unabhängige Personen erforderlich. Grundsätzlich können beide Parteien Auftraggeber sein, in der Regel wird der Vertrag jedoch nur mit einer Partei geschlossen (Ausnahme *Doppeltätigkeit*).[14] Die Entstehung eines Provisionsanspruchs ist in § 652 BGB geregelt.

§ 652 BGB Entstehung des Lohnanspruchs

(1) Wer für den Nachweis der Gelegenheit zum Abschluss eines Vertrags oder für die Vermittlung eines Vertrags einen Maklerlohn verspricht, ist zur Entrichtung des Lohnes nur verpflichtet, wenn der Vertrag infolge des Nachweises oder infolge der Vermittlung des Maklers zustande kommt. Wird der Vertrag unter einer aufschiebenden Bedingung geschlossen, so kann der Maklerlohn erst verlangt werden, wenn die Bedingung eintritt.

(2) Aufwendungen sind dem Makler nur zu ersetzen, wenn es vereinbart ist. Dies gilt auch dann, wenn ein Vertrag nicht zustande kommt.

Daraus ergibt sich indirekt, dass ein Auftraggeber auch Kenntnis davon haben muss, dass er eine Maklertätigkeit beauftragt. Dies führt dazu, dass die Rechtsprechung annimmt, dass ein Maklerkunde stets davon ausgehen kann, dass die jeweils andere Seite den Makler vergütet, solange er keinen gesonderten Provisionshinweis erhalten hat. Damit es demnach zu einer stillschweigenden Vergütungsabrede kommen kann, muss der Auftraggeber wissen, dass der Makler, an den er sich wendet, von ihm (und nicht von der anderen Seite) im Erfolgsfall eine Vergütung erwartet.

Hätte der Gesetzgeber klargestellt, dass der Makler nur von einer Seite Provision verlangen kann, dann hätten sich viele Auseinandersetzungen um die Maklerprovision vor Gericht erübrigt.[15] Der § 653 hätte das ihm von

13 Siehe hierzu Abschnitt 7.1.2.

14 Vgl. Sailer, Erwin/Wölfle, Marco/Nothhelfer, Erik: Kompendium für Immobilienberufe, 13. Auflage Stuttgart 2018 Kapitel 1.1.2.

15 Das deutsche Maklerrecht hat sich zu einem riesigen Arbeitsbeschaffungsprogramm für Gerichte und Rechtsanwälte entwickelt. Zeitweise gab es beim Bundesgerichtshof einen eigenen Maklersenat (IVa). Auch das OLG München hatte einmal einen eigenen Maklersenat.

Haus aus zustehende Gewicht erhalten. Derjenige, der dem Makler eine Leistung überträgt, wäre automatisch zum provisionspflichtigen Auftraggeber geworden, allerdings mit der klaren Folge, dass der Makler dann nur vom ihm und nicht mehr von der anderen Seite Provision verlangen kann.

Fordert ein Makler von beiden Seiten die Zahlung einer Provision (Doppelprovision), so ist dies rechtlich zulässig und unterliegt keinen Beschränkungen, solange er für beide Seiten nur als Nachweismakler tätig ist. Auch wer für den Verkäufer als Nachweismakler und für den Käufer als Vermittlungsmakler tätig ist, darf die Provision verlangen. Dies gilt auch für den Makler, der für den Verkäufer vermittelnd und für den Käufer nachweisend tätig ist.

Ist der Makler vermittelnd sowohl für Verkäufer als auch für Käufer tätig, so ist dies nach § 654 BGB gem. der Rechtsprechung unzulässig, da es nicht vorstellbar ist, dass ein Makler ohne Interessenkollision sowohl für den Verkäufer als auch für den Käufer vermittelnd tätig sein kann. Eine Ausnahme gibt es jedoch: Diese ist dann gegeben, wenn die Doppelprovision vom Makler eindeutig gegenüber den Parteien angezeigt wird.

Mit dem Gesetz über die Verteilung von Maklerkosten bei der Vermittlung von Kaufverträgen über Wohnungen und Einfamilienhäusern, das am 23.12.2020 in Kraft getreten ist, hat der Gesetzgeber zumindest für den Anwendungsbereich des Kaufs von privat genutztem Wohnraum für Käufer und Verkäufer klare Regeln hinsichtlich der Provisionsverteilung und deren Höhe erlassen. Dieses Gesetz wird ausführlich im Kapitel 4.2 – Neuregelung der Maklerprovision, S.93 erläutert.

1.2.5 Die Folgen des deutschen Maklerrechts

Die Tatsache, dass sich bei den Beratungen um die endgültige Formulierung des Maklerrechts entgegen den in den „Motiven" formulierten Bedenken eine Regelung durchgesetzt hat, die den Makler nicht zur Erbringung von Leistungen verpflichtet, hat sich in der Folge als fatal erwiesen. Es wurde ein gesetzliches Leitbild geschaffen, dessen Umsetzung in der Praxis zu einem *Kostenrisiko* führte. Das Kostenrisiko resultiert daraus, dass der Makler nicht für seine Leistung, sondern nur für den Nachweis einen Lohn erhält. Der Auftraggeber unterliegt jedoch keinem Abnahmezwang und ist nicht an den Makler gebunden.

Der Ausweg war die Schaffung eines Vertragstyps mit Tätigkeitspflicht des Maklers, der schon bald nach Inkrafttreten des BGB als „Alleinauftrag" (Makler-Alleinauftrag), „*Festauftrag*" oder „*Exklusivauftrag*" bezeichnet wurde. Es handelt sich um eine Form des Maklervertrages, der genau die dienstvertraglichen Elemente beinhaltet, deren Fehlen in den Motiven beanstandet wurde. Verschiedenen Versuchen, durch entsprechende Vereinbarungen zu einer der Tätigkeitspflicht entsprechenden, erfolgsunabhängigen Leistungsvergütung zu gelangen, wurde in der Folgezeit durch die Rechtsprechung ein Riegel vorgeschoben. So wurde die Formvorschrift des § 313 (jetzt § 311b) BGB von Grundstückskaufverträgen auch auf Maklerverträge angewandt, die im Ergebnis genau eine erfolgsunabhängige Entlohnung für – zum Teil nicht unerhebliche – Auftragsbearbeitungskosten bewirken sollten. Es handelt sich in ihrer Auswirkung zweifellos um eine insgesamt leistungsbeeinträchtigende Rechtsprechung. Nicht nur diese Konstruktion im BGB, sondern auch die hierzu ergangenen Rechtsprechungen führten nicht zur Erhöhung des Dienstleistungsgedankens in der Branche.

1.2.6 Der qualifizierte Alleinauftrag als Lösung?

Der qualifizierte Alleinauftrag hat sich in der Folge als gängige Geschäftsgrundlage zwischen Verkäufer und Makler etabliert. Ob dieser tatsächlich die häufigste Vertragsart ist, lässt den Juristen zweifeln. Dies würde nämlich bedeuten, dass in jedem Einzelfall der Auftraggeber als Verkäufer einer Immobilie aus eigener Überzeugung auf seine Möglichkeiten eines Vertragsabschlusses mit einem selbst gefundenen Interessenten verzichtet und dies eindeutig zum Ausdruck bringt. Andererseits ist der Alleinauftrag der Idealzustand der Geschäftsbeziehungen zwischen Makler und Auftraggeber. Das setzt voraus, dass sich beide Vertragspartner der *Identität ihrer Interessen* bewusst sind.

Tatsächlich nützt weder dem Makler noch dessen Auftraggeber ein Auftragsverhältnis, das ein latentes Konkurrenzverhältnis zwischen den Vertragspartnern implementiert. Es würde zu einer Störung des Informationsaustausches führen, weil eine unbedachte Informationsweitergabe mit potenziellen Nachteilen verbunden sein kann. In diesem Fall wird der Makler seine Aktivitäten auf dem Markt anonymisieren. Nachweis- oder Provisionsbestätigungen müssen rechtssicher nachweisbar sein, was den gesamten Vorgang kompliziert. Bei der gegebenen asymmetrischen Informationsstruktur produziert ein Maklervertrag, dem nicht das Bewusstsein identischer Interessen zugrunde liegt, ein von Opportunismus geprägtes Verhalten, das zwischen Erfolgsorientierung und gegenseitiger Erfolgsverhinderung pendelt. Der *qualifizierte Alleinauftrag* löst dieses Problem auf. Die mögliche Intention des Kunden, den Makler zu umgehen, stellt sich nicht, wenn klar ist, dass der Makler in jedem Fall an einem Abschlusserfolg partizipiert, weil er ausschließlich die Verhandlungsregie führt. Das Prinzip der Interessenidentität – Auftraggeber und Makler möchten beide den Erfolg – ist somit die Grundlage des qualifizierten Alleinauftrags. Dies gilt unabhängig davon, ob der Auftraggeber Objektanbieter oder -nachfrager ist, wobei der überwiegende Marktzugangsschlüssel bei den deutschen Maklern in der Akquise für Aufträgen über Verkaufsobjekte liegt.

Die Interessenidentität beruht bei dieser Beziehungsstruktur auf der simplen Tatsache, dass der Objektanbieter verkaufen bzw. vermieten will und der Makler nur im Erfolgsfall eine Vergütung erhält. Der Makler ist wirtschaftlich davon abhängig, dass ihm das gelingt, was sein Auftraggeber will. Das bedeutet zugleich, dass die Vertragsbeziehung zwischen Objektanbieter und Makler so beschaffen sein sollte, dass die *Erfolgswahrscheinlichkeit*, d. h. die Vermarktungschancen, maximiert werden. Dies ist nur denkbar, wenn Objektangebotsbedingungen marktfähig sind und die Maklervertragsbedingungen opportunistische Verhaltensstrategien der beiden Vertragspartner unterbinden.

1.3 Gedankenexperimente zur Provisionszahlung

Einmal angenommen, Makler und Auftraggeber würden eine *BGB-Gesellschaft* zum Zweck des Verkaufs einer Immobilie gründen. Der Anbieter (Gesellschafter A) bringt sein Verfügungsrecht über die Immobilie ein, der Makler (Gesellschafter B) das ihm zur Verfügung stehende Vermarktungs-Know-how. Der Verkauf erfolgt an den besten aller am Markt befindlichen Interessenten. Ihn ausfindig zu machen und mit ihm den Vertragsabschluss herbeizuführen ist Aufgabe von Gesellschafter B. Gelingt der Verkauf, teilen sich beide Gesellschafter das Ergebnis. Gesellschafter A partizipiert am Ergebnis in Höhe des am Markt eingesetzten Immobilienvermögenswertes, der Gesellschafter B in Höhe des Wertes des zur Erreichung der Transaktion eingesetzten Wissens. Dabei spielt es keine Rolle, an welchen Interessenten der Verkauf erfolgt, ob dieser sich an den Gesellschafter A oder B gewendet hat. Denn Letzterem obliegt im Rahmen des Gesellschaftszwecks die Regieführung bei der Vermarktung. Klar ist, dass bei einer solchen Konstellation eine provisionspflichtige Tätigkeit des Gesellschafters B für den Erwerber ausgeschlossen bleiben muss.

1.3.1 Wer zahlt die Provision und wer trägt sie?

An diesem Gedankenspiel kann man sehr schön erkennen, dass es nicht entscheidend ist, wer von den beiden Parteien die Provision des Maklers zahlt, sondern wer sie trägt. Wenn man davon ausgeht, dass der Verkäufer seinen Provisionsanteil aus dem Verkaufserlös zahlt, so wird die Provision stets vollständig vom Käufer getragen. Wer sie bezahlt, ist nebensächlich. Bei Bestandsimmobilien wird der Preis von dem Interessenten bestimmt, der bereit ist, am meisten für das Objekt zu investieren. Es handelt sich um den Interessenten mit dem höchsten Wertbezug zum Objekt. Eine entsprechende Kaufkraft wird vorausgesetzt. Die Investitionssumme, die der Interessent kalkuliert, setzt sich zusammen aus dem Objektpreis und den Erwerbsnebenkosten. Verringern sich die Erwerbsnebenkosten, weil der Verkäufer die Maklerprovision übernimmt, ergibt sich für diesen ein entsprechender Spielraum für einen höheren Preisansatz bis zu der Grenze, die das Investitionsmaximum des Käufers darstellt. Wird der Spielraum voll genutzt, ändert sich an der Investitionssumme des Erwerbers nichts. Dies ist die ökonomische – auf den ersten Blick nicht immer durchschaubare – Seite der Provisionsfrage.[16]

1.3.2 Das subjektive Empfinden entscheidet

Entscheidend ist das subjektive Empfinden der Marktteilnehmer. Sowohl Verkäufer als auch Käufer empfinden eine Provisionszahlung in der Regel als Abzug von bzw. Aufschlag auf einem *objektiven Wert*. Statt den geschätzten höchstmöglichen Verkaufspreis inkl. Provision anzusetzen, nehmen sie diesen Preis und schlagen dann noch eine Außenprovision darauf. Das ist nicht nur sehr durchsichtig, sondern schlicht falsch, weil von einem Provisionsaufschlag tatsächlich nicht die Rede sein kann. Vielmehr müsste der Makler dem Verkäufer vorschlagen, die gesamte Maklerprovision in den Preis, der tatsächlich erzielbar ist, mit einzubeziehen, sie also tatsächlich zu einer echten „*Innenprovision*" zu machen. Dadurch wird die Hürde für die Interessenten auf dem Weg zum Objekt gesenkt und damit der Markt für das Objekt voll erschlossen. Zudem unterbleiben Aktionen der Käuferseite, die Provision zu umgehen.

Der Makler muss dann nicht mehr alle Interessenten von der „Gerechtigkeit" seiner Provisionsforderung überzeugen, sondern pro Objektauftrag nur einen, und zwar den Anbieter. Hinzu kommen weitere Vorteile, die für eine reine Innenprovision sprechen: Während der Makler gegenüber des Käufers seine Leistung nur in beschränktem Umfang sichtbar machen kann und damit die Provisionsforderung insbesondere wegen ihrer Höhe oftmals Stein des Anstoßes bleibt, bekommt der Verkäufer die Maklerleistung bei einer entsprechenden Informationspolitik des Maklers in ihrer ganzen

16 Vgl. 4.4, S. 111.

Bandbreite mit. Der Vorwurf, Provision und Maklerleistung würden in keinem angemessenen Verhältnis stehen, würde entkräftet. Zudem benötigt der Makler keinen Maklervertrag in Textform mit dem Käufer; die Pflicht zur Widerrufsbelehrung entfällt gleichfalls.

1.3.3 Leistung sichtbar machen

Die meisten Menschen schätzen die Einnahmen und Ausgaben eines Maklerbetriebs falsch ein. Dies liegt daran, dass der Käufer nur ein Bruchteil der Arbeit des Maklers sieht. Somit ist auch die falsche Einschätzung von Einnahmen und Ausgaben vorprogrammiert. Es nützt dem Makler wenig, dem Käufer zu erklären, dass dieser die Kosten für die Objektaufbereitung, Exposé-Erstellung, Gebühren für Online-Portale und vergeblichen Besichtigungen mit seiner Provision abdecken muss. Ein Ausweg aus diesem Dilemma ist die Fokussierung auf die reine Innenprovision. Der Verkäufer bekommt den gesamten Vermarktungsprozess mit. Er wird über die durchgeführten Besichtigungen und eingeleiteten Werbemaßnahmen informiert und kann sich zudem sicher sein, dass der Makler seine Interessen vertritt.

1.3.4 Deutsche Maklerprovision mit Risikozuschlag

Betrachtet man die Entwicklung der Maklerprovision in Deutschland, erschließt sich, weshalb diese in Relation zu vielen anderen Ländern höher ausfällt. In der Zeit zwischen 1900 und 1914, als Makler ausschließlich auf Grundlage qualifizierter Alleinaufträge mit Aufwendungsersatzvereinbarungen arbeiteten, betrug die Provision, die der Verkäufer und der Käufer jeweils zu zahlen hatte, je 1 %. Dies entspricht dem heutigen britischen Provisionsniveau. Aber auch hier wurden Leistungen ausgegliedert. So wurden z. B. für die Beschaffung von Finanzierungsmitteln, die damals standardmäßig zur Verkaufsvermittlung gehörte, weitere Provisionen berechnet. Nach dem Ersten Weltkrieg, der 1923 überwundenen Inflation und der Einführung der Rentenmark lief das Maklergeschäft wieder an. Hinsichtlich der Provisionshöhen wurde an die Situation vor dem Ersten Weltkrieg angeknüpft. 1928 wurde z. B. in Hamburg eine „*Gebührenordnung*" aufgestellt und in den nachfolgenden Jahren revidiert. Daraus ist zu entnehmen, dass damals Verkäufer und Käufer je 1,5 bis 2 % bezahlen sollten. Interessant ist die Festlegung, wonach ein Aufschlag von einem Viertelprozent vorgesehen war, wenn dem Auftraggeber das Recht zur Beauftragung weiterer Makler zugestanden werden sollte. Dabei wird der Zusammenhang deutlich zwischen der Provisionshöhe und dem *Erfolgsrisiko* bzw. dem

Misserfolgsrisiko, das bei Nicht-Alleinaufträgen gegeben ist. Aber auch hier waren für weitere Leistungen – ähnlich wie heute in den Niederlanden und Großbritannien – wie etwa dem Entwurf des Kaufvertrages, Besorgung der Auflassung usw. zusätzliche Gebühren im Promillebereich vorgesehen.

In einer ähnlichen Größenordnung (zwischen 3 und 4 % Gesamtprovision) lagen die Maklergebühren in den übrigen Bezirken Deutschlands. Üblicherweise wurden sie zwischen Verkäufer und Käufer aufgeteilt.

Warum heute in Deutschland die Maklerprovisionen im Vergleich zu früheren Zeiten und gegenüber den anderen europäischen Ländern so hoch sind, liegt u. a. am *Prinzip der Entscheidungsfreiheit* des Auftraggebers. In Deutschland gibt es keine Möglichkeit, opportunistisches Verhalten der potenziellen Provisionszahler durch Geschäftsbedingungen oder verbindliche Vorverträge zu unterbinden. In den übrigen europäischen Ländern ist durch die jeweiligen Regelungen zu *bindenden Vorverträgen* die Möglichkeit, einen Makler auszuschalten, weitgehend der Boden entzogen. In Deutschland besteht trotz der Zusammenführung und Einigung zweier Parteien latent die Möglichkeit, den Makler zu umgehen. Diese rechtlich relativ schwache Stellung spiegelt sich als Risikozuschlag in der Provisionshöhe wider.

Hinzu kommt, dass Aufwendungsersatz- und Sondergebührenregelungen, die vor allem in den Niederlanden und in Großbritannien zu einer breiten Absicherung der Auftragsbearbeitungskosten führen, in Deutschland nur in beschränktem Umfang möglich sind. Werden Pauschalen vereinbart, gerät ein Makler schnell in einen Bereich, der als „*Vertragsstrafe*" gewertet wird und damit zur Unwirksamkeit der Vereinbarung und in manchen Fällen zur *Verwirkung des Provisionsanspruches* führt, den er ohne diese Regelung erhalten hätte. Auch dies kann nur durch einen Risikozuschlag auf die Provision wirtschaftlich ausgeglichen werden.

Betrachtet man die Ergebnisse der *IVD-Betriebsvergleiche*, betragen die Auftragsbearbeitungskosten (ohne Zeitaufwand, der sich in Gehältern und im Unternehmerlohn niederschlägt) im Schnitt zwischen 24 und 26 % der vereinbarten Provision. Die Auftragsbearbeitungskosten für nicht erfolgreich abgewickelte Aufträge sind darin nicht enthalten. Addierte man sie hinzu, würden sie bei 35 bis 38 % liegen. Nach der Rechtsprechung des BGH ist ein *Aufwendungsersatz für den Nichterfolg*, der in einem vorvertraglichen Stadium vereinbart wird, bereits nichtig, wenn er wenige hundert Euro übersteigt.

Für Makler würde es einen großen Verwaltungsaufwand bedeuten, bei jedem Auftrag die Auftragsbearbeitungskosten in einem eigenen Kostenrechnungsschema zu erfassen. Dies wäre auch wenig aussagekräftig, weil diese je nach Bearbeitungszeit und -intensität höchst unterschiedlich sind, sodass sie in kein Pauschalierungsschema passten.

Um die Probleme in den Griff zu bekommen, gehen in Deutschland immer mehr Maklerfirmen dazu über, *Sonderleistungen*, die sie erbringen, separat abzurechnen. Diese Beratungs- und sonstigen Leistungen werden auf der Grundlage einer nicht erfolgsbezogenen Dienstleistungsvergütung abgerechnet. Näheres zu diesem Komplex siehe 5.2, S. 137.

1.4 Die Geschichte des Fachkundenachweises

Nachdem der Gesetzgeber für den Makler nur sehr vage Vorgaben bei der Erstellung des BGB tätigte, war es die Branche selbst, die versuchte, durch einen Sach- und Fachkundenachweis ähnlich dem Meistertitel oder einem Diplom die Spreu vom Weizen in ihren Reihen zu trennen. Die *Gewerbeordnung* wird beherrscht vom Grundsatz der *Gewerbefreiheit*, die sich ableitet vom Grundrecht jedes Staatsbürgers auf Freiheit der Berufswahl (Art. 12 des Grundgesetzes). Daher versuchen die Maklerverbände seit Jahrzehnten immer wieder, eine Zugangsbeschränkung zum Maklerberuf zu erreichen.

1.4.1 § 34b Gewerbeordnung

1958 forderte der Ring Deutscher Makler (RDM) unter Vorlage eines entsprechenden Entwurfs die Aufnahme eines § 34b in die Gewerbeordnung, um die Ausübung des Maklerberufs vom Nachweis der erforderlichen Zuverlässigkeit und Sachkunde abhängig zu machen. Der § 34b kam, allerdings bezog er nur das Auktionsgewerbe u. a. (Grundstücksauktionen) mit ein.

1.4.2 Immobilien- und Finanzierungstreuhändergesetz

1969 unternahm der RDM einen erneuten Anlauf und schlug ein eigenes „Immobilien- und Finanzierungstreuhändergesetzes“ vor. Auch dieses brachte keinen Durchbruch, wenngleich einige wesentliche Grundgedanken in den späteren § 34c GewO übernommen wurden, der im August 1972 in die Gewerbeordnung eingeführt wurde.

Die Beratungen um eine Erlaubnispflicht für die Maklertätigkeit führten zu unterschiedlichen Gesetzentwürfen in der damaligen sozialliberalen Bundesregierung und der christdemokratischen Opposition. Der Unterschied bestand darin, dass die Christdemokraten neben Zuverlässigkeit und geordneten Vermögensverhältnissen auch noch den *Nachweis* der erforderlichen *Sachkunde* vorsahen. Dieser Entwurf wurde später zurückgezogen, sodass der Entwurf der sozialliberalen Koalition ohne Sachkundenachweis ins Gesetzgebungsverfahren mündete. Maßgeblich für die Nichtaufnahme der erforderlichen Sachkunde als Erlaubnisvoraussetzung waren verfassungsrechtliche Bedenken sowie der Hinweis, dass die Verwaltung mit der Prüfung des Vorliegens oder Fehlens der erforderlichen Sachkunde überfordert sei.

1972 ergriff der RDM eine Weiterbildungsinitiative für Makler, die dann in der Kooperation mit der *VWA Freiburg* zur Durchführung von Lehrgängen mündete (vgl. 10.3 Fort- und Weiterbildung). Auf diese Weise sollte eine Infrastruktur geschaffen werden, die eine Plattform für Qualifikationsbestätigungen zum Nachweis der Sachkunde hätte werden sollen.

2004 erneuerten die Verbände ihre Forderung nach der Einführung eines Fachkundenachweises als Erlaubnisvoraussetzung für eine Maklertätigkeit. In einer Anfrage an eine Reihe von Abgeordneten der CDU/CSU-Fraktion wurde dargelegt, dass sich für Verbraucher und Immobilienmakler aufgrund der divergierenden Berufsausübungsvoraussetzungen innerhalb der EU bezüglich der Niederlassungs- und Dienstleistungsfreiheit Schwierigkeiten speziell für deutsche Makler ergeben könnten. Die Frage, ob die Bundesregierung im Interesse des Verbraucherschutzes und der Qualität der Dienstleistungen die Einführung von fachlichen Qualifikationsanforderungen plane, wurde damals klar verneint. Dies würde zu einer Wettbewerbsdämpfung führen. Im Übrigen sah die Bundesregierung keine Missstände und keine drohende „Gefahrenlage", die die Einführung eines Sachkundenachweises notwendig erscheinen lassen würde. Sie verwies auch auf das umfangreiche berufliche Bildungsangebot, das von der Branche bereitgestellt würde. Die Leistungen, die der RDM und der Verband Deutscher Makler (VDM) für die berufliche Fort- und Weiterbildung der Immobilienmakler erbrächten und die auch im Markt Anerkennung gefunden hatten, seien hoch anzuerkennen.

1.4.3 Fachkundenachweis im Koalitionsvertrag

2013 schaffte es der Immobilienverband IVD, die Forderung eines Sach- und Fachkundenachweises in den Koalitionsvertrag von CDU/CSU und SPD einzubringen. Im Koalitionsvertrag hieß es: *Für Maklerleistungen wollen wir klare bundeseinheitliche Rahmenbedingungen und ebenso Qualitätssicherung erreichen. (...) Zudem wollen wir einen Sachkundenachweis einführen und Standards aus anderen Beratungsberufen auf das Maklergewerbe übertragen. Wir werden berufliche Mindestanforderungen und Pflichtversicherungen für Wohnungsverwalter und Immobilienmakler verankern.* Diese Passage führte Ende 2014 zu einem Eckpunktepapier aus dem Bundesministerium für Wirtschaft (BMWi), das die ersten Leitlinien für einen Sachkundenachweis beinhaltete.

Im Juli 2015 wurde dann der Referentenentwurf zum Gesetz zur Einführung einer Berufszulassungsregelung für gewerbliche Immobilienmakler und WEG-Verwalter vorgelegt. Dieser Entwurf sah die Änderung des § 34c GewO vor. Die bestehenden Erlaubnisvoraussetzungen (erforderliche Zuverlässigkeit und geordnete Vermögensverhältnisse) sollten um einen Sachkundenachweis sowie den Nachweis einer Berufshaftpflichtversicherung ergänzt werden. Zudem wurde für die Wohnungseigentumsverwalter erstmals eine Erlaubnispflicht eingeführt, indem sie in § 34c der Gewerbeordnung mit aufgenommen wurden. Als Voraussetzung für die Erteilung der gewerberechtlichen Erlaubnis für Wohnungseigentumsverwalter waren die gleichen Punkte wie beim Immobilienmakler vorgesehen (erforderliche Zuverlässigkeit, geordnete Vermögensverhältnisse, Sachkundenachweis und Nachweis einer Berufshaftpflichtversicherung). Der Miethausverwalter wurde hingegen nicht mit einbezogen. Alle Details wie Art und Umfang der Sachkundeprüfung, der Qualifikationsanerkennungen oder der Höhe der Deckungssumme der Berufshaftpflichtversicherung sollten nach dem Inkrafttreten in die Rechtsverordnung geregelt werden.

2016 war der finale Gesetzentwurf abgestimmt, die wesentlichen Punkte aus dem Referentenentwurf waren geblieben. Gerungen wurde um die Ausgestaltung der Prüfung, den Prüfungsumfang und die Aufnahme des Mietverwalters. Auch wenn aus Sicht des IVD der Fachkundeumfang noch hätte ausgebaut werden können, so zeigten sich Branchenvertreter und Politik zuversichtlich, mit dem Gesetz einen großen Schritt in Richtung Qualitätssicherung und Professionalisierung des Marktes gehen zu können. Umso erstaunlicher war das Zurückrudern der CDU auf der Zielgeraden. Zusammen mit dem Deutschen Industrie- und Handelskammertag (DIHK), der den Gesetzentwurf in der Sachverständigenanhörung massiv angriff, wurde der Entwurf torpediert. In der finalen Abstimmung in der Großen Koalition zwischen CDU und SPD schafften es die Christdemokraten, die Fachkundeprüfung auszuhebeln und gegen eine marginale Weiterbildungsverpflichtung auszutauschen.

1.4.4 Berufszulassungsregelung wird Gesetz

Am **01.08.2018** trat das Gesetz zur Einführung einer Berufszulassungsregelung für gewerbliche Immobilienmakler und WEG-Verwalter in Kraft. Die finale Version, die vom Bundestag am 22.06.2017 beschlossen wurde, sah keine Einführung eines Sachkundenachweises für Immobilienmakler und WEG-

Verwalter vor. In diesem Punkt hatte sich die CDU/CSU-Fraktion gegenüber SPD durchgesetzt und den Sachkundenachweis in ursprünglich geplanter Form verhindert. Damit entfiel die Sachkundeprüfung vor der IHK und konsequenterweise auch die sog. „Alte-Hasen-Regelung". Ein Verlust der Gewerbeerlaubnis bei fehlender Sachkunde drohte nicht mehr. Doch gerade dieser Punkt ist die größte Schwachstelle des neuen Gesetzes. Gut ausgebildete und qualifizierte Immobilienmakler werden durch das neue Gesetz nicht von geringer qualifizierten Kollegen unterschieden. Der *Verbraucher* läuft weiterhin Gefahr, an einen minderqualifizierten Makler zu geraten. Immerhin fordert das Gesetz nun eine regelmäßige Fortbildung von Immobilienmaklern. Diese trifft den Gewerbetreibenden und die mitwirkenden Personen gleichermaßen. Dies bedeutet, dass alle am Vermittlungsprozess beteiligten Personen der Fortbildungsverpflichtung unterliegen. Der Gesetzgeber fordert einen Umfang von 20 Stunden innerhalb von drei Jahren.

Die detaillierten Ausgestaltungen sind in einer Rechtsverordnung geregelt. Der Gewerbetreibende hat eine Informationspflicht gegenüber seinem Auftraggeber über seine berufliche Qualifikation sowie seine absolvierten Weiterbildungsmaßnahmen. Zudem muss er seine Weiterbildungsmaßnahmen dokumentieren und bei Verlangen der Behörde vorlegen.

Ausnahmen: Immobilienkaufleute und Immobilienfachwirte sind von der Weiterbildungsverpflichtung in den ersten drei Jahren nach Abschluss ihrer Prüfung von der Fortbildungspflicht befreit. Gewerbetreibende können ihre persönliche Fortbildungsverpflichtung auf Personen, von denen sie geschäftlich vertreten werden dürfen (z. B. Prokurist), delegieren.

Nachdem das Gesetz explizit den Immobilienverwalter einschließt, soll kurz auf die Neuregelung für Immobilienverwalter eingegangen werden. Für Immobilienverwalter von Wohneigentum stellt das Gesetz eine echte Berufszulassungsregelung dar. Bislang genügte eine Gewerbeanmeldung nach § 14 GewO; mit dem neuen Gesetz wird die Tätigkeit erlaubnispflichtig. Voraussetzung für die Erteilung der Erlaubnis sind Zuverlässigkeit, geordnete Vermögensverhältnisse sowie der Nachweis einer Berufshaftpflichtversicherung.

Betroffen sind alle Personen, die unter die Legaldefinition des Wohnimmobilienverwalters in § 34c Abs. 1 Nr. 4 GewO fallen: „Wer gewerbsmäßig das gemeinschaftliche Eigentum von Wohnungseigentümern im Sinne des § 1 Absatz 2, 3, 5 und 6 des Wohnungseigentumsgesetzes oder für Dritte Mietverhältnisse über Wohnräume im Sinne des § 549 des Bürgerlichen Gesetzbuchs verwalten will", bedarf der Erlaubnis der zuständigen Behörde.

Für Immobilienverwalter gilt die gleiche Fortbildungsverpflichtung wie für Immobilienmakler (20 Stunden in drei Jahren usw.). Achtung: Wer sowohl als Makler als auch als Verwalter tätig ist, muss somit 2 x 20 Stunden Fortbildung innerhalb von drei Jahren nachweisen.

1.4.5 Wohnungseigentums-Modernisierungsgesetz

Am **01.12.2020** trat das Gesetz zur Förderung der Elektromobilität und zur Modernisierung des Wohnungseigentumsgesetzes und zur Änderung von kosten- und grundbuchrechtlichen Vorschriften (*Wohnungseigentums-Modernisierungsgesetz (WEMoG)*) in Kraft. Dieses Gesetz fordert von den WEG-Verwaltern zukünftig eine Zertifizierung.

WEG-Verwalter, die bereits vor dem 01.12.2020 für eine Eigentümergemeinschaften bestellt waren, gelten nach § 48 Abs. 4 WEG bis zum 01.06.2024 gegenüber dieser WEG als zertifiziert. Ab dem 01.12.2022 entspricht jedoch nur noch die Bestellung eines zertifizierten Verwalters einer ordnungsgemäßen Verwaltung. Unter § 26a Abs. 1 WEG wird ausgeführt, dass nur derjenige sich als „zertifizierter Verwalter" bezeichnen darf, der vor einer Industrie- und Handelskammer eine Prüfung abgelegt hat, die dokumentiert, dass er über die für die Tätigkeit als Verwalter notwendigen rechtlichen, kaufmännischen und technischen Kenntnisse verfügt.

Damit ist ein weiterer Meilenstein für die Dokumentation der Qualifizierung der Immobilienbranche erreicht. Die Zertifizierungsprüfung stellt für WEG-Verwalter einen verbindlichen Marktzugang sicher.

Die Fortbildungsverpflichtungen für Immobilienmakler und Miethausverwalter sind insgesamt zu begrüßen. Im Gegensatz zum WEG-Verwalter ist bei diesen beiden Berufsgruppen das eigentliche Ansinnen der Branche, einen für alle Marktteilnehmer verbindlichen Marktzugang über einen qualifizierten Sach- und Fachkundenachweis zu erhalten, noch nicht erreicht.

Dabei darf nicht übersehen werden, dass fehlende *Fachkunde* auch ein Merkmal für *Unzuverlässigkeit* sein kann. Unter diesem Aspekt kann zumindest erreicht werden, dass jemand, der Maklergeschäfte betreibt, ohne die erforderliche Qualifikation zu haben, die ihm einmal erteilte Erlaubnis wieder entzogen wird.

2. Makler im europäischen Vergleich

Dieses Kapitel gibt einen Überblick über den Immobilienerwerb in ausgewählten europäischen Ländern. Dabei werden Unterschiede beim Kaufvertrag, Marktzugangsvoraussetzungen für Immobilienmaklern sowie die Entlohnung des Maklers betrachtet.

2.1 Abgrenzung zum europäischen Maklerrecht

Das maklerische Risiko, das sich aus dem Erfolgsprinzip und dem Prinzip der Entscheidungsfreiheit des Auftraggebers ergibt, hängt in großem Umfang davon ab, ob und wie sich die Parteien, die die Veräußerung oder den Erwerb eines Grundstücks anstreben, binden können. In Deutschland ist bekanntlich stets die notarielle Beurkundung entsprechender Erklärungen erforderlich. In anderen europäischen Ländern gibt es vielfach die Möglichkeit, verpflichtende Erklärungen hierzu formlos oder unter Einhaltung der Schriftform abzugeben. Dies senkt die Risiken des Maklers erheblich. Das niedrigere Risiko erklärt auch, dass – mit Ausnahme von *Österreich* – die üblichen Provisionen, die andernorts verlangt werden, in der Regel unterhalb der üblichen deutschen Provisionen angesiedelt sind.

Zweck der nachfolgenden Ausführungen ist es nicht, in die Einzelheiten des europäischen Kaufvertrags- und Maklerrechts einzuführen. Vielmehr soll dargestellt werden, dass im Gegensatz zu den deutschen Regelungen im europäischen Ausland weitgehende Vertrags- und *Formfreiheit beim Grundstückskauf* herrscht, wenn verbindliche Absprachen getroffen werden sollen. Vielfach wird dem Kaufvertrag ein *Vorvertrag* mit verbindlichem Charakter vorgeschaltet, der es Maklern ermöglicht, rechtzeitig Provisionsansprüche zu sichern, sodass die Umgehung des Maklers vom angebahnten Geschäft nicht so leicht möglich ist.

2.2 Regeln in europäischen Ländern

2.2.1 Österreich

Das deutsche Maklerrecht ist veraltet und widerspricht den Interessen der Auftraggeber ebenso wie denen der Makler. Dies zeigt sich beim Vergleich des deutschen mit dem neuen österreichischen Maklerrecht, das eine deutliche dienstvertragliche Note trägt. Die Rechtspositionen der benachbarten österreichischen Makler sollen im Folgenden näher beleuchtet werden.

Von besonderem Interesse ist die Alleinauftragsregelung in Österreich. Der qualifizierte Makler-*Alleinauftrag* kann dort problemlos schriftlich vereinbart werden. Es können Bedingungen vereinbart werden, die auf der Grundlage der zum deutschen Recht ergangenen Rechtsprechung unmöglich wären.

In Österreich entsteht der Provisionsanspruch bereits, wenn sich etwa Verkäufer und Käufer anlässlich einer Objektbesichtigung einig werden und dies entsprechend dokumentiert wird. Bei Verträgen mit einem Verbraucher kann dieser jedoch innerhalb einer Woche zurücktreten, nachdem er vom Makler eine Zweitschrift seiner „*Vertragserklärung*“ mit Belehrung über das Rücktrittsrecht erhalten hat. Die Zahlung eines Reuegeldes oder einer Anzahlung kann wirksam vereinbart werden. Ist der Auftraggeber Verbraucher, ist eine solche Vereinbarung allerdings nur für den Fall möglich, dass dieser nach Ablauf der Frist, in der er von der Vertragserklärung hätte zurücktreten können, den endgültigen Abschluss des Vertrages verweigert.

Während in Deutschland Maklerprovisionen mit Ausnahme der Wohnungsvermittlung frei vereinbar sind, wurden sie in Österreich in der Immobilienmaklerverordnung begrenzt. Allerdings sind die Grenzen relativ großzügig bemessen. Offensichtlich ist man davon ausgegangen, dass der Wettbewerb auch zu einer „Provisionskonkurrenz“ und damit zu einer Üblichkeit unterhalb von zulässigen Obergrenzen führen würde, was bisher aber nicht der Fall war. Übliche Preise können sich offensichtlich nur dort einstellen, wo es keine Obergrenzen gibt. Obergrenzen scheinen automatisch zur Ausnutzung gegebener Vereinbarungsspielräume zu führen.

Die Provisionen betragen in Österreich bei Kaufvertragsvermittlung in der Regel 3 % vom Käufer und 3 % vom Verkäufer. Bei Kaufpreisen unter 36.336.42 € dürfen 4 % Provision verlangt werden, liegt der Kaufpreis zwischen 36.336,43 € und 48.448,51 €, so liegt die Provision pauschal bei 1.453,46 €. Auf alle vorstehenden Preise kommen 20 % gesetzliche Umsatzsteuer.

2.2.2 Frankreich

In Frankreich ist der Grundstückskaufvertrag an keine Form gebunden. Wird über das Kaufobjekt eine Einigung über den Preis erzielt, kann dies, wenn es der Wille der Parteien ist, bereits Verpflichtungscharakter haben. Üblicherweise wird dies schriftlich in einem Vorvertrag dokumentiert. Dieser verschafft den Parteien Zeit, die für den Abschluss des Hauptvertrages erforderlichen Unterlagen beizubringen und die Finanzierung sicherzustellen. Der Hauptvertrag muss öffentlich beurkundet werden. Mit Abschluss des Hauptvertrages geht das Eigentum auf den Erwerber über. Lediglich der Vertrag mit einem Bauträger muss stets notariell beurkundet werden.

Wie in Deutschland ist in Frankreich die *Doppeltätigkeit* zulässig. Der Selbsterwerb (auch durch Verwandte oder verbundene Unternehmen) ist untersagt. Grundstückshandel und Maklertätigkeit schließen sich also wie in vielen anderen Ländern grundsätzlich aus. Überwiegend wird der Verkäufer mit der Provision belastet. Die Höhe richtet sich nach dem vereinbarten Preis (degressive Abnahme mit zunehmender Preishöhe). Das Spektrum reicht von 3 bis 8 %, wobei 5 % am häufigsten genannt werden. Hinzu kommen 20 % Umsatzsteuer.

Der Zugang zum Maklerberuf wird durch eine strenge Berufsordnung geregelt und erfordert das Abitur sowie einen Qualifikationsnachweis (Ausbildung oder Fachhochschulstudium). Zudem ist die Berufsbezeichnung des Immobilienmaklers (agent immobilier) gesetzlich geschützt.

2.2.3 Griechenland

In Griechenland müssen Vorverträge und Grundstückskaufverträge vom Notar beurkundet werden. Die Eigentumsübertragung erfolgt aber erst mit Eintragung in das „Transkriptionsbuch". Der *Vorvertrag* muss nicht zum Abschluss des Hauptvertrages verpflichten. Es werden aber Zahlungen in Höhe von 10 % des vereinbarten Preises geleistet, die nicht mehr zurückgefordert werden können. Dies ist insbesondere im Hinblick auf die Finanzierung wichtig, da griechische Banken faktisch keine Finanzierungen anbieten und deutsche Banken i. d. R. griechische Immobilien nicht als Sicherheit akzeptieren.

Das Privatrecht in Griechenland ist vom deutschen BGB beeinflusst. Privatrechtliche Maklerregelungen gibt es nicht. Öffentlich-rechtliche Regelungen beziehen sich auf die Berufsbezeichnung und die Abgrenzungen zu anderen Berufen. Doppeltätigkeit ist in Griechenland üblich. Beide Parteien bezahlen rund 2 % des Kaufpreises an den Makler.

2.2.4 Großbritannien

Bevor auf die Erwerbsmodalitäten eingegangen wird, sei erwähnt, dass sich der Immobilienerwerb in Großbritannien nach der jeweiligen Lebensphase richtet und es dort vollkommen selbstverständlich ist, das Haus bereits nach wenigen Jahren, wenn sich die Lebensphase ändert, z. B. Familiennachwuchs oder Auszug der Kinder, wieder zu verkaufen. Beim Ersterwerb von kleinen, günstigeren Immobilien verwenden britische Makler gerne die Formulierung des „First time buyer house". In Deutschland kommt hingegen niemand auf die Idee, von einem „Erstimmobilienkäuferobjekt" zu sprechen. Deutsche kaufen Immobilien i. d. R. einmal „Für's Leben". Ähnlich wie in den Niederlanden gibt es zudem kaum einen Markt für Mietwohnungen. Werden Mietobjekte angeboten, so ist der Mietzins gerade in den Ballungszentren sehr hoch. Der Markt ist von einer hohen Transparenz geprägt. Möchte man wissen, wann und zu welchem Preis eine Immobilie in der Vergangenheit vermarktet wurde, kann man dies im Internet aufseiten wie www.rightmove.co.uk recherchieren.

Makler in Großbritannien unterlagen bis 2013 dem „Property Misdiscription Act" von 1991. Diese Verordnung schrieb vor, dass eine Immobilie ausschließlich mit nachvollziehbaren und überprüfbaren Angaben beworben werden durfte. Maklerkunden sind seit der Aufhebung jedoch nicht ungeschützt, sie werden seit 2008 durch eine Verbraucherschutzverordnung abgesichert, die die EU-Richtlinie zum Schutz vor unlauterem Handel umsetzt.

Der Grundstückskaufvertrag bedarf in Großbritannien der *Schriftform*. Die beiden Parteien treffen eine privatwirtschaftliche Vereinbarung (sale agreed). Eine notarielle Beurkundung (draft contract) ist nicht erforderlich. Es gibt zwar vertragliche Standards (Formularkaufverträge), doch empfiehlt es sich, den Vertrag mit einem Rechtsanwalt aufzusetzen. Der Verkäufer beauftragt in der Regel einen Real Estate Agent. Auch Anwälte (*Solicitors)* können das Vermittlungsgeschäft betreiben. Diese werden vor allem in Schottland eingeschaltet, das ein eigenes Rechtssystem hat.

Da in Großbritannien Wert auf Selbstregulierung gelegt wird, hat der englische Maklerverband *„National Association of Real Agents"* einen Verhaltenskodex aufgestellt. Zusammen mit der *„Royal Institution of Chartered Surveyors"* und der *„Incorporated Society of Valuers"* wird ein Ombudsmannsystem unterhalten, in das die organisierten Makler und derjenige Teil der Makler einbezogen ist, der sich durch eine entsprechende Erklärung anschließen will. Die Mitgliedschaft eines Maklers in einem Verband wie „The Guild of Professional Estate Agents (The Guild)" , der „National Association of Estate Agents (NAEA)" oder der „Association of Residential Letting Agents" (ARLA) ist ein relevantes Qualitätsmerkmal.

Aufsichtsbehörde ist der Director General of Fair Trading, der im äußersten Fall eine Untersagung des Gewerbes aussprechen kann. Solche Gewerbeuntersagungen stehen nicht bloß auf dem Papier. Davon wird durchaus Gebrauch gemacht.

Neben dem Makler, der für den Verkäufer tätig wird („Estate Agent"), gibt es in England noch den „Relocation Agent". Dies ist ein Makler, der im Auftrag eines Kunden eine Immobilie sucht. Beide Maklertypen erhalten ihre Provision jeweils von ihrem Auftraggeber. Eine Doppeltätigkeit findet nicht statt. Auch wenn ein Makler beide Auftragsarten anbietet, so muss er stets darauf achten, wessen Position er gerade vertritt. Die Verkäuferprovision liegt zwischen 1 und 2 % der Kaufsumme zuzüglich der gesetzlichen Mehrwertsteuer (VAT). Der Käufermakler (Relocation Agent) verhandelt seine Provision vorab mit dem Kunden; die Höhe liegt gleichfalls zwischen 1 und 2 %.

2.2.5 Italien

In Italien erfolgt der Grundstückserwerb grundsätzlich in zwei Stufen. Zuerst wird ein *Vorvertrag* geschlossen. Er bedarf der *Schriftform* und enthält einerseits Bedingungen, die erfüllt werden müssen, damit später der notarielle Kaufvertrag abgeschlossen werden kann. Andererseits werden im Vorvertrag zusätzlich die Bedingungen festgehalten, zu denen der notarielle Kaufvertrag abgeschlossen werden muss. Der Abschluss des notariellen Kaufvertrags bewirkt bereits den Eigentumsübergang. Mit Abschluss des Vorvertrags wird eine *Anzahlung* geleistet, die als *Vertragsstrafe* verwirkt ist, wenn es aus Gründen, die der Käufer zu vertreten hat, nicht zum notariellen Kaufvertragsabschluss kommt.

Doppeltätigkeit ist den Maklern erlaubt. Staatliche Provisionsregelungen gibt es nicht. Man bezieht sich meist auf die von den Berufsverbänden oder den Handelskammern festgestellten Provisionssätze. Sie liegen in den Großstädten bei jeweils 2 % für Verkäufer und Käufer. Allerdings gibt es regionale Schwankungen bis zu 6 %. Wird keine Provisionshöhe zwischen den Parteien vereinbart und gibt es keine übliche Provisionshöhe in der Region, kann das Gericht die Höhe nach Billigkeit bestimmen (§ 1755 italienisches Zivilgesetzbuch).

Wer als Makler tätig werde möchte, muss seine Qualifikation durch eine Prüfung nachweisen. Zum Schutz der *Verbraucher* muss er zudem eine Berufshaftpflichtversicherung unterhalten.

2.2.6 Spanien

In Spanien gibt es hinsichtlich eines verpflichtenden Grundstückskaufvertrages keine Formvorschriften. Zur Übertragung des Eigentums an einer Immobilie reicht ein privatwirtschaftlicher Vertrag. Eine notarielle Beurkundung ist erst für die Eintragung in das Grundbuch erforderlich. Da das Grundbuch öffentlichen Glauben genießt, ist von einer Eintragung dringend anzuraten. Drei Tage vor dem notariellen Kaufvertrag fordert der Notar einen aktuellen Grundbuchauszug an. Damit ist die Immobilie gleichzeitig für 10 Tage vor Änderungseintragungen schützt. Dies entspricht der Vormerkung in Deutschland und schützt den Erwerber vor einem Mehrfachverkauf.

In Spanien gibt es keine Zulassungsvoraussetzungen zur Tätigkeit als Makler. Dies war nicht immer so. Bis Mitte 2000 konnte nur derjenige den Maklerberuf ausüben, der ein abgeschlossenes Hochschulstudium nachweisen konnte. Das Studium wiederum war Voraussetzung zur Ablegung einer staatlichen Maklerprüfung. Mit der Liberalisierung des Immobilienmarktes durch das Königliche Dekret 4 vom 23.06.2000 entfielen diese Zulassungsvoraussetzungen. So unkompliziert der Kauf einer Immobilie ist, umso komplexer sind die steuerlichen Punkte, die es zu beachten gibt. Es empfiehlt sich daher, mit einem Anwalt zusammenzuarbeiten, der den Kaufvorgang steuerrechtlich begleitet.

Der Makler kann für beide Seiten tätig werden und bindende Kaufverträge vermitteln. Die Provision liegt je nach Preis und Attraktivität des Objekts meistens zwischen 2 und 7 %, sie ist i. d. R. vom Besteller, d. h. dem Verkäufer zu tragen. Als „übliche" Provisionshöhe werden häufig 5 % genannt.

2.2.7 Schweiz

In der Schweiz gelten weitgehend vergleichbare Vorschriften wie in Deutschland. Hier ist die öffentliche notarielle Beurkundung des Verpflichtungsgeschäftes zwingend erforderlich. Ein Verstoß gegen diese Formvorschrift führt zu Nichtigkeit des Geschäftes. Unterschieden wird – wie in Deutschland – zwischen dem kaufvertraglichen Verpflichtungsgeschäft und dem Erfüllungsgeschäft (der Eigentumsübertragung). Das Grundbuch genießt öffentlichen Glauben und schützt damit den gutgläubigen Erwerber.

Das Maklerrecht ist im Schweizerischen Zivilgesetzbuch nach deutschem Vorbild geregelt (Bundesgesetz betreffend die Ergänzung des Schweizerischen Zivilgesetzbuches, Fünfter Teil: Obligationenrecht 2.13.3, Art. 412–418 OR). Der „Maklervertrag" kann konkludent, also formfrei abgeschlossen werden. Zu beachten ist, dass sich die Essentialia (= juristischer Fachbegriff für den notwendigen Mindestinhalt) des Maklervertrags aus der Vereinbarung ergibt. Der Vertrag muss somit die konkrete Tätigkeit als auch das Provisionsverlangen im Konsens mit umfassen. Der Vertrag unterliegt zudem häufig kantonalen Sondervorschriften. Diese können einen Kaufvertrag nichtig machen, wenn z. B.

die Berufsausübungsbewilligung fehlt. Die Höhe der Provision liegt zwischen 1 und 5 % und wird im Maklervertrag festgelegt. Fehlt die Provisionshöhe, so richtet sie sich wie in Deutschland nach der Ortsüblichkeit (Art. 414 OR). Die Vergütung kann als Provision, als Pauschale oder Gewinnbeteiligung bzw. einer Kombination der drei Arten vereinbart werden. Lediglich Art. 417 OR schränkt die Vertragsfreiheit ein: Unverhältnismäßig hohe Provisionen können durch einen richterlichen Beschluss herabgesetzt werden.

2.3 Grenzüberschreitende Tätigkeit

Bürger der Europäischen Union dürfen aufgrund des Gleichbehandlungsgrundsatzes prinzipiell in jedem anderen europäischen Land tätig werden. Damit können auch Makler in jedem EU-Land tätig werden. Dabei unterliegen sie stets den identischen Anforderungen wie die Staatsangehörigen des Gastlandes. Da es keine allgemeingültige Ausbildung bzw. Diplome für Immobilienmakler in der EU gibt, variieren die Anforderungen stark. Etwas leichter ist die grenzüberschreitende Tätigkeit. Diese ist nicht darauf ausgelegt, mit einem festen Standort dauerhaft vor Ort tätig zu sein, sondern nur vorübergehend.

Unter welchen Bedingungen Makler mit Firmensitz in Deutschland im europäischen Ausland bzw. Makler aus dem europäischen Ausland in Deutschland tätig werden können, wird sowohl in der Makler- und Bauträgerverordnung (MaBV) als auch in der Gewerbeordnung (GewO) geregelt.

Grenzüberschreitende Dienstleistungen sind nach § 19 der MaBV wie folgt geregelt: Üben Gewerbetreibende von einer Niederlassung in einem anderen Mitgliedstaat der Europäischen Union oder einem anderen Vertragsstaat des Abkommens über den Europäischen Wirtschaftsraum eine Tätigkeit als Makler oder Immobilienverwalter aus, so sind folgende Paragrafen nicht anwendbar: § 8 Rechnungslegung, § 9 Anzeigepflicht, § 10 *Buchführungspflicht*, § 11 Informationspflicht und Werbung, § 14 Aufbewahrung, § 15 Umfang der Versicherung, § 15a Versicherungsbestätigung; Anzeigepflicht des Versicherungsunternehmens, § 15b Weiterbildung, § 16 Prüfungen, § 17 Rechte und Pflichten der an der Prüfung Beteiligten und § 18 Ordnungswidrigkeiten (Absatz 1 Nummer 6 bis 13, jeweils auch in Verbindung mit § 18 Absatz 2 und 3).

Umgekehrt unterliegen Makler, die ihren Firmensitz in Deutschland haben, bei grenzüberschreitenden Tätigkeiten mit Ausnahme des § 9 (Anzeigepflicht) und mit Ausnahme des § 18 Absatz 1 der gesamten MaBV.

Immobilienverwalter, die ihren Firmensitz in Deutschland haben, unterliegen bei grenzüberschreitenden Tätigkeiten folgenden Paragrafen der MaBV: § 9 Anzeigepflicht, § 11 Informationspflicht und Werbung, § 15a Versicherungsbestätigung; Anzeigepflicht des Versicherungsunternehmens, § 15b Weiterbildung, § 18 Ordnungswidrigkeiten (bei einigen Ausnahmen in Absatz 1).

Die Gewerbeordnung regelt in § 4 grenzüberschreitende Dienstleistungen: *Werden Gewerbetreibende von einer Niederlassung aus einem anderen Mitgliedstaat der Europäischen Union [...] vorübergehend [in Deutschland] selbstständig gewerbsmäßig tätig, sind [...] § 34c Absatz 1 Satz 1 Nummer 1, 3 und 4 [...] nicht anzuwenden.*[17]

Damit müssen Unternehmen, die ihren Firmensitz in einem anderen Mitgliedstaat der Europäischen Union haben, keine Erlaubnis nach § 34 c erwerben. Diese Regelung wird nur durch Artikel 2 Absatz 2 der Richtlinie 2006/123/EG des Europäischen Parlaments eingeschränkt, der beispielsweise Kreditinstitute ausnimmt. Ferner findet die Nichtanwendbarkeit ihre Grenzen, wenn ein Gewerbetreibender sich den Vorschriften zu entziehen versucht, indem er von einem anderen Mitgliedstaat der Europäischen Union aus ganz oder vorwiegend in Deutschland tätig wird.

Zusammenfassend lässt sich sagen, dass eine grenzüberschreitende Möglichkeit durch die Makler- und Bauträgerverordnung oder die Gewerbeordnung nicht eingeschränkt werden. Unternehmen mit Sitz in Deutschland unterliegen im europäischen Ausland weitgehend denselben Anforderungen nach MaBV und GewO wie in Deutschland. Umgekehrt unterliegen Unternehmen aus dem Ausland bei nur vorübergehender Tätigkeit nur Teilen der MaBV und – von Ausnahmen abgesehen – auch nicht dem § 34c GewO.

Der Begriff „vorübergehend“ wird nicht weiter spezifiziert. Ein Anhaltspunkt für die Begriffsbestimmung liefert ein Urteil vom Europäischen Gerichtshof vom 30.11.1995 (C-55/94), nach dem der vorübergehende Charakter einer Tätigkeit nicht nur von der Dauer der Leistung, sondern auch von ihrer Anzahl, der regelmäßigen Wiederkehr und Kontinuität zu beurteilen ist. Dabei ist die Einrichtung einer gewissen Infrastruktur vor Ort inklusive eines Büros kein Ausschlusskriterium für den Charakter einer vorübergehenden Tätigkeit. Die Anzahl der zulässigen Aufträge dürfte bei Maklern jedoch sehr überschaubar sein. Wer im Grenzgebiet lebt und als „Einzelkämpfer“ monatlich eine Immobilie vermarktet, wird sich vermutlich schon bei sechs Verkaufsfällen im Jahr nicht mehr auf die vorübergehende Tätigkeit berufen können, da die Tätigkeit im Grenzgebiet die Hälfte seines Umsatzes ausmacht.

17 Gewerbeordnung § 4 Abs. 1.

3. Der gesetzliche Rahmen

Ein Immobilienmakler hat eine Vielzahl öffentlich-rechtlicher Vorschriften zu beachten. Neben den einschlägigen Bestimmungen zum Maklervertrag und Maklerlohn, die separat im Kapitel 4. erläutert werden, sind in diesem Kapitel die Gesetze beschrieben, die für den Makler eine hohe Relevanz in der Praxis haben. Dazu zählen folgende Gesetze:

3.1 Gewerbeordnung (GewO)

3.1.1 Geltungsbereich

Die Gewerbeordnung gilt nur für den Bereich der *Gewerbetreibenden.* Damit ist eine Abgrenzung zu anderen Berufen erforderlich. Diese geschah durch die Katalogisierung der Berufe, die keine Gewerbe sind (§ 6 GewO – Anwendungsbereich). Dazu gehören vor allem auch die freien Berufe, etwa die sogenannten Katalogberufe, die in § 18 des Einkommensteuergesetzes aufgezählt sind (Rechtsanwälte, Steuerberater usw.).

Ein *Gewerbe* ist durch eine auf Gewinnerzielung ausgerichtete, auf Dauer angelegte selbstständige Tätigkeit gekennzeichnet. Steuerrechtlich wird ein Gewerbebetrieb ähnlich definiert: Er ist danach gekennzeichnet durch „eine selbstständige, nachhaltige Betätigung, die mit der Absicht, Gewinne zu erzielen, unternommen wird und sich als Beteiligung am allgemeinen wirtschaftlichen Verkehr darstellt“ (§ 15 Abs. 2 EStG). Hier kommt es vor allem auf die Abgrenzung zur Liebhaberei einerseits und zur Vermögensverwaltung andererseits an. So genannte *Gelegenheitsmakler*, also Personen, die nur eine sich einmal bietende Gelegenheit nutzen, um ein Maklergeschäft zu tätigen, unterliegen der Gewerbeordnung.

Wer ein Gewerbe ausübt, ist *Kaufmann kraft Gesetzes* (§ 1 HGB). Nimmt das Gewerbe einen gewissen Umfang an, besteht eine Verpflichtung zur Eintragung ins Handelsregister. Man kann davon ausgehen, dass dies beim Makler dann der Fall ist, wenn sein nachhaltiger Provisionsumsatz etwa 120.000-150.000 € im Jahr erreicht. Mit Eintragung ins Handelsregister – diese erfolgt rein elektronisch – wird aus dem bloßen Gewerbebetrieb ein Handelsgewerbe, auf das die Vorschriften des HGB anzuwenden ist. Mit der Eintragung erhält der Firmenname zudem einen Schutz gegenüber ähnlich lautenden Namen.

Wer einen Gewerbebetrieb gründen will, muss dies bei der zuständigen Gewerbebehörde „anzeigen“. Relevant für die Gewerbeanmeldung ist die Behörde, in deren Bezirk das Unternehmen eröffnet werden soll. Alternativ kann die Anmeldung meist auch über das Internet erfolgen.

Die Gewerbeämter leiten die Daten aus den Gewerbeanzeigen an das Finanzamt und die IHK weiter und informieren auch die Berufsgenossenschaft, das Statistische Landesamt und das Handelsregistergericht. Die Pflicht zur Anmeldung beim zuständigen Finanzamt, der Kammer und bei der Berufsgenossenschaft liegt jedoch beim Gewerbetreibenden.

3.1.2 Erlaubnis nach § 34 c GewO

Der § 34 c GewO regelt die Erlaubnis für Immobilienmakler, *Darlehensvermittler*, Bauträger, Baubetreuer und Wohnimmobilienverwalter. Die Gewerbeanmeldung reicht für Immobilienmakler alleine nicht aus. Sie müssen vielmehr vorher zusätzlich einen *Antrag auf Erlaubnis* bei der zuständigen IHK stellen. Die Regelungen hierfür finden sich in § 34c GewO. Wird die Erlaubnis erteilt, ist unter Vorlage der Erlaubnis der *Beginn des Gewerbebetriebes* der Gemeinde anzuzeigen, in der der Makler sein Büro eröffnen will (§ 14 GewO). Anzuzeigen ist auch jede *Verlegung des Betriebes* und die *Betriebsaufgabe*. Diese ist nicht gleichbedeutend mit einem Verzicht auf die Erlaubnis.

Die Erlaubnis bleibt also bestehen, auch wenn das Gewerbe nicht ausgeübt wird. Von der Erlaubnispflicht erfasst werden nicht nur Inhaber von Maklerbetrieben, sondern auch sogenannte freie Mitarbeiter, die ihrem rechtlichen Status nach Handelsvertreter sind. Deren Kennzeichen ist, dass sie selbstständig sind und nicht der Weisungsbefugnis des Geschäftsinhabers unterliegen. *Handelsvertreter* unterscheiden sich von Maklern dadurch, dass sie ständig damit betraut sind, für ein und denselben Auftraggeber Geschäfte zu vermitteln. Der Makler hat es mit ständig wechselnden Auftraggebern zu tun. Die Besonderheit des Handelsvertreters eines Maklers besteht darin, dass er nicht in eigenem Namen das Vermittlungsgeschäft betreibt, sondern im Namen des Maklers. Er schließt einerseits im Namen des Maklers Maklerverträge ab, ist somit Abschlussvertreter und entfaltet parallel zum Makler in dessen Namen eine Vermittlungstätigkeit. Insofern ist er – wie der Makler – Vermittler von Kauf- und Mietverträgen.

Mit Einfügung der Maklererlaubnis in § 34c wollte man die *Verbraucher* schützen, indem der Zugang zum Maklerberuf unzuverlässigen Personen zu verwehren ist. Die Berufsausübung sollte von einer behördlichen Erlaubnis abhängig gemacht werden, die nur bei Vorliegen bestimmter Voraussetzungen erteilt wird. Ursprünglich war geplant, nur die Maklertätigkeit erlaubnispflichtig zu machen. Nachdem aber bei den Beratungen auch Veruntreuungen im Bauträger- und Baubetreuungsbereich publik wurden, dehnte man die Erlaubnispflicht auf diesen Bereich aus. Seit dem 01.08.2018 benötigt auch der Immobilienverwalter eine Erlaubnis nach 34c GewO.

Zum 01.08.2018 wurde die *Weiterbildungsverpflichtung* mit aufgenommen. In § 34c Abs. 2 (2a) werden Gewerbetreibende nach Absatz 1 Satz 1 Nummer 1 und 4 verpflichtet, sich in einem Umfang von 20 Stunden innerhalb eines Zeitraums von drei Kalenderjahren weiterzubilden; das Gleiche gilt entsprechend für unmittelbar bei der erlaubnispflichtigen Tätigkeit mitwirkende beschäftigte Personen. Details regelt die MaBV, vgl. 3.2.7.

Die Weiterbildungspflicht obliegt dem Inhaber der Erlaubnis nach § 34c unabhängig von der Ausübung seiner Tätigkeit. Dies bedeutet, dass jeder Inhaber einer Erlaubnis nach § 34 c sich im gesetzlichen Umfang von 20 Stunden innerhalb von drei Jahren fortbilden muss. Wer dies nicht tut, verstößt gegen die Weiterbildungspflicht, was ein Einzug der Erlaubnis zur Folge haben kann. Damit ist eine Erlaubnis nach § 34c faktisch nicht mehr unbegrenzt gültig; sie behält ihre Gültigkeit nur, solange die Weiterbildung nachgewiesen werden kann. Wer sein Gewerbe nicht mehr ausübt und sich auch nicht mehr weiterbildet, muss damit bei der Aufsichtsbehörde eine Verzichtserklärung abgeben.

Die *Erlaubnis* knüpft beim Makler an die Leistungsarten an, die für Makler nach § 652 BGB kennzeichnend sind: Vermittlung von Verträgen oder Nachweis der Gelegenheit zum Abschluss solcher Verträge. Während das BGB jedoch offenlässt, um welche Verträge es sich handelt und was die Gegenstände des vermittelten Vertrages sind, beschränkt die Gewerbeordnung hinsichtlich der Leistungsbereiche die Erlaubnispflicht auf die Nachweistätigkeit und Vermittlung von Verträgen über:

- Grundstücke
- grundstücksgleiche Rechte
- gewerbliche Räume
- Wohnräume
- Darlehensverträge (mit Ausnahme von Verträgen im Sinne des § 34i Absatz 1 Satz 1)

Nicht erfasst ist die Vermittlung bzw. der Nachweis der Gelegenheit zum Abschluss von Verträgen über Einzelhandelsgeschäfte, Unternehmen (soweit damit keine Immobilienvermittlung verbunden ist) sowie über nur vorübergehend genutzte Ferienwohnungen.

Bauträger benötigen die Erlaubnis nach § 34c GewO, wenn sie als Bauherr im eigenen Namen für eigene oder fremde Rechnung vorbereiten oder durchführen und dazu Vermögenswerte von Erwerbern, Mietern, Pächtern oder sonstigen Nutzungsberechtigten oder von Bewerbern um Erwerbs- oder Nutzungsrechte verwenden oder als Baubetreuer im fremden Namen für fremde Rechnung wirtschaftlich vorbereiten oder durchführen.

Kreditinstitute und *Finanzdienstleister*, die der Aufsicht der *Bundesanstalt für Finanzdienstleistungsaufsicht (BaFin)* unterliegen, benötigen keine Erlaubnis nach § 34c. Diese benötigen die Erlaubnis nach § 32 des Kreditwesengesetzes (KWG). Dies ist in § 34c Abs. 5, GewO geregelt: Für Kreditinstitute, die eine Erlaubnis nach § 32 Abs. 1 des Kreditwesengesetzes haben und für Zweigstellen von Unternehmen im Sinne des § 53b Abs. 1 Satz 1 des Kreditwesengesetzes gilt § 34 GewO nicht.

Die nachfolgenden Ausführungen beziehen sich ausschließlich auf Immobilienmakler. Der Geschäftszweig der *Finanzanlagenvermittler* und *Darlehensvermittler* gehörte lange Jahrzehnte zu den das Immobiliengeschäft ergänzenden Tätigkeitsbereichen. Heute spielen diese Geschäftsfelder für Immobilienmakler nur noch eine geringe Rolle. Waren beide Geschäftsfelder früher im § 34c mit geregelt, wurden diese in den letzten Jahren in einem eigenständigen Paragrafen mit deutlich strengeren Zulassungsvoraussetzungen neu geregelt. Für die Finanzanlagenvermittler trat am 01.01.2013 der § 34f in Kraft und die Erlaubnis zur Darlehensvermittlung wird seit dem 21.03.2016 im § 34i GewO geregelt. Dennoch werden beide Zulassungsparagrafen in den nachfolgenden Kapiteln kurz erläutert, damit die Abgrenzung zum erlaubnisfreiten Tippgeber-Geschäft deutlich wird. Zudem haben größere Immobilienbüros teilweise eine eigene Abteilung zur Finanzierung von Immobilien und benötigen die Zulassung nach § 34i GewO.

§ 34c GewO beschreibt nicht, welche Eigenschaften eine Person positiv erfüllen muss, um eine gewerberechtliche Erlaubnis zu erhalten. Vielmehr werden ausschließlich Merkmale bezeichnet, die eine Erlaubniserteilung ausschließen. Hierzu zählen zwei Merkmalsbereiche:

1. Fehlen der für den Betrieb erforderlichen *Zuverlässigkeit*, die sich auch auf Personen erstreckt, die mit der Leitung des Betriebes oder einer Zweigniederlassung beauftragt sind
2. *Ungeordnete Vermögensverhältnisse*

1. Zuverlässigkeit: Über die für den Betrieb erforderliche Zuverlässigkeit verfügt „in der Regel" nicht, wer in den letzten fünf Jahren vor Antragstellung wegen eines Verbrechens oder wegen Diebstahls, Unterschlagung, Erpressung, Betruges, Untreue, Urkundenfälschung, Hehlerei, Wuchers oder einer Insolvenzstraftat rechtskräftig verurteilt worden ist. Dies ist keine abschließende Aufzählung. Es gibt eine Reihe weiterer Indizien, die auf die betriebliche Unzuverlässigkeit schließen lassen. Hierzu gehört z. B. auch das *Fehlen elementarer Sachkenntnisse* für eine ordnungsgemäße Ausübung des Berufs, aber auch Delikte wie Steuerhinterziehung oder Nichtabführung einbehaltener Sozialversicherungsbeiträge. Ebenso spricht eine Anhäufung von Bußgeldbescheiden wegen gewerbebezogener Ordnungswidrigkeiten, die im *Gewerbezentralregister* eingetragen sind, für fehlende Zuverlässigkeit. Die Eintragung setzt eine rechtswirksam verhängte Geldbuße von mindestens 200 € voraus. Der Fokus liegt auf Vergehen nach dem Strafgesetzbuch, die die Vermögenssphäre potenzieller Auftraggeber betreffen.

2. Vermögensverhältnisse: In ungeordneten Vermögensverhältnissen lebt in der Regel, über wessen Vermögen das Insolvenzverfahren eröffnet worden ist oder wer in das, vom Insolvenzgericht zu führende, Verzeichnis (*Schuldnerverzeichnis*) eingetragen ist. In das Schuldnerverzeichnis wird eingetragen, wer auf Antrag eines Gläubigers seine Vermögensverhältnisse durch ein anzufertigendes Vermögensverzeichnis offenzulegen hat. Die Vollständigkeit und Richtigkeit der verlangten Angaben müssen eidesstattlich versichert werden (§ 807 ZPO).

Der Fokus liegt hier nicht auf strafrechtlich oder moralisch zu würdigenden Tatbeständen, sondern auf der Vermögenssituation des Antragstellers selbst. Betroffen hiervon sind auch juristische Personen.

Die Zielrichtung beider Arten der Erlaubnisvoraussetzungen besteht in einem *präventiven Vermögensschutz* der Auftraggeber des Maklers. Personen, die bereits einschlägig verurteilt sind, rechtfertigen jedenfalls innerhalb der Verjährungsfrist nicht das Vertrauen, das jemandem entgegengebracht werden muss, der direkt oder indirekt (durch entsprechende Beratung) auf Vermögensverfügungen des Auftraggebers Einfluss nehmen kann. Wer in ungeordneten Vermögensverhältnissen lebt, kann leicht dazu verführt werden, sich am Vermögen eines Auftraggebers zu vergreifen.

Obwohl sowohl das BGB als auch die MaBV gleiche Begriffe verwenden, haben sie teilweise unterschiedliche Inhalte. So ist z. B. zivilrechtlich eine maklerische Vermittlung von Verträgen nicht möglich, wenn der Makler mit einer der beiden Parteien wirtschaftlich oder rechtlich verflochten ist. Er hat dann nicht die das Maklergeschäft kennzeichnende Drittstellung. Gewerberechtlich wird indes sogar bei Miethausverwaltern von einem „Vermitteln" ausgegangen, wenn er für den Hauseigentümer Mietverträge mit Mietern abschließt. Dies führte dann dazu, dass nach entsprechenden Interventionen des damaligen RDM *Miethausverwalter* aus dem Anwendungsbereich der MaBV wieder ausgenommen wurden.

In zivilrechtlicher Hinsicht werden Maklerverträge geregelt, bei denen es um den Provisionsanspruch des Maklers geht. Im gewerberechtlichen Anwendungsbereich kommt es überhaupt nicht darauf an, ob sich mit der Maklertätigkeit ein Provisionsanspruch verbindet oder nicht. Die Maklertätigkeit kann auch als kostenlose Nebenleistung erbracht werden. Es kommt nur darauf an, ob diese Nebenleistung mit einer gewerblichen Hauptleistung verbunden wird. So ist denkbar, dass die Hauptleistung eines Gewerbebetriebs in der Verkaufsbetreuung von verkaufswilligen Hauseigentümern besteht, für die er ein Dienstleistungshonorar, aber keine Erfolgsprovision vereinbart. Dennoch muss er für seine Tätigkeit eine Erlaubnis nach § 34c GewO beantragen.

3.1.3 § 34c Ausweitung auf WEG Verwalter

Mit dem Gesetz zur Einführung einer Berufszulassungsregelung für gewerbliche Immobilienmakler und Wohnimmobilienverwalter fällt die Verwaltung von Wohnimmobilien seit 01.08.2018 unter die erlaubnispflichtigen Tätigkeiten. Der Verwalter, der ausschließlich Gewerbeimmobilien in der Verwaltung hat, ist bislang von den Zulassungsvoraussetzungen und den Pflichten ausgenommen, es genügt noch die Gewerbeanmeldung nach § 14 GewO.

Immobilienverwalter von Wohneigentum sind von den Neuregelungen des § 34c Abs. 1 Nr. 4 GewO betroffen und müssen für die Tätigkeit der Verwaltung eine Erlaubnis beantragen. Die Voraussetzung für die Erteilung der Erlaubnis sind analog der Erteilung der Maklererlaubnis die persönliche Zuverlässigkeit und geordnete Vermögensverhältnisse. Darüber hinaus muss der Verwalter jedoch den Nachweis einer Berufshaftpflichtversicherung erbringen. Nach dem Gesetz ist jede Person Verwalter, die gewerbsmäßig das gemeinschaftliche Eigentum von Wohnungseigentümern im Sinne des § 1 Absatz 2, 3, 5 und 6 des Wohnungseigentumsgesetzes oder für Dritte Mietverhältnisse über Wohnräume im Sinne des § 549 des Bürgerlichen Gesetzbuchs verwaltet.

3.1.4 § 34f Finanzanlagenvermittler

Die Erlaubnis zur Vermittlung von Finanzanlagen war bis zum Inkrafttreten des § 34f GewO Bestandteil des § 34c. Die Finanzanlagenvermittlungserlaubnis wurde eingeführt, um den Anlegerschutz besser zu gewährleisten und Produkte des sog. grauen Kapitalmarktes regulieren zu können. Zur Qualitätssteigerung wurden die Anforderungen an den Vertrieb von Finanzanlagen parallel dazu erhöht. Der Notwendigkeit zur Regulierung waren einige spektakuläre Fondspleiten vorangegangen, die die Branche in Verruf gebracht hatten. Die Erlaubnis zur Finanzanlagenvermittlung nach § 34f trat am 01.01.2013 in Kraft.

Der Paragraf reguliert die Zulassung für Personen, die Anlagevermittlung im Sinne des § 1 Absatz 1a Nummer 1 des Kreditwesengesetzes oder Anlageberatung im Sinne des § 1 Absatz 1a Nummer 1a des Kreditwesengesetzes erbringen (Finanzanlagenvermittler). Für die Vermittlung folgender Finanzanlagen bedarf es somit der Erlaubnis der zuständigen Behörde:

(1) Investmentfondsanteile oder Aktien an offenen Investmentvermögen, die nach dem Kapitalanlagegesetzbuch vertrieben werden dürfen,

(2) Anteile oder Aktien an geschlossenen Investmentvermögen, die nach dem Kapitalanlagegesetzbuch vertrieben werden dürfen und

(3) Vermögensanlagen wie beispielsweise bestimmte Unternehmensanteile, Treuhandvermögen, Genussrechte, Namensschuldverschreibungen oder Genossenschaftsanteile.

Da vorstehende Produkte nicht zum Geschäftsfeld des Immobilienmaklers gehören, wird auf die Vorschriften zum § 34f hier nicht weiter eingegangen. Die Finanzbranche hat es mit dem § 34f im Gegensatz zur Immobilienbranche geschafft, einen Fachkundenachweis einzuführen. Wie bei der Erlaubnis nach § 34c benötigen die Finanzvermittler die erforderliche Zuverlässigkeit und müssen geordnete Vermögensverhältnisse nachweisen können. Der Zulassungsparagraf fordert jedoch zusätzlich die Unterhaltung einer Berufshaftpflichtversicherung sowie einen Sach- und Fachkundenachweis. In diesen beiden Punkten unterscheidet er sich signifikant von der Maklererlaubnis.

3.1.5 § 34i Immobiliardarlehensvermittler

Am 21.03.2016 trat § 34i GewO in Kraft. Er regelt die Zulassung zur Vermittlung von Immobiliendarlehen und orientiert sich an dem § 34f, der die Zulassung von Finanzvermittlern regelt. Vor dem Inkrafttreten des § 34i war die Erlaubnis zur Immobiliardarlehensvermittlung im § 34c Absatz 1 Nr. 2 GewO geregelt.

Wer gewerbsmäßig den Abschluss von Immobiliar-Verbraucherdarlehensverträgen im Sinne des § 491 Absatz 3 des Bürgerlichen Gesetzbuchs oder entsprechende entgeltliche Finanzierungshilfen im Sinne des § 506 des Bürgerlichen Gesetzbuchs vermitteln will oder Dritte zu solchen Verträgen beraten will (Immobiliardarlehensvermittler), bedarf der Erlaubnis der zuständigen Behörde. Die Erlaubnis kann inhaltlich beschränkt und mit Nebenbestimmungen verbunden werden, soweit dies zum Schutz der Allgemeinheit oder der Darlehensnehmer erforderlich ist; unter derselben Voraussetzung ist auch die nachträgliche Aufnahme, Änderung und Ergänzung von Nebenbestimmungen zulässig.

Der Erlaubnis nach § 34i GewO bedarf nicht, wer erlaubnisfreie Tippgeschäfte durchführt. Die Tätigkeit eines „Tippgebers“ ist auf die Kontaktanbahnung zwischen einem potenziellen Darlehensnehmer und einem Darlehensgeber bzw. Immobiliardarlehensvermittler beschränkt. Dieser Service, den die meisten Makler ihren Kunden anbieten, stellt keine Vermittlung im Sinne § 34i GewO dar.

Stellt ein Makler seinem Kunden jedoch Darlehensverträge von Dritten vor oder ist Dritten bei Vorarbeiten oder anderen vorvertraglichen administrativen Tätigkeiten zum Abschluss behilflich, so wird die Erlaubnis zur Immobiliardarlehensvermittlung benötigt. In diesem Fall sind neben der Berufshaftpflichtversicherung und dem Eintrag im Vermittlerregister auch die Vorschriften zu beachten, die die Darlehensvermittlung regeln. Diese finden sich u. a. in §§ 12 bis 17 Immobiliardarlehensvermittlerverordnung (ImmVermV). Die Paragrafen beschreiben die allgemeinen Pflichten zur Ausübung der Tätigkeit, wie Sachkenntnis, Sorgfalt und Gewissenhaftigkeit im Interesse des Immobiliardarlehensnehmers, das Verbot, sich Eigentum oder Besitz an Geldern des Immobiliardarlehensnehmers zu verschaffen, Aufzeichnungs- und

Aufbewahrungspflichten sowie Anzeigepflichten. Die Aufzählung ist an dieser Stelle nicht abschließend, sondern soll in erster Linie aufzeigen, dass der Immobiliardarlehensvermittler umfangreiche Vorgaben zu beachten hat.

3.1.6 Erlöschen der Gewerbeerlaubnis

Eine erteilte *Erlaubnis erlischt* mit dem Tod des Gewerbetreibenden bzw. bei juristischen Personen durch ihre Löschung im Handelsregister. Sie erlischt auch durch Verzicht. In der Abmeldung des Gewerbebetriebes ist allerdings noch kein Verzicht zu erblicken, sodass eine Wiederanmeldung des Maklerbetriebes auf der ursprünglich erteilten Erlaubnis beruhen kann.

Eine Rücknahme der Erlaubnis ist nur dann möglich, wenn die Erlaubniserteilung einen rechtswidrigen Verwaltungsakt dargestellt hat oder wenn bei einer unter Auflagen erteilten Erlaubnis die Auflagen nicht erfüllt wurden. Geregelt ist dies in § 48 des Verwaltungsverfahrensgesetzes.

Die erteilte *Erlaubnis* kann *widerrufen* werden, wenn die Voraussetzungen für die gewerbliche Betätigung als Makler nachträglich entfallen, insbesondere wenn er wegen eines Vermögensdeliktes rechtswirksam verurteilt wurde. Seit Inkrafttreten der Insolvenzordnung führt die Eröffnung eines Insolvenzverfahrens jedoch nicht mehr automatisch zum Widerruf der Erlaubnis. Das Insolvenzverfahren kann ja einen Verlauf nehmen, der die Fortführung des Gewerbes durch den Gewerbetreibenden wieder ermöglicht.

3.2 Makler-Bauträger-Verordnung (MaBV)

3.2.1 Die MaBV dient dem Verbraucherschutz

§ 34c Abs. 3 GewO enthält eine Verordnungsermächtigung: Das Bundesministerium für Wirtschaft und Energie kann durch Rechtsverordnung mit Zustimmung des Bundesrates, soweit zum Schutz der Allgemeinheit und der Auftraggeber erforderlich, Vorschriften erlassen. Es folgt eine umfangreiche Auflistung von *Berufsausübungsregeln. Diese* Regeln finden sich in der Makler-Bauträger-Verordnung (MaBV); sie dienen dem Vermögensschutz des Auftraggebers. Der schutzbedürftige Auftraggeber im Sinne der MaBV ist immer derjenige, dem die „Verbraucherfunktion" zukommt. Gemeint sind damit nicht die Nachfrager nach Maklerleistungen schlechthin, sondern nur die Nachfrager nach Objekten, die Gegenstand der Vermittlungs- und Nachweistätigkeit des Maklers sind.

Geschützt ist mit anderen Worten nur derjenige, der ein Objekt zum Kauf oder zur Miete sucht und sich dabei an einen Makler wendet. Diesen Sachverhalt muss man stets im Auge behalten, wenn man die Vorschriften der MaBV im Einzelnen betrachtet. Das führt teilweise zu seltsam anmutenden Situationen. Wenn ein privater Immobilieneigentümer über die Vermietung von Geschäftsräumen mit der Rechtsabteilung eines Großkonzerns zu tun hat, hat der Makler die Schutzinteressen des Konzerns, nicht aber die des Eigentümers zu berücksichtigen.

Für den klassischen Maklerbetrieb hatten die Vorschriften der MaBV bis 2018 in der Praxis keine große Bedeutung. Vorgeschrieben war, was ohnehin durchgängige Maklerpraxis darstellte. Geht man davon aus, dass ein Makler keine finanzielle Betreuung für den durch die MaBV geschützten Auftraggeber übernimmt, dann hatte er lediglich Teile der Vorschriften, nämlich die §§ 9-12, 14 und 16 Abs. 2 und 3 sowie § 17 MaBV zu beachten, wenn er nicht Gefahr laufen wollte, eine bußgeldbewehrte *Ordnungswidrigkeit* zu begehen. § 18 enthält einen Katalog von zwölf Ordnungswidrigkeiten, die sich aus Verletzungen von Vorschriften der MaBV ergeben. Mit dem Gesetz zur Einführung einer Berufszulassungsregelung für gewerbliche Immobilienverwalter und Makler, das zum 01.08.2018 in Kraft trat, wurde § 15 MaBV neu gefasst. Dieser regelt nicht nur den Versicherungsumfang für Immobilienverwalter durch § 15 und § 15 a, sondern auch die regelmäßige Fortbildungsverpflichtung für Immobilienmakler und Verwalter in § 15 b MaBV.

§ 13 MaBV wurde für reine Maklerbetriebe durch das *Deregulierungsgesetz* zum 1. Juli 2005 aufgehoben. Die Vorschrift bezog sich auf die chronologische Sammlung von Inseraten und Prospekten. Damit entfiel auch die sich darauf beziehende Aufbewahrungspflicht.

Eine nicht unwesentliche Entlastung ergab sich aus dem Wegfall der Vorschrift zur *jährlichen Pflichtprüfung* für Maklerbetriebe nach § 16 Abs. 1 GewO. Mit Aufhebung der Vorschrift über die Pflichtprüfung entfiel 2004 für die Maklerbetriebe die Verpflichtung der Abgabe eines Prüfungsberichts.

Die Tatsache, dass die vom Makler jährlich an das Gewerbeamt abzuliefernden Prüfungsberichte kaum zur Notwendigkeit des Einschreitens der Behörde geführt haben, zeugt davon, dass die ursprüngliche Sorge, die Auftraggeber der Makler bedürften eines besonderen Schutzes, aus der Retrospektive betrachtet wohl nicht gerechtfertigt war. Begründet wurde der Verzicht auf die jährliche Pflichtprüfung auch mit dem Hinweis, dass der Behörde im Rahmen der behördlichen Nachschau ohnehin eine Möglichkeit verbleibe, bei Verdacht auf Unregelmäßigkeiten einzuschreiten.

Geblieben ist für solche Fälle außerdem die Vorschrift über die Prüfung aus besonderem Anlass (§ 16 Abs. 2 GewO). Der Prüfer wird in diesen Fällen von der Gewerbebehörde bestimmt.

3.2.2 Anzeigepflicht – § 9

Nach dieser Vorschrift muss der Makler die jeweils mit der Leitung des Betriebes oder einer Zweigstelle beauftragte Person der zuständigen Behörde unverzüglich anzeigen. Das Gleiche gilt bei juristischen Personen hinsichtlich der gesetzlichen Vertreter. Die Behörde soll damit nicht nur über die Eröffnung eines Betriebes oder einer Zweigstelle, sondern über jeden Personenwechsel auf der Leitungsebene informiert werden. Damit wird eine Überprüfung der für den Betrieb erforderlichen Zuverlässigkeit dieses neu hinzukommenden Personenkreises gewährleistet.

3.2.3 Buchführungspflicht – § 10

Der Makler als Istkaufmann unterliegt einer handelsrechtlichen wie auch einer steuerrechtlichen Buchführungspflicht. Mit § 10 MaBV ist eine gewerberechtliche Buchführungspflicht hinzugekommen. Sie hat nichts mit der Verbuchung von Zahlungsvorgängen zu tun. Sie ist auch keine „Nebenbuchhaltung". Ihr Zweck besteht darin, als Nachweisgrundlage für die Ordnungsmäßigkeit der Entgegennahme und Durchführung von Aufträgen zu dienen. Es sollen Aufzeichnungen gemacht bzw. Unterlagen und Belege gesammelt werden, aus denen sich Einzelheiten über die Vertragsbeziehungen mit Auftraggebern ergeben. Bestimmte Formalien sind nicht vorgeschrieben. So können sich die Aufzeichnungen aus Unterlagen (Schriftverkehr mit den Suchinteressenten), Karteien oder Dateien ergeben. Dabei ist wiederum zu beachten, dass es ausschließlich um Auftragsbeziehungen zwischen Makler und Interessenten für vom Makler angebotene Objekte geht.

Im Wesentlichen müssen sich aus den Aufzeichnungen, Unterlagen oder Belegen die Daten des Auftraggebers, eine etwa vereinbarte Provision und die Dauer des Auftragsverhältnisses ergeben. In der Regel handelt es sich um eine unbestimmte Dauer bis zum Widerruf durch den Auftraggeber. Auch Tag und Grund der Auftragsbeendigung sowie die Höhe einer etwa vereinnahmten Provision sind aufzuzeichnen.

Ein weiterer Bereich, auf den sich die Aufzeichnungspflicht erstreckt, sind Daten zu den Kauf- und Mietobjekten, die der Makler Auftraggebern anbieten will. Diese Aufzeichnungen sind Grundlage für die Erfüllung der Informationspflichten, die dem Makler gegenüber den Auftraggebern obliegen. Diese Verpflichtung erfüllt der Makler regelmäßig durch Aufbewahrung der Exposés, in denen die aufzeichnungspflichtigen Daten enthalten sind.

3.2.4 Informationspflichten – § 11

Aus dem oben Dargestellten ergibt sich bereits, dass die *Informationspflicht* mit den Aufzeichnungspflichten korreliert. Was – den Geschäftsverkehr mit „Auftraggebern" betreffend – aufgezeichnet wurde, darüber muss auch informiert werden. Die Informationspflichten über die Aufträge ergeben sich automatisch aus der Korrespondenz. Insbesondere wird der Makler in eigenem Interesse auf die Provision schriftlich hinweisen, die er im Falle einer gelungenen Vertragsvermittlung haben will. Tut er es nicht, kann er den Provisionsanspruch in der Regel auch nicht durchsetzen. Häufig weisen Makler auch in Exposés auf ihre Provision hin. Die als Schutzvorschrift für Auftraggeber gedachte Regelung liegt auch im Interesse des Maklers als Sicherung seines Provisionsanspruchs.

Da die Informationen über die Auftragsannahme und Auftragsbeendigung ohnehin geschäftslogischen Abläufen in Maklerunternehmen entsprechen, braucht hierauf nicht eingegangen zu werden.

Für Auftraggeber bedeutender sind die Informationen über die Objekte, die ein Makler liefern muss. Sie sollen deren Entscheidungsgrundlagen für den Ankaufs- oder den Anmietungsentschluss verbessern. Dass der Verordnungsgeber die Rechtzeitigkeit der Information (vor Aufnahme von Vertragsverhandlungen) und die Richtigkeit des Informationsinhalts vorschreibt, ist unproblematisch und geht mit den auf Erfolg orientierten Maklerinteressen konform. Allerdings ergeben sich aus der Informationspflicht indirekt zivilrechtliche Wirkungen. Wenn der Makler nicht informiert, kann der Auftraggeber die Information rechtlich zwar nicht erzwingen. Fehlende Informationen nach MaBV haben auch keinen Einfluss auf den Provisionsanspruch. Es handelt sich ausschließlich um eine Ordnungswidrigkeit gegenüber dem Hoheitsträger. Informiert der Makler aber falsch, ist dies nicht nur ein Verstoß gegen öffentliches Recht, was mit Bußgeld geahndet werden kann. Daraus kann sich auch ein zivilrechtlicher Haftungsfall entwickeln, jedenfalls dann, wenn der Auftraggeber darauf vertraut und er die Fehlerhaftigkeit der Information nicht vor Abschluss des Kauf- bzw. Mietvertrages erkennt. Während der Makler andererseits unter zivilrechtlichen Aspekten keiner Nachforschungspflicht hinsichtlich der Richtigkeit der vom Auftraggeber stammenden Informationen unterliegt und er Fahrlässigkeit im Rahmen seiner Vertragsbeziehungen ausschließen kann, ist er im Rahmen der öffentlich-rechtlichen Ordnungsvorschrift zu einer objektiv richtigen Information verpflichtet. Er muss sie also verifizieren.

Zu unterscheiden ist zwischen den Daten von:

- Kaufobjekten und Erbbaurechten
- bebauten und unbebauten Grundstücken, die zur Nutzung angeboten werden (z. B. Pachtobjekte)
- Mieträumen (Wohnungen, Gewerbeeinheiten), die zur Vermietung angeboten werden

In allen Fällen ist über die Nachweisdaten zu informieren (Name, Vorname und Anschrift des Anbieters sowie Straße, Hausnummer; bei unbebauten Grundstücken über Gemarkung, Flur, Flurstücknummer). Zu den *informationspflichtigen* Objektmerkmalen und Vertragsbedingungen bei Kaufobjekten sind, soweit sie im Einzelfall in Betracht kommen, Angaben zu machen über:

- Lage (identisch mit Anschrift)
- Grundstücksgröße
- Nutzungsmöglichkeit
- Art, Alter und Zustand des Gebäudes
- Ausstattung
- Wohn- und Nutzfläche
- Zahl der Zimmer
- Höhe der Kaufpreisforderung einschließlich zu übernehmender Belastungen

Bei zur Nutzung angebotenen bebauten und unbebauten Grundstücken ist über die gleichen Objektmerkmale zu informieren. Hinsichtlich der Vertragsbedingungen ist über Miet-/Pachthöhe und sonstige verlangte Zahlungen wie Baukostenzuschuss, Mieterdarlehen, Mietvorauszahlung und Kaution zu informieren.

Bei zur Mietung angebotenen Räumen ist zu informieren über:

- Lage des Grundstücks und der Räume (also Hausanschrift)
- Ausstattung
- Nutz- und Wohnfläche
- Zahl der Räume
- Höhe der Mietforderung und über sonstige verlangte Zahlungen

Hinsichtlich der Detaillierung einer Merkmalsbeschreibung gibt es keine hohen Anforderungen. Auch bei der Beschreibung des Zustandes – ein sensibler Bereich – genügen allgemein gehaltene Hinweise. Auf *verdeckte Bauschäden* hat der Makler – sofern er sie erkennt – aufgrund seiner zivilrechtlichen Aufklärungspflicht ohnehin hinzuweisen.

Kritisch ist zu vermerken, dass mit diesen Informationen in der Regel nur ein Teil des tatsächlichen Informationsbedürfnisses von Interessenten abgedeckt wird. Zur Beurteilung des angebotenen Objektes reichen sie nicht aus. Jeder Makler wird darüber informieren, ob ein angebotenes Haus vermietet ist oder leer steht bzw. zu einem bestimmten Zeitpunkt frei wird. Ebenso wird er bei einem unbebauten Grundstück etwas zum Erschließungsgrad ausführen. Bei Erbbaurechten wird er über die Höhe des Erbbauzinses informieren. Von alldem ist in der MaBV nicht die Rede.

Das *Informationsmedium*, dessen sich Makler zur Erfüllung ihrer Informationspflicht bedienen, sind Exposés, vgl. 7.2.4.

Die Informationspflicht ist wohl die wichtigste Vorschrift für Makler in der MaBV. Wenngleich sie inhaltlich etwas laienhaft formuliert ist und große Lücken aufweist, sichert sie doch eine Mindesttransparenz des Immobilienmarktes. Die Pflicht zur schriftlichen Information gilt sowohl für Print- als auch Online-Exposés.

3.2.5 Unzulässige Vereinbarungen – § 12

In § 12 MaBV wird bestimmt, dass Vereinbarungen, die Gewerbetreibende von den ihnen durch die MaBV auferlegten Pflichten entbinden, unwirksam sind. Dies ist auf Anhieb klar. Zivilrechtlich können keine öffentlichrechtlichen Vorschriften abbedungen werden. Strittig ist die Frage der Auswirkungen eines Verstoßes gegen diese Vorschrift. Da dieser Fragenbereich in der Praxis faktisch keine Bedeutung hat, wird dies hier nicht weiter ausgeführt.

3.2.6 Aufbewahrung – § 14

Neben der steuerrechtlichen und handelsrechtlichen *Aufbewahrungspflicht* sieht die MaBV eine eigene gewerberechtliche vor. Sie bezieht sich auf die Daten, über die eine Aufzeichnungspflicht nach § 10 MaBV besteht. Die Aufbewahrungsdauer beträgt fünf Kalenderjahre. Die Aufbewahrung kann digitalisiert erfolgen.

3.2.7 Weiterbildungspflicht – § 15 b

Immobilienmakler und deren Mitarbeiter, die an der erlaubnispflichtigen Tätigkeit mitwirken – dies sind alle Personen, die unmittelbar an der Vermittlung beteiligt sind – sind seit Mitte 2018 zur Weiterbildung verpflichtet.

Ausgenommen von der Weiterbildungspflicht sind Mitarbeiter, die rein interne Tätigkeiten wie Sekretariat, Buchhaltung oder Personalplanung erledigen.

Innerhalb von drei Jahren fordert der Gesetzgeber einen Umfang von 20 Weiterbildungsstunden.

In der Praxis kam mehrfach die Frage auf, ob dieser Zeitraum fest oder rollierend ist. Hat ein Makler sein Gewerbe zum 01.01.2020 aufgenommen, so ist klar, dass er nach Ablauf von drei Jahren, d. h. nach dem 31.12.2023, erstmalig 20 Stunden Weiterbildung nachweisen können muss. Unsicherheiten gab es hingegen bei der Frage, ob danach ein neuer fester Dreijahreszeitraum beginnt oder es sich um einen rollierenden Zeitraum handelt, d. h. der Makler im Folgejahr am 01.01.2024 für die Jahre 2021, 2022 und 2023 gleichfalls in der Summe 20 Weiterbildungsstunden auf seinem Weiterbildungskonto haben muss. Der Gesetzestext ist hier eigentlich eindeutig und auch der DIHK sieht immer die letzten drei Jahre als relevant an. Die IHK München als Aufsichtsbehörde für fast ganz Bayern geht aber auch im August 2021 immer noch von festen Zeiträumen aus.

Eine weitere Frage, die bei Kapitalgesellschaften mit mehreren Geschäftsführern auftaucht, ist, ob alle Geschäftsführer zur Weiterbildung verpflichtet sind. Grundsätzlich obliegt die Verpflichtung zur Weiterbildung nämlich allen gesetzlichen Vertretern. Führt einer der Geschäftsführer persönlich keine erlaubnispflichtigen Tätigkeiten durch, da er ausschließlich mit der Unternehmenssteuerung beschäftigt ist, kann dieser auf die Weiterbildung verzichten. Bei einer Prüfung muss dieser Sachverhalt dann durch einen Gesellschafterbeschluss bzw. Geschäftsführervertrag belegt werden.

Abschließend gibt es noch die Möglichkeit der Delegation der Weiterbildung. Hat ein Gewerbetreibender eine angemessene Zahl von leitenden Mitarbeitern, die den ihren unterstellten Mitarbeitern gegenüber weisungsbefugt sind und denen die Aufsicht über diese obliegt, so ist es ausreichend, wenn diese der Weiterbildungsverpflichtung nachkommen (§ 34c Abs. 2a Satz 2). Diese Delegation der Weiterbildung ist jedoch nur zulässig, wenn die weisungsbefugten Personen selbst nicht der Gewerbetreibende bzw. gesetzliche Vertreter einer juristischen Person sind.

Die Weiterbildungsnachweise müssen nicht eingereicht werden, sondern werden durch die Aufsichtsbehörden stichprobenweise angefordert oder vor Ort eingesehen. Die Nachweise sind fünf Jahre auf einem dauerhaften Datenträger vorzuhalten und müssen in den Geschäftsräumen aufbewahrt werden. Die Aufbewahrungsfrist beginnt mit dem Ende des Kalenderjahres, in dem die Weiterbildungsmaßnahme durchgeführt wurde.

3.2.8 Prüfungen – §§ 16, 17

Die Vorschriften der MaBV ergeben nur Sinn, wenn deren Einhaltung überprüft werden kann. Hierzu dienen der frühere § 15, der – wie ausgeführt – in § 29 GewO aufging, sowie die §§ 16 und 17 MaBV, in denen die Verpflichtung u. a. der Immobilienmakler festgeschrieben wurde, jährlich einmal ihren Betrieb daraufhin überprüfen zu lassen, ob sie die Bestimmungen der MaBV eingehalten haben. Der Prüfungsbericht war jeweils bis 31.12. des dem überprüften Jahr folgenden Jahres der Erlaubnisbehörde zu übermitteln. Diese Vorschrift wurde zum 01.07.2005 aufgehoben.

Die Gewerbebehörde kann aber auf Kosten des Gewerbetreibenden nach wie vor eine *„Prüfung aus besonderem Anlass“* durch einen von ihr bestimmten Prüfer verfügen, wenn sich der begründete Verdacht aufdrängt, dass Verstöße gegen die MaBV begangen wurden. Gebrauch wird von dieser Überprüfungsmöglichkeit etwa dann gemacht, wenn Maklerkunden sich bei der Gewerbebehörde beschweren und einen entsprechenden Verdacht begründen. Die Feststellung der Einhaltung bzw. Übertretung von anderen öffentlich-rechtlichen Vorschriften, etwa der Preisangabenverordnung, des Geldwäschegesetzes oder des Wohnungsvermittlungsgesetzes, fällt nicht unter die relevanten Prüfungsfelder.

Der Prüfer hat die Prüfung gewissenhaft und unparteiisch durchzuführen. Er ist zur Verschwiegenheit verpflichtet. Der Gewerbetreibende muss alle prüfungsrelevanten Unterlagen zur Verfügung stellen. Wirtschaftsprüfer lassen sich zu ihrer eigenen Absicherung eine *Vollständigkeitserklärung* unterschreiben, in der der Gewerbetreibende versichert, dem Prüfer Zugang zu allen relevanten Unterlagen gewährt zu haben.

Der Prüfer ist verpflichtet, in den Prüfungsbericht, den er anfertigt, alle Verstöße, die er festgestellt hat, aufzunehmen. Fehler können während der Prüfungshandlung verbessert werden, soweit dies möglich ist. Der Prüfer kann dies bestätigen. Die festgestellten Verstöße sind *Ordnungswidrigkeiten* und können mit Bußgeld geahndet werden.

Der Auftraggeber des Prüfers, also der Gewerbetreibende, hat bei einer Prüfung aus besonderem Anlass ebenfalls Pflichten. Er muss dem Prüfer Einsicht in die Bücher, Aufzeichnungen und Unterlagen gestatten und ihm alle Aufklärungen und Nachweise geben, die erforderlich sind, damit er sich ein für die Beurteilung ausreichendes Bild machen kann.

3.2.9 Entgegennahme von Vermögenswerten – § 2

Makler, die *Vermögenswerte des Auftraggebers* i. S. d. MaBV entgegennehmen oder die zur Verfügung über deren Vermögenswerte ermächtigt werden sollen, müssen gemäß § 2 MaBV Sicherheiten *(Bankbürgschaften)* leisten oder eine *Vertrauensschadenversicherung* zur Absicherung dieser Vermögenswerte abschließen. Weitere Vorschriften folgen in den §§ 4-6 MaBV über die auftragsgemäße Verwendung der Vermögenswerte einschließlich einer entsprechenden Verpflichtung des Hilfspersonals und über die getrennte Vermögensverwaltung. Hinzu kommen Vorschriften über eine ordnungsgemäße Rechnungslegung über die Verwendung der Vermögenswerte (§ 8 MaBV). In diesem Zusammenhang entstehen zusätzliche Aufzeichnungs- und Informationspflichten. Nicht betroffen sind Makler von diesen Vorschriften dann, wenn sie auf der Grundlage von Inkassovollmachten der Verkäufer/Vermieter handeln. In diesem Fall erfolgen Zahlungen des Auftraggebers (Käufer/Mieter) an den Makler mit schuldbefreiender Wirkung.

Im Hinblick darauf, dass solche Treuhandgeschäfte in Deutschland nicht maklertypisch sind, wird an dieser Stelle nicht näher darauf eingegangen.

Ergänzend sei darauf hingewiesen, dass die vom Immobilienverband Deutschland (IVD) für seine Mitglieder abgeschlossene Vertrauensschadenversicherung keine Schadensfälle abdeckt, die sich aus einer Veruntreuung von Kundengeldern i. S. d. § 2 MaBV ergeben.

3.3. Gesetz zur Wohnungsvermittlung (WoVermG)

Das Gesetz zur Regelung der Wohnungsvermittlung, kurz *Wohnungsvermittlungsgesetz* enthält neben zivilrechtlichen auch öffentlich-rechtliche Vorschriften. Die Strategie der öffentlichen Verwaltung war ursprünglich darauf ausgerichtet, Makler im Wohnungsvermittlungsbereich durch Gründung von *kommunalen Wohnungsvermittlungsstellen* im Wesentlichen auszuschalten. Parallel dazu wurde das Wohnungsvermittlungsgesetz am 04.11.1971 verabschiedet. Die zentrale Vorschrift bezieht sich auf die *Wohnungsvermittlungsprovision.*

Die Wohnungsvermittlung durch Makler war schon immer ein sozial höchst empfindlicher Bereich. Dies hat auch dazu geführt, dass Wohnungsvermittlungsprovisionen im Fokus der Diskussionen in der Öffentlichkeit standen. Das Wohnungsvermittlungsgeschäft prägte im Wesentlichen das Image der Makler. Zuerst wurde versucht, über das Wirtschaftsstrafgesetz zu einer Dämpfung der Provisionshöhen zu gelangen. Der Tatbestand *überhöhter Provisionen* wurde zu einer Ordnungswidrigkeit erklärt. Die Regelung wurde 1995 von dort in das WoVermG übernommen. Mit dieser Novellierung wurde dann zusätzlich eine zivilrechtliche Begrenzung der Wohnungsvermittlungsgebühr auf zwei Monatsmieten ohne umzulegende Nebenkosten eingeführt.

3.3.1 Regelung zum Provisionsanspruch § 2 Abs. 1

Das Wohnungsvermittlungsgesetz wurde zuletzt am 21.04.2015 durch das Gesetz zur Dämpfung des Mietanstiegs auf angespannten Wohnungsmärkten und zur Stärkung des Bestellerprinzips bei der Wohnungsvermittlung (*Mietrechtsnovellierungsgesetz* – MietNovG) geändert und trat zum 01.06.2015 in Kraft. Bis dahin war es zulässig, vom Vermieter oder Mieter eine Provision in Höhe von max. zwei Nettomonatsmieten (Mieten ohne abzurechnende Nebenkosten zuzüglich Umsatzsteuer) zu verlangen. Wer mehr verlangte, beging eine Ordnungswidrigkeit.

§ 2 Abs. (1) regelt den Provisionsanspruch gegenüber dem Vermieter:

Ein Anspruch auf Entgelt für die Vermittlung oder den Nachweis der Gelegenheit zum Abschluss von Mietverträgen über Wohnräume steht dem Wohnungsvermittler nur zu, wenn infolge seiner Vermittlung oder infolge seines Nachweises ein Mietvertrag zustande kommt. Der Vermittlungsvertrag bedarf der Textform.

Durch die Novellierung im Jahr 2015 darf der Makler nur noch von der Partei eine Vermittlungsprovision verlangen, die ihn bestellt (*Bestellerprinzip*). Dies ist i. d. R. der Vermieter. Im Zuge der Novellierung erfolgte die Aufnahme des Abs. 1a, der den Mietinteressenten von Provisionszahlung befreit, sofern er keinen *Suchauftrag* an den Makler gibt:

Der Wohnungsvermittler darf vom Wohnungssuchenden für die Vermittlung oder den Nachweis der Gelegenheit zum Abschluss von Mietverträgen über Wohnräume kein Entgelt fordern, sich versprechen lassen oder annehmen, es sei denn, der Wohnungsvermittler holt ausschließlich wegen des Vermittlungs-

vertrags mit dem Wohnungssuchenden vom Vermieter oder von einem anderen Berechtigten den Auftrag ein, die Wohnung anzubieten (§ 6 Absatz 1).

Verweis: Das Prinzip „Wer bestellt, der zahlt“ wurde am 23.06.2020 auch für den Immobilienhandel durch den Bundestag und Bundesrat beschlossen und trat mit einer Übergangsfrist von sechs Monaten am 23.12.2020 in Kraft (vgl. nachstehendes Kapitel).

3.3.2 Formvorschriften zu Provisionsangaben – § 3

Weitere Ordnungsvorschriften beziehen sich auf die Verpflichtung, die verlangte Provision in einem Bruchteil oder Vielfachen der Monatsmiete anzugeben, auf das Verbot des Anbietens von Wohnraum ohne Auftrag des Vermieters oder eines anderen Berechtigten und schließlich auf die Verpflichtung, in Angebots- und Suchanzeigen den Namen zu nennen und die Wohnungsvermittlereigenschaft kundzutun.

Dies entspricht im Übrigen auch den Wettbewerbsregeln der Maklerverbände. Soweit der Makler öffentlich (vor allem in Zeitungsanzeigen oder im Internet) Wohnungen anbietet, muss er für jede einzelne darin genannte Wohnung den verlangten Mietpreis hinzufügen und einen Hinweis darauf geben, ob zu dieser Miete noch Nebenkosten hinzukommen. Die Angabe von Mietspannen bei der Insertion mehrerer Wohnungen ist nicht zulässig.

3.3.3 Provisionsverbote – § 2 Abs. 2

Rein zivilrechtlicher Natur sind die *Provisionsverbote des WoVermG.* Es schreibt zwingend vor, dass alle Voraussetzungen für den Provisionsanspruch gegeben sein müssen, die auch nach dem BGB zu einem Provisionsanspruch führen, nämlich Provisionsversprechen, nachweisende oder vermittelnde Tätigkeit des Maklers, Zustandekommen des Wohnungsmietvertrages und Ursachenzusammenhang zwischen Maklertätigkeit und Mietvertragsabschluss. Abweichende Vereinbarungen sind unwirksam. In § 2 Abs. 2 heißt es dazu:

(2) Ein Anspruch nach Absatz 1 Satz 1 steht dem Wohnungsvermittler nicht zu, wenn

1. *durch den Mietvertrag ein Mietverhältnis über dieselben Wohnräume fortgesetzt, verlängert oder erneuert wird,*
2. *der Mietvertrag über Wohnräume abgeschlossen wird, deren Eigentümer, Verwalter, Mieter oder Vermieter der Wohnungsvermittler ist, oder*

3. *der Mietvertrag über Wohnräume abgeschlossen wird, deren Eigentümer, Verwalter oder Vermieter eine juristische Person ist, an der der Wohnungsvermittler rechtlich oder wirtschaftlich beteiligt ist. Das Gleiche gilt, wenn eine natürliche oder juristische Person Eigentümer, Verwalter oder Vermieter von Wohnräumen ist und ihrerseits an einer juristischen Person, die sich als Wohnungsvermittler betätigt, rechtlich oder wirtschaftlich beteiligt ist.*

Bei öffentlich geförderten, preisgebundenen Wohnungen darf der Makler mit dem Wohnungssuchenden ebenfalls keine Provision vereinbaren, wohl aber mit dem Vermieter. Vorschüsse auf Provisionen dürfen weder vereinbart noch angenommen werden (§ 2 Abs. 3 und 4).

Gemessen am Vermittlungs- und Provisionsvolumen handelt es sich bei der Wohnungsvermittlung um einen weniger bedeutenden Geschäftszweig. Nach dem IVD-Betriebsvergleich liegt die aus *Wohnungsvermittlung* resultierende Provision im Schnitt bei 8-10 % des gesamten *Provisionsvolumens.* Aus der Perspektive des Maklers ist die Wohnungsvermittlung ein relativ sicheres Geschäft, wenngleich auch nur ein geringer Deckungsbeitrag erwirtschaftet werden kann. Letzteres führt dazu, dass sich nur ein relativ geringer Teil von Maklern mit der Wohnungsvermittlung befasst. Vielfach wird die Wohnraumvermittlung nur als Service für Bestandskunden und als Folgegeschäft von Kaufaufträgen angeboten.

3.4 Geldwäschegesetz (GWG)

Das Gesetz über das Aufspüren von Gewinnen aus schweren Straftaten – GwG *(Geldwäschegesetz)* wurde 1993 beschlossen. Es wurde 2008 umfangreich geändert und in den Folgejahren durch die Umsetzung EU-rechtlicher Vorgaben mehrfach aktualisiert. Die letzte Fassung datiert auf den 01.08.2021. Durch das GWG soll die Einschleusung von illegal erwirtschaftetem Geld, das häufig der Terrorismusfinanzierung dient, in den Wirtschaftskreislauf bekämpft werden.

Das Büro der Vereinten Nationen für Drogen- und Verbrechensbekämpfung unterteilt den Geldwäscheprozesses in drei Phasen:

1. Einspeisung: Illegal erworbenes Bargeld wird meist in kleinen Beträgen in den Wirtschaftskreislauf eingeführt.
2. Verschleierung: Die Herkunft des illegalen Geldes wird durch vielfache Transaktionen verwischt, damit die kriminelle Herkunft nicht mehr nachweisbar ist.

3. Integration: Nach der Verschleierung folgt die Integration des Geldes durch Kauf von Firmenanteilen, Lebensversicherungen oder Immobilien in den Wirtschaftskreislauf.

Somit wird auch klar, warum der Makler nach dem Geldwäschegesetz zu den Verpflichteten gehört. Die Definition des Maklers als Verpflichteter findet sich in § 1 Abs. 11 GwG: *Immobilienmakler im Sinne dieses Gesetzes ist jede Person, die gewerblich den Kauf oder Verkauf von Grundstücken oder grundstücksgleichen Rechten vermittelt.*

3.4.1 Identifizierungspflicht

In § 11 Abs. 2 GwG ist der Zeitpunkt definiert, wann der Makler als Verpflichteter seine Vertragspartner identifizieren muss: Die Vertragsparteien des Kaufgegenstandes sind zu identifizieren, sobald der Vertragspartner des Maklervertrages ein ernsthaftes Interesse an der Durchführung des Immobilienkaufvertrages äußert und die Kaufvertragsparteien hinreichend bestimmt sind. Hervorzuheben ist hier die Kombination von ernsthaftem Interesse und hinreichender Bestimmung der Vertragsparteien. Von einem ernsthaften Kaufinteresse ist nach der Gesetzesbegründung spätestens dann auszugehen, wenn eine der Kaufvertragsparteien von der anderen Partei bzw. über Dritte den Kaufvertragsentwurf erhalten hat.

Bei Miet- oder Pachtverträgen ist eine Identifizierung nur erforderlich, sofern der Miet- bzw. Pachtzins 10.000 € und mehr beträgt. Der Identifizierungszeitpunkt ist analog zu den Kaufverträgen, d. h. wenn eine Vertragspartei ernsthaftes Interesse bekundet.

Die Identifikation erfolgt durch Abgleich der Person mit einem gültigen amtlichen Ausweis (Personalausweis bzw. Reisepass), vgl. § 12 GwG. Zur Dokumentation ist der Ausweis zu kopieren. Dabei ist der komplette Ausweis zu kopieren, die Kopie darf ausschließlich zu Identifikationszwecken verwendet werden. Die Daten des Personalausweises bzw. aus dem Handelsregister sind durch Kopieren oder Abfotografieren zu dokumentieren, ein Notieren genügt nicht, vgl. § 8 Abs. 2 GwG.

Hinweis: Es gab bei der Einführung der 4. GWG Novelle unterschiedliche Sichtweisen hinsichtlich der Personalausweisdaten, die nicht zur Identifizierung benötigt werden, wie z. B. die Zugangs- und Seriennummer. Dies ist vom Bundesministerium der Finanzen inzwischen klargestellt: Der Makler hat den Ausweis vollständig zu erfassen, ohne Auslassen oder Schwärzen von Daten.

Ist eine Vertragspartei eine juristische Person oder eine eingetragene Personengesellschaft, so sind auch die wirtschaftlich berechtigten Personen zu identifizieren. Hierzu wurde das Transparenzregister aufgebaut, das im nächsten Kapitel erläutert wird.

3.4.2 Transparenzregister

Mit der Novellierung des GwG im Jahr 2017 wurde erstmalig das *Transparenzregister*[18] nach § 18 ff. GewO eingeführt. Das Transparenzregister ist ein nicht öffentliches Verzeichnis, um wirtschaftlich berechtigte juristische Personen identifizieren zu können.

Makler, die ihren Betrieb in Form einer GmbH, AG oder anderen juristischen Personen betreiben, sind somit auch verpflichtet, die notwendigen Informationen an das Transparenzregister zu melden.

Durch das Transparenzregister- und Finanzinformationsgesetz (BGBl. I, Nr. 37) vom Juni 2021 wurde aus dem Transparenzregister ein Vollregister. Juristische Personen des Privatrechts und eingetragene Personengesellschaften waren bislang von der Registrierungspflicht befreit, sofern sich der wirtschaftlich Berechtigte aus anderen Registern wie dem Handelsregister ergab. Auch Unternehmen, die nicht zu den Verpflichteten des Geldwäschegesetzes zählen, sind nun zur Eintragung des wirtschaftlich Berechtigten im Transparenzregister verpflichtet.

Juristische Personen des Privatrechts, eingetragene Personengesellschaften, Trusts und Rechtsgestaltungen, die in ihrer Struktur und Funktion Trusts ähneln, sind verpflichtet, Angaben zu ihren wirtschaftlich Berechtigten an das zentrales Register melden. Ausgenommen von der Registrierungspflicht sind Gesellschaften bürgerlichen Rechts (GbR), Einzelfirmen und eingetragene Kaufleute.

Um eine Abfrage durchführen zu können, ist eine Registrierung notwendig. Es empfiehlt sich daher, die Basis-Registrierung frühzeitig vorzunehmen, damit man im Bedarfsfall nicht noch den Registrierungsprozess durchlaufen muss. Stellt der Makler eine Anfrage an das Transparenzregister, so kann er sich die Auskunft beglaubigen lassen. Mit der Beglaubigung ist jedoch keine Gewähr für die Richtigkeit und Vollständigkeit der Angaben zum wirtschaftlich Berechtigten verbunden, sondern es wird nur bestätigt, dass die Auskunft mit den im Register eingetragenen Daten übereinstimmt.

---

18 https://www.transparenzregister.de.

Die Auskünfte genießen daher generell keinen Vertrauensschutz, der Anfragende kann sich im Zweifelsfall daher nicht auf das Register berufen.

3.4.3 Allgemeine Sorgfaltspflichten

Die allgemeinen Sorgfaltspflichten sind in § 10 GwG geregelt. Dazu gehören die Identifizierung des Vertragspartners und gegebenenfalls der für ihn auftretenden Person sowie die Prüfung, ob die für den Vertragspartner auftretende Person hierzu berechtigt ist. Der Makler muss klären, ob der Vertragspartner für einen wirtschaftlich Berechtigten handelt und diesen identifizieren. Zudem hat er die Pflicht, die Eigentums- und Kontrollstruktur des Vertragspartners mit angemessenen Mitteln in Erfahrung zu bringen. Er muss Informationen über den Zweck und über die angestrebte Art der Geschäftsbeziehung einholen und prüfen, ob es sich bei dem Vertragspartner oder dem wirtschaftlich Berechtigten um eine politisch exponierte Person (PEP) bzw. um ein Familienmitglied oder bekanntermaßen nahestehende Person einer solchen handelt. Der Makler muss Informationen über den Zweck und die Art des angestrebten Geschäfts einholen. Zudem muss er die Geschäftsbeziehung und die Transaktion sowohl kontinuierlich überwachen und sicherstellen, dass die Transaktionen mit den beim Verpflichteten vorhandenen Dokumenten und Informationen als auch mit der vom Verpflichteten vorhandenen Informationen zur Herkunft der Vermögenswerte übereinstimmen.

Als Verpflichteter hat der Makler sicherzustellen, dass die jeweiligen Dokumente, Daten oder Informationen unter Berücksichtigung des jeweiligen Risikos im angemessenen zeitlichen Abstand aktualisiert werden. Es gelten verstärkte Sorgfaltspflichten, wenn der Käufer eine politisch exponierte Person bzw. juristische Person aus einem Drittstaat mit hohem Risiko (Nicht-EU oder EWR) stammt oder die Transaktion sehr komplex bzw. unübersichtlich ist.

3.4.4 Aufzeichnungs- und Aufbewahrungspflicht

Die Aufzeichnungs- und Aufbewahrungspflicht ist in § 8 GwG geregelt. Aufzeichnungen können dabei digital gespeichert werden, solange sichergestellt ist, dass die gespeicherten Daten mit den festgestellten Angaben und Informationen übereinstimmen, während der Dauer der Aufbewahrungsfrist verfügbar sind und die Daten jederzeit innerhalb einer angemessenen Frist lesbar gemacht werden können. Alle Aufzeichnungen und Belege sind fünf Jahre aufzubewahren und danach unverzüglich zu vernichten, sofern sie nicht aufgrund anderer gesetzlicher Bestimmungen länger aufbewahrt werden müssen. Die Aufbewahrungsfrist beginnt mit dem Ende des Kalenderjahres, in dem die Geschäftsbeziehung beendet wird bzw. die Aufzeichnungen angefertigt wurden.

3.4.5 Meldung von Verdachtsfällen

Hat der Makler den Verdacht der Geldwäsche, so muss er diesen nach § 43 GwG unverzüglich melden. Bis zur Novelle im Juni 2016 war das Bundeskriminalamt (BKA) für Verdachtsfälle zuständig. Die Zuständigkeit liegt seitdem bei der *Financial Intelligence Unit (FIU)*. Verdachtsfälle sind online über das Portal „goAML web“[19] zu melden. Die Meldung muss zwingend elektronisch erfolgen, eine Übermittlung per Post ist nur zulässig, wenn die elektronische Datenübermittlung gestört ist. Damit das Portal genutzt werden kann, ist eine Registrierung Voraussetzung. Da dieser Registrierungsprozess selbst eine gewisse Zeit für die Dateneingabe sowie dem Hochladen der erforderlichen Dokumente in Anspruch nimmt und die FIU die Unterlagen daraufhin erst prüft, bevor der Zugang zum Portal freigeschaltet wird, empfiehlt es sich, die Registrierung direkt vorzunehmen und nicht erst bis zu einem Verdachtsfall zu warten.

Meldet ein Makler einen Verdachtsfall, so darf eine Transaktion erst dann durchgeführt werden, wenn die FIU nicht innerhalb von drei Werktagen die Transaktion untersagt.

Der Makler wird – wie die übrigen Verpflichteten – von der Verantwortung für sein Handeln per Gesetz freigestellt, es sei denn, er erstattet grob fahrlässig oder gar vorsätzlich eine Anzeige.

3.4.6 Interne Sicherungsmaßnahmen

Makler müssen angemessene *interne Sicherungsmaßnahmen* dagegen treffen, dass sie zur Geldwäsche und zur Terrorismusfinanzierung missbraucht werden können. § 6 GwG führt dazu aus: Verpflichtete haben an-

19 https://goaml.fiu.bund.de/home.

gemessene geschäfts- und kundenbezogene interne Sicherungsmaßnahmen zu schaffen, um die Risiken von Geldwäsche und von Terrorismusfinanzierung in Form von Grundsätzen, Verfahren und Kontrollen zu steuern und zu mindern. Angemessen sind solche Maßnahmen, die der jeweiligen Risikosituation des einzelnen Verpflichteten entsprechen und diese hinreichend abdecken. Die Verpflichteten haben die Funktionsfähigkeit der internen Sicherungsmaßnahmen zu überwachen und sie bei Bedarf zu aktualisieren. Dazu gehört auch, dass der Makler einen sog. Geldwäschebeauftragten auf Anordnung gegenüber der Behörde benennen muss, auch hat er die Zuverlässigkeit der beschäftigten Mitarbeiter sicherzustellen und diese regelmäßig zu unterrichten.

Wer gegen das Geldwäschegesetz verstößt, handelt *ordnungswidrig*. Dies bezieht sich insbesondere auf die Identifizierungspflicht, die Aufzeichnungs- und Aufbewahrungspflicht sowie die Anzeige und Verschwiegenheitspflicht.

3.5 Widerrufsbelehrung (BGB)

Seit dem 13.06.2014 gilt für Maklerverträge, die außerhalb der eigenen Büroräume oder fernmündlich geschlossen werden, das Widerrufsrecht. Zu den Fernkommunikationsmitteln zählen u. a. E-Mail, Telefon, Fax oder Brief. Kaufinteressenten schließen den Maklervertrag i. d. R. mit der Exposéanfrage über das Internet bzw. im Folgeprozess über die Maklersoftware.

Zum Schutz des Verbrauchers steht diesem sowohl bei Fernabsatzverträgen als auch bei sog. Haustürgeschäften ein 14-tägiges Widerrufsrecht zu. Letzteres kommt dann zum Tragen, wenn der Maklervertrag bei der Besichtigung geschlossen wird oder wenn der Maklervertrag mit dem Eigentümer im Rahmen der Objektaufnahme im Vermarktungsobjekt geschlossen wird.

Geregelt ist die Widerrufsbelehrung im BGB §§ 355, 357 sowie im Anwendungsbereich und Grundsätzen von Verbraucherverträgen §§ 312, 312g.

Tabelle 1: Ablauf Widerrufsbelehrung

<table>
<tr><td colspan="3">Kunde fragt über ein Immobilienportal ein Objekt an.</td></tr>
<tr><td colspan="3">Makler versendet Maklervertrag mit Provisionsvereinbarung in Textform, sowie:</td></tr>
<tr><td colspan="2">Makler versendet Widerrufsbelehrung
• inkl. Belehrung über Wertersatz
• inkl. Möglichkeit zu verlangen, dass vor Ablauf der Widerrufsfrist mit der Vermarktung begonnen wird.</td><td>Makler versendet keine Widerrufsbelehrung, bzw. kann nicht nachweisen, dass der Interessent die Widerrufsbelehrung erhalten hat</td></tr>
<tr><td colspan="2">Hinweis: Die Widerrufsbelehrung muss ein Widerrufsformular inkl. Kontaktdaten des Maklers enthalten. Beides muss auf einen dauerhaften Datenträger wie E-Mail gespeichert bzw. ausgedruckt übergeben werden.</td><td></td></tr>
<tr><td>Interessent erklärt, dass Makler vor Ablauf der Widerrufsfrist tätig werden soll, und bestätigt, dass ihm bekannt ist, dass das Widerrufsrecht bei vollständiger Vertragserfüllung erlischt.</td><td>Interessent erklärt nicht, dass Makler vor Ablauf der Widerrufsfrist tätig werden soll.</td><td></td></tr>
<tr><td>Widerruf 14 Tage lang möglich, aber:</td><td>Widerruf 14 Tage lang möglich.</td><td>Widerruf 1 Jahr plus 14 Tage lang möglich</td></tr>
<tr><td>Makler kann mit der Vermarktung bzw. der Übersendung des Exposés direkt starten.</td><td>Makler wartet beim Verkäufer 14 Tage ab, bis er mit der Vermarktung beginnt bzw. er leistet gegenüber dem Käufer Nachweis und Vermittlungstätigkeit erst nach Ablauf der 14-tägigen Widerrufsfrist.</td><td></td></tr>
<tr><td>Im Fall eines Widerrufes innerhalb von 14 Tagen steht ihm Wertersatz zu. Ist die Leistung vollständig erbracht, erlischt das Widerrufsrecht.</td><td>Nach Ablauf der 14 Tage kein Widerruf mehr möglich.</td><td>Maklervertrag kann innerhalb eines Jahres plus 14 Tage widerrufen werden > Provisionsverlust</td></tr>
</table>

3.6 Gebäudeenergiegesetz (GEG)

Das *Gebäudeenergiegesetz (GEG)* trat am 01.11.2020 in Kraft und löste u. a. die für Immobilienmakler relevante Verordnung über energiesparenden Wärmeschutz und energiesparende Anlagentechnik bei Gebäuden, kurz *Energieeinsparverordnung (EnEV)* aus dem Jahr 2014 ab. Das GEG fasst gleich drei Gesetze zusammen: *Energie-Einspargesetz (EnEG)*, *Energie-Einsparverordnung (EnEV)* sowie das *Erneuerbare-Energien-Wärmegesetz*

(EEWärmeG). Das neue Gesetz regelt die energetischen Anforderungen an Neubauten und Bestandsgebäuden sowie den Einsatz erneuerbarer Energien zur Wärme- und Kälteversorgung von Gebäuden.

Der für Immobilienmakler relevante Bereich ist der Teil 5 (§§ 79-88), der sich mit dem Energieausweis befasst.

3.6.1 Allgemeine Grundsätze – § 79

Energieausweise dienen ausschließlich der Information über die energetischen Eigenschaften eines Gebäudes und sollen einen überschlägigen Vergleich von Gebäuden ermöglichen. Ein Energieausweis wird immer für ein Gebäude ausgestellt. Eine Ausnahme besteht nur bei gemischt genutzten Gebäuden, wenn diese gem. § 106 (Wohn- und Gewerbenutzung) getrennt zu behandeln sind. Die Gültigkeitsdauer eines Energieausweises beträgt zehn Jahre nach Ausstellungsdatum. Die Gültigkeit erlischt vorzeitig, wenn Veränderungen am Gebäude durchgeführt werden, die nach § 80 Absatz 2 einen neuen Energieausweis erforderlich machen. Auf kleine Gebäude (bis 50 qm) sind die Vorschriften nicht anzuwenden. Auf Baudenkmäler ist § 80 Absatz 3 bis 7 nicht anzuwenden.

3.6.2 Verwendung von Energieausweisen – § 80

Soll ein mit einem Gebäude bebautes Grundstück oder Wohnungs- bzw. Teileigentum verkauft, ein Erbbaurecht an einem bebauten Grundstück begründet oder übertragen oder ein Gebäude, eine Wohnung oder eine sonstige selbstständige Nutzungseinheit vermietet, verpachtet oder verleast werden, ist ein Energieausweis auszustellen, wenn nicht bereits ein gültiger Energieausweis für das Gebäude vorliegt (§ 80 Abs. 3). Der folgende Absatz verpflichtet den Makler zum Vorlegen des Energieausweises:
Im Falle eines Verkaufs oder der Bestellung eines Rechts im Sinne des Absatzes 3 Satz 1 hat der Verkäufer oder der Immobilienmakler dem potenziellen Käufer spätestens bei der Besichtigung einen Energieausweis oder eine Kopie hiervon vorzulegen. Die Vorlagepflicht wird auch durch einen deutlich sichtbaren Aushang oder ein deutlich sichtbares Auslegen während der Besichtigung erfüllt. Findet keine Besichtigung statt, haben der Verkäufer oder der Immobilienmakler den Energieausweis oder eine Kopie hiervon dem potenziellen Käufer unverzüglich vorzulegen. Der Energieausweis oder eine Kopie hiervon ist spätestens dann unverzüglich vorzulegen, wenn der potenzielle Käufer zur Vorlage auffordert. Unverzüglich nach Ab-

schluss des Kaufvertrages hat der Verkäufer oder der Immobilienmakler dem Käufer den Energieausweis oder eine Kopie hiervon zu übergeben. Im Falle des Verkaufs eines Wohngebäudes mit nicht mehr als zwei Wohnungen hat der Käufer nach Übergabe des Energieausweises ein informatorisches Beratungsgespräch zum Energieausweis mit einer nach § 88 zur Ausstellung von Energieausweisen berechtigten Person zu führen, wenn ein solches Beratungsgespräch als einzelne Leistung unentgeltlich angeboten wird.[20] Diese Regeln gelten nicht nur bei Veräußerung, sondern auch bei Vermietung oder Verpachtung (§ 80 Abs. 5).

3.6.3 Pflichtangaben in Immobilienanzeigen § 87

Wird vor dem Verkauf, der Vermietung, der Verpachtung oder dem Leasing eines Gebäudes, einer Wohnung oder einer sonstigen selbstständigen Nutzungseinheit eine Immobilienanzeige in kommerziellen Medien aufgegeben und liegt zu diesem Zeitpunkt ein Energieausweis vor, so hat der Verkäufer, der Vermieter, der Verpächter, der Leasinggeber oder der Immobilienmakler, wenn eine dieser Personen die Veröffentlichung der Immobilienanzeige verantwortet, sicherzustellen, dass die Immobilienanzeige folgende *Pflichtangaben* enthält:

1 Die **Art des Energieausweises**: Energiebedarfsausweis im Sinne von § 81 oder Energieverbrauchsausweis im Sinne von § 82

2 Den im Energieausweis genannten **Wert des Endenergiebedarfs** oder des **Endenergieverbrauchs** für das Gebäude

3 Die im Energieausweis genannten **wesentlichen Energieträger** für die Heizung des Gebäudes

4 Bei einem Wohngebäude das im Energieausweis genannte **Baujahr**

5 Bei einem Wohngebäude die im Energieausweis genannte **Energieeffizienzklasse**

Bei einem Nichtwohngebäude ist bei einem Energiebedarfsausweis und bei einem Energieverbrauchsausweis als Pflichtangabe nach Absatz 1 Nummer 2 der Endenergiebedarf oder Endenergieverbrauch sowohl für Wärme als auch für Strom jeweils getrennt aufzuführen.

20 Gebäude Energie Gesetzw § 80 Abs. 3.

Übersicht: Pflichtangaben aus dem Energieausweis in Inseraten

Tabelle 2: Pflichtangaben Energieausweis

Pflichtangaben bis 01.05.2014				Pflichtangaben seit 01.05.2014			
Wohngebäude		Nicht-Wohngebäude		Wohngebäude		Nicht-Wohngebäude	
Energieausweistyp		Energieausweistyp		Energieausweistyp		Energieausweistyp	
Befeuerungsart		Befeuerungsart		Befeuerungsart		Befeuerungsart	
Baujahr		-		Baujahr		-	
-		-		Energieeffizienzklasse		-	
Verbrauchsausweis	Bedarfsausweis	Verbrauchsausweis	Bedarfsausweis	Verbrauchsausweis	Bedarfsausweis	Verbrauchsausweis	Bedarfsausweis
Energieverbrauchskennwert	Endenergiebedarf	Stromverbrauchskennwert	Endenergiebedarf	Endenergieverbrauch	Endenergiebedarf	Endenergieverbrauch Strom	Endenergiebedarf Strom
Warmwasser enthalten (ja/rein)	-	Heizenergieverbrauchskennwert	-	-	-	Endenergieverbrauch Wärme	Endenergiebedarf Wärme

3.6.4 Zusammenfassung

Das Gebäudeenergiegesetz ist für den Makler eines der teuersten Gesetze. Fehlende Pflichtangaben in Inseraten führen regelmäßig zu hohen Gebühren aufgrund von Abmahnungen. Der Makler ist gut beraten, folgende Schritte einzuhalten:

1 Vor der Vermarktung sicherzustellen, dass ein Energieausweis vorhanden ist

2 Energieausweis bei Besichtigung auslegen

3 Energieausweis auf Anforderung bzw. bei Vertragsschluss übergeben

4 Stets darauf achten, bei Print- und Online-Exposés die erforderlichen Pflichtangaben zu machen

3.7 Telemediengesetz (TMG)

Das Internet ist auch für den Immobilienmakler der übliche Informations- und Kommunikationskanal. Die Veröffentlichung von Immobilienangeboten erfolgt auf der eigenen Homepage und Immobilienportalen. Printmedien werden nur noch flankierend – insbesondere für Imagewerbung – genutzt. Für die Nutzung der Onlinekanäle sind auch die besonderen rechtlichen Vorschriften zu beachten.

Nach dem *Telemediengesetz* (TMG) muss jede natürliche oder juristische Person, die eigene oder fremde Telemedien zur Nutzung bereithält oder den Zugang zur Nutzung vermittelt, bestimmte *Pflichtangaben* im *Impressum* aufführen. Die Angaben müssen dabei leicht erkennbar, unmittelbar erreichbar und ständig verfügbar sein.

Bei Immobilienmaklern zählen hierzu nach § 5 TMG:

1 Der Name und die Anschrift, unter der sie niedergelassen sind, bei juristischen Personen zusätzlich die Rechtsform, der Vertretungsberechtigte und, sofern Angaben über das Kapital der Gesellschaft gemacht werden, das Stamm- oder Grundkapital sowie, wenn nicht alle in Geld zu leistenden Einlagen eingezahlt sind, der Gesamtbetrag der ausstehenden Einlagen

2 Angaben, die eine schnelle elektronische Kontaktaufnahme und unmittelbare Kommunikation mit ihnen ermöglichen, einschließlich der Adresse der elektronischen Post

3 Angaben zur zuständigen Aufsichtsbehörde

4 Das Handelsregister und die entsprechende Registernummer

5 Die Kammer, welcher der Makler angehört

6 In Fällen, in denen sie eine Umsatzsteueridentifikationsnummer nach § 27a des Umsatzsteuergesetzes oder eine Wirtschafts-Identifikationsnummer nach § 139c der Abgabenordnung besitzen, die Angabe dieser Nummer

7 Bei Aktiengesellschaften, Kommanditgesellschaften auf Aktien und Gesellschaften mit beschränkter Haftung, die sich in Abwicklung oder Liquidation befinden, die Angabe hierüber

Zu beachten ist ferner, dass die via Internet gepflegten kommerziellen Kommunikationen deutlich als solche zu erkennen sind. Angebote zur Verkaufsförderung (z. B. Preisnachlässe) müssen klar erkennbar und unzweideutig sein. Schließlich muss die natürliche oder juristische Person, in deren Auftrag kommerzielle Kommunikation erfolgt, klar identifizierbar sein.

Werden kommerzielle Kommunikationen per E-Mail versandt, darf in der Kopf- und Betreffzeile weder der Absender noch der kommerzielle Charakter der Nachricht verschleiert oder verheimlicht werden. Ein Verschleiern oder Verheimlichen liegt dann vor, wenn die Kopf- und Betreffzeile absichtlich so gestaltet sind, dass der Empfänger vor Einsichtnahme in den Inhalt der Kommunikation keine oder irreführende Informationen über die tatsächliche Identität des Absenders oder den kommerziellen Charakter der Nachricht erhält.

Naturgemäß müssen auch bei der Angebotspräsentation via Internet die Informationsvorschriften der Preisangabenverordnung beachtet werden. Die Präsentation eines Immobilienobjektes entspricht in der Regel dem „Anbieten" i. S. d. PangV (vgl. 3.10).

Makler, die ihre Dienste via Internet anbieten, sind naturgemäß für den Inhalt der von ihnen stammenden Informationen verantwortlich. Informationen Dritter, die sie im Internet übermitteln, müssen sie nicht auf Richtigkeit hin überprüfen. Sie sind aber für ihren Inhalt verantwortlich, wenn sie die Übermittlung veranlasst, die Adressaten ausgewählt und die Information selbst ausgewählt oder verändert haben. Es ist ferner ratsam, die Information via Internet grundsätzlich durch einen Haftungsausschluss oder eine entsprechende Haftungsbegrenzung gegenüber dem Nutzer der in der Homepage veröffentlichten Information abzusichern. Ein Verstoß gegen das Telemediengesetz ist eine *Ordnungswidrigkeit* und kann mit einer Geldbuße bis zu 50.000 € geahndet werden.

3.8 Verbraucherstreitbeilegungsgesetz (VSBG)

Streitigkeiten zwischen einem *Verbraucher* und einem Unternehmer lassen sich i. d. R. durch ein klärendes Gespräch beilegen. Sind die Störungen jedoch stark, landen solche Streitigkeiten nicht selten vor Gericht. Die Alternative zu einem Gerichtsverfahren ist die Einschaltung einer offiziellen *Schlichtungsstelle.*

Das *Verbraucherstreitbeilegungsgesetz* regelt die alternative Streitbeilegung in Verbrauchersachen. Das Gesetz gilt für die außergerichtliche Beilegung von Streitigkeiten durch eine nach diesem Gesetz anerkannte private Verbraucherschlichtungsstelle oder durch eine nach diesem Gesetz eingerichtete behördliche Verbraucherschlichtungsstelle. Auf Kundenbeschwerdestellen oder auf sonstige Einrichtungen zur Beilegung von Streitigkeiten, die nur von einem einzigen Unternehmen getragen oder finanziert werden, hat es hingegen keine Anwendung.

Im Sinne eines aktiven Verbraucherschutzes hatte der Immobilienverband IVD bereits 2008 eine Schlichtungsstelle eingerichtet. Diese war bezüglich der Zuständigkeit auf Streitigkeiten zwischen IVD-Mitgliedsunternehmen und Verbrauchern beschränkt. Seit 2017 wird diese Schlichtungsstelle in Kooperation zwischen dem IVD und *Verband Privater Bauherren (VBP)* betrieben; damit werden nun auch Streitigkeiten bei privaten Bauvorhaben abgedeckt. Die Einschaltung der Schlichtungsstelle kann dem Verbraucher den Weg zu den ordentlichen Gerichten ersparen.

Der *Ombudsmann Immobilien* kann in folgenden Fällen eingeschaltet werden:

- Streitigkeiten zwischen einem Verbraucher und einem IVD-Mitgliedsunternehmen
- Streitigkeiten zwischen einem Verbraucher und einem Unternehmer aus einem Bauträgervertrag, Bauvertrag, Grundstückskaufvertrag (Wohnzwecke) oder Kaufvertrag über Wohneigentum.

Die Schlichtungsstelle „Ombudsmann Immobilien IVD/VPB – Grunderwerb und Verwaltung“ wurde am 31.01.2017 beim Bundesamt für Justiz als Verbraucherschlichtungsstelle im Sinne des Verbraucherstreitbeilegungsgesetzes anerkannt.

Unternehmen, die eine Webseite unterhalten oder Allgemeine Geschäftsbedingungen (AGB) verwenden, sind seit dem 01.02.2017 nach dem Verbraucherstreitbeilegungsgesetz verpflichtet, den Verbraucher darüber zu informieren, inwieweit sie bereit bzw. verpflichtet sind, an Streitbeilegungsverfahren vor einer Verbraucherschlichtungsstelle teilzunehmen. Auch müssen sie auf die zuständige Verbraucherschlichtungsstelle hinweisen.

Von dieser Regelung ausgenommen sind Unternehmen, die am 31.12. des Vorjahres zehn oder weniger Personen beschäftigt hatten (§ 36 VSBG). Unterlässt ein Unternehmer mit elf und mehr Mitarbeitern (Kopfprinzip, nicht Vollzeitstellen) diesen Hinweis, kann er abgemahnt werden.

Mitgliedern des IVD wird dieser Hinweis auch empfohlen, wenn sie weniger als elf Mitarbeiter haben, da sie gem. IVD-Satzung verpflichtet sind, eine Stellungnahme gegenüber dem Ombudsmann Immobilien abzugeben.

Unabhängig von der Größe eines Unternehmens muss generell auf die Plattform zur Online-Streitbeilegung (OS) der EU hingewiesen werden, zu dem jedes Unternehmen seit Januar 2016 verpflichtet ist. Diese Plattform wird von der Europäischen Kommission bereitgestellt.

3.9 Gesetz gegen den unlauteren Wettbewerb (UWG)

Das Gesetz gegen den *unlauteren Wettbewerb* (UWG) dient dem Schutz der Mitbewerber, der Verbraucher sowie der sonstigen Marktteilnehmer vor unlauteren geschäftlichen Handlungen. Es schützt zugleich das Interesse der

Allgemeinheit an einem unverfälschten Wettbewerb, so steht es im ersten Artikel des Gesetzes.

In der Praxis greift das UWG regelmäßig immer dann, wenn ein Unternehmen Aussagen tätigt, die vom Endkunden falsch aufgefasst werden können und durch die der Werbende einen Wettbewerbsvorteil erlangt. Man spricht hier von *irreführender Werbung* . Ein typisches Beispiel ist die Werbeaussage „XY-Immobilien ist der größte Makler in Musterstadt". Diese Aussage ist weder spezifiziert noch belegt. Ob sich die Größe auf den Umsatz, auf die Anzahl der Mitarbeiter oder evtl. auf die Körpergröße des Maklers bezieht, ist nicht genannt. Dennoch suggeriert die Aussage eine gewisse Marktstärke, die nicht belegt wird, und kann somit wettbewerbsrechtlich beanstandet werden.

Auch mit Werbeaussagen wie „Testsieger" laufen Unternehmen schnell Gefahr, einen Wettbewerbsverstoß zu begehen. Ein Makler, der in einer Studie die Note „gut" erhalten hatte, warb damit, Testsieger zu sein. Da die gleiche Note auch an zwei andere Unternehmen vergeben wurde, war die Schlussfolgerung des Maklers „Testsieger zu sein" irreführend im Sinne des § 5 Abs. 1 Nr. 3 UWG.

Auch bei der Werbung mit Zertifizierungen ist Vorsicht geboten. Ein Makler, der auf seiner Homepage mit „Zertifiziertes Immobilienmakler- und Gutachtenbüro in Musterstadt" wirbt, verletzt mit dieser Aussage das Transparenzgebot. Zum einen erweckt die Aussage den Eindruck, dass das gesamte Unternehmen zertifiziert ist, zum anderen wird nicht benannt, welche Person für welche Tätigkeit von welcher Zertifizierungsstelle die Zertifizierung innehat. Wenn diese wichtigen Informationen fehlen, liegt eine Irreführung durch Unterlassen nach § 5a Abs. 2 UWG vor.

Weitere Sachverhalte für wettbewerbsrechtliche Abmahnungen sind das Unterlassen von Angaben oder das Nichteinhalten von rechtlichen Vorschriften. Hier liegt die Wettbewerbsverzerrung darin, dass Unternehmen, die sich redlich an alle gesetzlichen Vorgaben halten, mitunter einen deutlich höheren Aufwand haben. Dazu zählen fehlende Angaben im Impressum genauso wie fehlende Angaben im Exposé bzgl. des Energieausweises. Auch wer seine Kunden nicht über seine Widerrufsmöglichkeiten belehrt, läuft nicht nur die Gefahr, dass der Kunde den Maklervertrag zwölf Monate und zwei Wochen lang widerrufen kann, sondern macht sich auch wettbewerbsrechtlich angreifbar.

Ein weiterer Bereich, in dem es regelmäßig zu Abmahnungen kommt, sind fehlende oder falsche Preisangaben. Eine Auflistung aller stets unzulässigen geschäftlichen Handlungen findet sich im Anhang des UWG, auf den in § 3 Abs. 3 UWG hingewiesen wird.

Beim Buhlen um neue Aufträge findet sich in Werbeanzeigen von Maklern gelegentlich die Aussage „Wir verkaufen zum Bestpreis“ oder „Bestpreis-Garantie“. Damit suggerieren diese Makler, die Immobilie zum besten Preis (aus Sicht des Verkäufers also zum höchsten Preis) zu verkaufen. Ein solches Versprechen ist faktisch nicht erfüllbar und stellt daher unter dem Aspekt einer unzulässigen Spitzenstellungswerbung eine Irreführung dar.

Auch in Bezug auf die Neuregelung der Maklerprovision wurden bereits Unternehmen abgemahnt, die mit „Bei uns zahlen Sie als Verkäufer keine Provision!“ oder vergleichbaren Aussagen geworben haben. Diese Aussage würde nach dem neuen Gesetz nämlich bedeuten, dass auch der Käufer keine Provision zahlen müsste. Die Makler hatten jedoch für Käufer nur provisionspflichtige Wohnimmobilien im Angebot. Damit war dokumentiert, dass keine Gleichbehandlung von Käufer und Verkäufer erfolgte, was einen Verstoß gegen § 656c BGB darstellte und von der Wettbewerbszentrale abgemahnt wurde.

3.10 Preisangabenverordnung (PangV)

3.10.1 Preisklarheit und Preiswahrheit

Wie jeder andere, der gewerbsmäßig Waren oder Leistungen *Letztverbrauchern* gegenüber anbietet oder damit wirbt, muss auch der Makler die *Preisangabenverordnung* beachten. Der Warenbegriff bezieht sich hier – im Gegensatz zum Handelsrecht – auch auf Grundstücke und Räume. Der Leistungsbegriff bezieht sich zudem auf die Maklerleistung. Die Preisangabenverordnung schreibt vor, dass beim Anbieten stets *Endpreise* anzugeben sind. Werden neben Teilpreisen auch Endpreise angegeben, sind Letztere hervorzuheben. In der Werbung müssen keine Preise angegeben werden; wird dies jedoch gemacht, müssen auch hier Endpreise visuell hervorgehoben werden. Verwirklicht werden soll damit das Prinzip der Preisklarheit und Preiswahrheit. Endpreise sind alle bezifferbaren Bestandteile der Gegenleistung, die gegenüber dem Anbieter für eine Ware oder Leistung erbracht werden muss. Beim Grundstücksverkauf ist dies der Kaufpreis einschließlich aller Bestandteile, nicht aber die Maklerprovision, die der Kaufinteressent mit dem Makler vereinbart hat. Ist die Übernahme der Maklerprovision jedoch Bedingung des Grundstücksanbieters, wird sie ebenfalls zum Preisbestandteil. Auch für die Maklerprovision gilt die Preisangabenverordnung. Er muss deshalb seinen Provisionssatz, den er verlangt, immer einschließlich Umsatzsteuer angeben, denn die Umsatzsteuer ist Preisbestandteil, auch wenn sie an den Fiskus abzuführen ist.

3.10.2 Die Begriffe „Anbieten" und „Werben"

Der Begriff *Angebot i. S. d. PangV* ist nicht identisch mit dem zivilrechtlichen Begriff. Dort ist Angebot stets ein verbindliches Angebot, das mit Annahme zu einem Vertrag führt. Beim Angebot i. S. d. Preisangabenverordnung handelt es sich dagegen um ein „tatsächliches" Angebot, das den Charakter einer Aufforderung hat, ein Angebot im Rechtssinne zu unterbreiten („invitatio ad offerendum"). Das Angebot muss also inhaltlich so ausgestattet sein, dass es beim Angebotsempfänger die Entscheidung zur Abgabe eines Angebots im zivilrechtlichen Sinne zulässt. Beim Grundstücksangebot – das zivilrechtlich verbindlich nur in notarieller Form abgegeben werden kann – müssen die Grundstücksdetails so beschrieben werden, etwa in einem Exposé, dass sich daraus (in Verbindung mit einer Objektbesichtigung) beim Angebotsempfänger die Möglichkeit einer Entscheidung für oder gegen den Kauf ergibt.

Solchen Anforderungen genügt eine Zeitungsofferte auch bei einer guten Objektbeschreibung in der Regel nicht. Sie ist also kein „Angebot", sondern fällt unter die Rubrik „Werben". Anders verhält es sich bei einem Exposé mit allen entscheidungsrelevanten Angaben, aber auch bei der Internetpräsentation eines Objektes, sofern sie mindestens die Angaben enthält, die sich normalerweise auch aus einem Exposé ergeben.

Neben dem Objektangebot ist das Angebot der Maklerleistung zu beachten. Hinsichtlich der Maklerleistung besteht für den Makler die Verpflichtung zur Angabe seiner Provision einschließlich (also nicht zuzüglich) Umsatzsteuer. Nicht angegeben werden muss der *Provisionsbetrag*, sondern nur der Provisionssatz. Ein solches Anbieten der Maklerleistung liegt vor, wenn der Makler einem Letztverbraucher gegenüber schriftlich mitteilt, dass er von ihm im Falle eines Vertragsabschlusses Provision erwartet. Auch hier wird bei Objekt- oder Suchanzeigen in Tageszeitungen unterstellt, dass es sich nicht um Angebote von Maklerdiensten handelt, sondern nur um Werbung mit Maklerleistungen. Die Provision muss deshalb im Zeitungsinserat nicht genannt werden.

3.10.3 Der Begriff „Letztverbraucher"

Im Gegensatz zum Auftraggeber-Begriff der MaBV, nach dem nur derjenige Auftraggeber ist, dem die „Verbraucherfunktion" zukommt, handelt es sich beim Begriff *Letztverbraucher* i. S. d. PangV um solche Personen, die angebotene Waren oder Dienstleitungen nicht in ihrer „selbstständigen beruflichen oder gewerblichen oder in ihrer behördlichen oder dienstlichen Tätigkeit verwenden". Es wird also der „Nichtletztverbraucher" definiert. Wer nicht unter dieses Raster fällt, ist Letztverbraucher.

Beim Maklergeschäft fällt somit z. B. das Angebot von Büroräumen oder von Räumen für eine Anwaltskanzlei nicht unter die Preisangabenverordnung, wohl aber das Angebot von Maklerdiensten dem *Privatverkäufer* eines Hauses gegenüber.

3.11 Gesetz zur Bekämpfung unerlaubter Telefonwerbung

Das Gesetz zur Bekämpfung unerlaubter Telefonwerbung und zur Verbesserung des Verbraucherschutzes bei besonderen Vertriebsformen ist am 04.08.2009 in Kraft getreten. Für Makler ist es im Zusammenhang mit der sogenannten *Kaltakquise* und Kundenkontakten zu Interessenten bedeutsam, die vom Makler ein Angebot erhalten haben. Es zielt zwar nicht auf Makler ab, die in der Regel ja nur mit Personen Kontakt aufnehmen, die für Makler bedeutsame Geschäfte anbahnen und abschließen wollen – also in Gleichklang mit den Interessen der Makler stehen. Es besteht aber die Möglichkeit, die Vorschriften des Gesetzes auch auf Makler anzuwenden. Ergänzt wird es durch § 7 UWG (Unzumutbare Belästigung). Danach ist jegliche telefonische Kontaktaufnahme mit einem *Verbraucher* ohne dessen ausdrückliche Einwilligung unzulässig. Gegenüber Nichtverbrauchern muss zumindest eine mutmaßliche Einwilligung unterstellt werden. Ob eine Einwilligung vorliegt, muss im Zweifelsfall der Makler beweisen. Sie sollte auf jeden Fall schriftlich vorliegen, keinesfalls im Rahmen Allgemeiner Geschäftsbedingungen unterstellt werden.

Erfährt ein Makler beispielsweise vom Verkauf eines Einfamilienhauses, darf er den Verkäufer nicht ohne Weiteres anrufen, um seine Maklerdienste anzubieten. Auch telefonische „Nachfasskontakte" des Maklers gegenüber Interessenten für Immobilien, denen er auf Anforderung ein Angebot zugesandt hat, stellen Ordnungswidrigkeiten dar, die mit einem Bußgeld geahndet werden können. Dessen Höhe ist im Gesetz gegen den unlauteren Wettbewerb (UWG) im § 20 Bußgeldvorschriften geregelt und kann bis zu 300.000 € betragen.

Telefonate mit Personen, mit denen der Makler noch nicht in einem Auftragsverhältnis steht, sind grundsätzlich unzulässig. Der Makler muss also eine Strategie einschlagen, die Interessenten und anderen möglichen Auftraggeber die Initiative für Telefonate überlässt („Haben Sie Interesse, bitte rufen Sie uns an!"). Im Rahmen bestehender Geschäftsbeziehungen, also von nachweisbaren Auftragsverhältnissen, sind telefonische Anrufe zulässig.

3.12 Allgemeines Gleichbehandlungsgesetz (AGG)

Gem. des ersten Paragrafen des *Allgemeines Gleichbehandlungsgesetzes (AGG)* ist das Ziel, Benachteiligungen aus Gründen der ethnischen Herkunft, des Geschlechts, der Religion oder Weltanschauung, einer Behinderung, des Alters oder der sexuellen Identität zu verhindern oder zu beseitigen.

§ 2 regelt den Anwendungsbereich, in Abs. 1 Punkt 8 wird hier auch explizit der Wohnraum genannt. Der Makler kommt somit regelmäßig bei der Interessentenauswahl mit diesem Gesetz in Kontakt. Er hat seine Interessentenauswahl nach objektiven zulässigen Kriterien wie der Bonität zu treffen.

3.13 Datenschutzgrundverordnung (DSGVO)

Die *Datenschutzgrundverordnung (DSGVO)* zusammen mit dem *Bundesdatenschutzgesetz (BDSG)* enthalten Vorschriften zum Schutz natürlicher Personen bei der Verarbeitung personenbezogener Daten.

Die EU-Datenschutz-Grundverordnung (DSGVO) trat am 05.05.2016 in Kraft und musste nach einer zweijährigen Übergangsfrist bis zum 05.05.2018 EU-weit umgesetzt sein. Nationale Datenschutzvorschriften wie das Bundesdatenschutzgesetz konkretisieren und spezifizieren seitdem die DSGVO, ohne dieser zu widersprechen. Bei Differenzen hat die EU-Verordnung Vorrang gegenüber den nationalen Gesetzen.

Die DSGVO regelt die Erfassung, Verarbeitung, Speicherung und Löschung von personenbezogenen Daten. Die DSGVO umfänglich zu beschreiben, würde die Konzeption dieses Buches sprengen, daher werden hier nur die Grundzüge aufgezeigt. Es gibt fünf allgemeine Datenschutzgebote, die sich aus der DSGVO ableiten lassen.

3.13.1 Datenerhebung

Die Erhebung personenbezogener Daten ist nur zulässig, wenn sie wahlweise:

- notwendig zur Auftragsbearbeitung ist
- ein freiwilliges Einverständnis vorliegt
- aufgrund eines Gesetzes erforderlich ist

3.13.2 Datensparsamkeit

Es dürfen nur Daten erfasst werden, die auch erforderlich sind. Bieten Sie beispielsweise einen Newsletter an, so ist für den Versand lediglich die E-Mail-Adresse erforderlich. Ein Namensfeld darf nicht als Pflichtangabe deklariert sein. Insbesondere bei der Anbahnung von Mietverträgen werden oftmals bereits in einem frühen Kontaktstadium umfangreiche Auskünfte verlangt. Es bietet sich hier an, mit zwei unterschiedlichen Erhebungsbögen zu arbeiten. Beim Erstkontakt werden beispielsweise die Kontaktdaten und die Anzahl der im Haushalt lebenden Personen erfasst. Erst wenn der Mietvertrag kurz vor Abschluss steht, dürfen auch weitere Daten wie Einkommensnachweise erhoben werden. Der IVD bietet diesbezüglich zwei Erhebungsbögen an.

3.13.3 Zweckbindung

Personenbezogene Daten dürfen nur für den deklarierten Zweck verwenden werden. Wer seine Kontaktdaten im Rahmen einer Vertragsanbahnung hinterlässt, darf nicht anschließend in einen Newsletter-Verteiler aufgenommen werden. Dies wäre nur dann zulässig, wenn die Personen sich freiwillig als Empfänger in diesen Verteiler eintragen. Eine Weitergabe der Daten an Dritte ist grundsätzlich untersagt.

3.13.4 Datensicherheit

Personenbezogene Daten sind sicher zu erheben und zu speichern. Dies fängt bei einer gesicherten Internetverbindung an (SSL-Zertifikat) und geht bis hin zu zulässigen Cloud-Diensten und Servern. Alle IT-Services und Datenspeicher, die im Unternehmen zum Einsatz kommen, müssen DSGVO-konform sein.

Dies führt insbesondere bei Unternehmen mit Firmensitz in den USA zu Problemen. Von 2000 bis 2015 regelte das SafeHabor-Abkommen den Datenschutz und Datenaustausch zwischen EU und USA. Da die Vereinigten Staaten sich nicht an die Datenschutzbestimmungen gehalten haben, wie das 2013 aufgedeckte PRISM-Programm zeigte, wurde das SafeHabor-Abkommen 2015 durch den Europäischen Gerichtshof für ungültig erklärt. Es folgte das EU-US Privacy Shield Abkommen. Dieses wurde 2016 abermals vom Europäischen Gerichtshof als unwirksam erklärt, da es nicht dem Schutzniveau der DSGVO entsprach, nachdem das US-Recht die massenhafte Erhebung und Überwachung von Daten von EU-Bürgern als zulässig eingestuft hatte. Solange es hier kein neues Abkommen gibt, sind ausschließlich Dienste zu verwenden, bei denen sich alle Gesellschaften und Server in der EU befinden.

3.13.5 Transparenz

Der fünfte Punkt betrifft die Datentransparenz, d. h. dass bereits bei der Datenerhebung über Art, Umfang und Zweck informiert werden muss und den Betroffenen auch Auskunftspflichten sowie Anspruch auf Löschung zustehen.

Die im Internet auf fast allen Seiten sichtbaren Cookie-Banner legen Zeugnis von der Information der Datenerhebung ab und überlassen zugleich dem Besucher die Wahl, welche Daten das System auswerten darf (Freiwilligkeit).

3.14 Zusammenfassung

Mit Ausnahme des Geldwäschegesetzes dienen die öffentlich-rechtlichen Vorschriften, die ein Makler zu beachten hat, dem Verbraucherschutz. Aus dem Dargestellten ergibt sich, dass sie sich oft mehrfach überschneiden. Dies gilt etwa für den Bereich der Kundeninformation über Preise (MaBV, PangV, WoVermG). Teilweise ergeben sich indirekt zivilrechtliche Auswirkungen (MaBV und TMG im Hinblick auf etwaige Haftungsansprüche, wenn gegebene Informationen unrichtig sind). Die Vorschriften umfassen unterschiedliche Arten von Verbrauchern (MaBV „Auftraggeber“ = Nachfrageauftraggeber, WoVermG = „Wohnungssuchender“, teilweise auch als „Auftraggeber“ bezeichnet, PangV = „Letztverbraucher“). Sie sind nicht identisch. Ein Teil der Vorschriften wirkt sich – obwohl verbraucherschützend gedacht – provisionssichernd zugunsten des Maklers aus (Provisionsangabe-Verpflichtungen nach MaBV, WoVermG). Das Telemediengesetz schützt denjenigen, der Informationen über elektronische Kommunikationsnetze abruft. Das Gesetz zur Bekämpfung unerlaubter Telefonwerbung und zur Verbesserung des Verbraucherschutzes schützt den Verbraucher im Sinne des § 13 BGB.

Durch das Geldwäschegesetz haben Makler schließlich noch in gewissem Umfang staatsdienerische Funktionen zu übernehmen.

4. Der Maklervertrag

Die Maklerprovision ist eine erfolgsabhängige Vergütung. Kommt es nicht zu einer erfolgreichen Vermittlung, so sind die getätigten Aufwendungen nur in einem eng gesteckten Rahmen (Aufwendungsersatz) abrechenbar. Selbst wenn die Bemühungen des Maklers einen notariellen Kaufvertrag zur Folge haben, müssen gleich mehrere Voraussetzungen erfüllt sein, damit der Makler seine Provision in Rechnung stellen kann. Dies geht über die rein formalen Anforderungen bis hin zur richtigen Reihenfolge der Maklertätigkeit.

Dieses Kapitel beschäftigt sich mit den rechtlichen Grundlagen genauso wie mit der Neuregelung der Provision bei privaten Käufern von selbst genutztem Wohnraum. Die unterschiedlichen Maklervertragstypen werden ausführlich besprochen, zudem werden Provisionsstrategien erläutert und die Möglichkeiten zur Absicherung der Provision aufgezeigt.

4.1 Formale Vorschriften des BGB

Auf die zivilrechtlichen Grundlagen muss wegen ihrer ökonomischen Auswirkungen etwas näher eingegangen werden. Das zivile Maklerrecht ist in großem Umfang *Richterrecht*. Die schwierigen Regelungen in den §§ 625-654 BGB führten dazu, dass schon das Reichsgericht versuchen musste, daraus praktikables Recht zu schaffen.

Das Hauptproblem besteht darin, dass Makler versucht haben, durch selbst geschaffene Maklervertragstypen oder durch Zugrundelegung von *Allgemeinen Geschäftsbedingungen* ihr eigenes Recht zu schaffen und damit eine Korrektur des missglückten Gesetzes vorzunehmen. Vor Inkrafttreten des *AGB-Gesetzes* verstand man darunter noch das den Verträgen beigefügte „Kleingedruckte“. Dabei haben einige Makler zweifellos überzogen. Ein besonders schwerwiegender Fall, der den BGH nachhaltig veranlasste, der Benachteiligung von Verbrauchern über AGB-Klauseln Einhalt zu gebieten, war eine Vereinbarung, wonach sich der Makler Provision für den Fall ausbedungen hatte, dass der Auftraggeber zu einem Vertragsabschluss kam, den ein vom Makler empfohlener anderer Makler zustande bringt. Der BGH stützte sich mit Recht darauf, dass eine solche Vereinbarung Treu und Glauben widerspreche. Speziell am Maklerrecht haben sich Grundvorstellungen entwickelt, die zum *Gesetz zur Regelung des Rechts Allgemeiner Geschäftsbedingungen* führten, das 1977 in Kraft getreten ist und schließlich nach einigen Verschärfungen im Jahr 2002 Eingang ins BGB fand. Das gesetzlich normierte Vertragsrecht erhielt im Anwendungsbereich des AGB-Rechts durchgehend Leitbildcharakter. Unter dem Begriff Allgemeine Geschäftsbedingungen war nicht mehr nur das Kleingedruckte zu verstehen, sondern jede vorformulierte Bedingung, die der Verwender seinen Vertragspartnern in einer Vielzahl der Fälle stellt. Lange vor Inkrafttreten des AGB-Gesetzes, am 04.11.1964, hatte der BGH bereits in einem Urteil erkannt, dass Provisionsversprechen auch für den Fall des Selbstverkaufes des dem Makler in Auftrag gegebenen Objektes nur mithilfe einer Individualvereinbarung wirksam getroffen werden könnten. Nach und nach gab es immer mehr Vereinbarungseinschränkungen im Rahmen der Allgemeinen Geschäftsbedingungen.

Betrachtet werden muss die Entwicklung vor dem Hintergrund des gesetzlichen Leitbildes des Maklervertrages in § 652 BGB. Danach verpflichtet sich der Auftraggeber, dem Makler eine Provision zu zahlen, wenn infolge des Nachweises einer Vertragsabschlussgelegenheit oder infolge der Vermittlung eines Vertrages durch den Makler ein Vertrag zustande kommt. Der Makler ist zur Tätigkeit nicht verpflichtet. Andererseits ist der Auftraggeber nicht verpflichtet, die Maklerleistung abzunehmen.

Das Gesetz impliziert vier Voraussetzungen, die zusammen erfüllt sein müssen, wenn zugunsten des Maklers ein *Provisionsanspruch* entstehen soll, nämlich:

- ein Provisionsversprechen des Auftraggebers
- eine nachweisende oder vermittelnde Tätigkeit des Maklers
- das Zustandekommen des Hauptvertrages
- ein Ursachenzusammenhang zwischen der Maklertätigkeit und dem Zustandekommen des Hauptvertrages

4.1.1 Provisionsversprechen

Diese Voraussetzung ist selbstverständlich. Gewöhnlich spricht man davon, dass zwischen demjenigen, der den Auftrag erteilt, und dem Makler ein Maklervertrag zustande kommen muss, der ein *Provisionsversprechen* für den Erfolgsfall enthält. Allerdings gibt es hier ein schwerwiegendes Problem. Im Gesetz ist nicht definiert, welche der beiden Parteien, zwischen denen der Makler Verhandlungen führt, die Auftraggeberposition innehat – der Objektanbieter oder der Interessent. Es ist weder bestimmt, dass nur einer der beiden Parteien in einer Vertragsbeziehung treten darf, eine sogenannte *Doppel-*

tätigkeit also nicht zulässig ist, noch ist bestimmt, dass er stets nach beiden Seiten in maklerrechtliche Beziehungen treten muss. Welche Rechtsposition er aber auch immer einnehmen mag – er bleibt stets Mittler zwischen zwei von ihm unabhängigen Parteien. Seine *Drittstellung* ist das wesentliche Charakteristikum des Maklers, völlig unabhängig davon, wie er seine Vertragsbeziehungen zu den beiden Marktparteien, mit denen er es zu tun hat, gestaltet. Ist er nicht mehr „Dritter“, ist er auch kein Makler mehr.

Mit der Neuregulierung der Maklerprovision zum 23.12.2020 sind die Varianten der Provisionsaufteilung verbindlich festgelegt worden; es ist das Textformerfordernis zur Auftragserteilung eingeführt worden. Damit benötigt der Makler ein Dokument, aus dem klar hervorgeht, dass dem Auftraggeber die Konditionen bekannt sind und er den Makler beauftragt, tätig zu werden. Da dies für Verkäufer genauso gilt wie für Kaufinteressenten, hilft diese Regelung, die Maklervertragsbeziehung zum Interessenten zu dokumentieren.

Das Textformerfordernis sowie die neuen Provisionsregelungen greifen jedoch nicht bei allen Objekttypen, sondern nur bei der Vermittlung von Wohnungen und Einfamilienhäusern. Doppelhaushälften oder Reihenhäuser zählen dabei zu den Einfamilienhäusern.

Vermittelt ein Immobilienmakler erfolgreich eine Eigentumswohnung oder ein Haus zum Kauf, entsteht ein Provisionsanspruch. Damit der Makler diese Provision abrechnen darf, muss er sich an die neuen gesetzlichen Regelungen halten, die besagen, dass er den Maklervertrag in Textform mit seinen Kunden abgeschlossen haben muss. Dies ist aktiver Verbraucherschutz, da der Verbraucher jetzt bereits bei der Vertragsanbahnung detailliert über die Provisionszahlung informiert wird.

Der Maklervertrag kommt erst zustande, wenn der Verbraucher den Makler per E-Mail, Fax oder Post auffordert, dass dieser für ihn tätig werden soll. Eine einfache Anfrage über ein Immobilienportal reicht also nicht mehr aus. Die Portale haben darauf reagiert und bieten für Makler und Interessenten Funktionen für eine leichte Beauftragung in Textform an. Als erstes Portal hatte ivd24immobilien.de bereits zum Stichtag seine Lösung online gestellt.

Problembehaftet sind jedoch die Maklervertragsbeziehungen zu Interessenten, die keinen Maklerauftrag in Textform erteilt haben.

Ein Interessent tritt in der Regel mit dem Makler aufgrund von Print- oder Online-Inseraten in Verbindung und fordert meist telefonisch oder per E-Mail das Exposé an. Zwar kann der Makler bereits am Telefon darauf hinweisen, dass er Objekte nur gegen eine vom Interessenten im Erfolgsfall zu zahlende Provision anbietet. Erklärt sich der Interessent am Telefon damit einverstanden, dann kommt zwar ein mündlicher Maklervertrag zustande.

Im Falle des Bestreitens kann dies der Makler aber nicht beweisen. Daher verweisen Makler i. d. R. auf ihre Internetseite, damit sie eine Anfrage per E-Mail erhalten und somit auch in Textform antworten können.

Der Makler kann seine Rechtsstellung gegenüber Interessenten dadurch stärken, dass er bereits im Inserat darauf hinweist, dass er nur gegen Erfolgsprovision für Interessenten tätig wird. Es handelt sich um eine „invitatio ad offerendum", also um ein (unverbindliches) Angebot an den Leser, eine Provision für den Fall des Erwerbs des angebotenen Grundstücks durch Anfordern weiterer Informationen oder Vereinbarung eines Besichtigungstermins konkludent zuzusagen. Dann ist die Bekundung eines Interesses an den angebotenen Objekten durch den Interessenten rechtstechnisch als Angebot auf Abschluss eines Maklervertrages zu werten. Durch Übersendung des Angebots mit Objektanschrift kommt dann schlüssig ein Maklervertrag zustande.

Bis zum 23.12.2020 konnten Maklerverträge generell auch durch schlüssiges Verhalten zustande kommen. Eine Maklerprovision gilt nach § 653 BGB als stillschweigend vereinbart, wenn die Erbringung der Maklerleistung den Umständen nach nur gegen eine Vergütung zu erwarten ist. Die Rechtsprechung sieht diese Umstände regelmäßig dann als gegeben, wenn es sich ganz offenkundig um einen gewerbsmäßig tätigen Makler handelt.

Der Makler muss allerdings dann, wenn sein Provisionsanspruch bestritten wird, erstens nachweisen, dass die tatsächlichen Umstände gegeben waren, aus denen der Schluss auf die Provisionspflichtigkeit gezogen werden kann. Dieser Nachweis ist in der Regel zu führen. Es kommt zweitens hinzu, dass der Richter darüber hinaus feststellen muss, ob der Makler auch dann vermittelt hätte, wenn ihm zu verstehen gegeben worden wäre, dass ihm im Erfolgsfall keine Provision bezahlt würde. Das bedeutet, dass der Makler auch dann seine Provisionserwartung für den Erfolgsfall formulieren sollte, wenn ihm eine Maklerleistung übertragen, also ein Auftrag erteilt wird.

4.1.2 Nachweis oder Vermittlung?

Beim Handelsmakler löst nur die Vertragsvermittlung einen Provisionsanspruch aus. Dagegen kann beim Zivilmakler auch der reine Nachweis einer Vertragsabschlussgelegenheit einen Provisionsanspruch begründen, wenn sich daraus ein Vertragsabschluss ergibt. Es ist in jedem Einzelfall zu unterscheiden, ob der Provisionsanspruch auf eine erfolgreiche Vertragsvermittlung oder auf den Nachweis gestützt werden kann. Eine dieser beiden Leistungen muss der Makler auf jeden Fall erbringen, um einen Anspruch zu erwerben.

Problematisch ist es, wenn der Makler nur eine „Vermittlungsprovision“ oder nur eine „Nachweisprovision“ vereinbart. Er kann seinen Provisionsanspruch dann nur auf die damit vereinbarte Art der Maklerleistung stützen. Hat er eine Vermittlungsprovision vereinbart, aber lediglich eine Vertragsabschlussgelegenheit nachgewiesen, geht er leer aus. Vereinbarte er andererseits nur eine Nachweisprovision, ist eine erbrachte Vermittlungsleistung zur Begründung eines Provisionsanspruches irrelevant. Es ist stets zu empfehlen, nur eine „Maklerprovision“ zu vereinbaren. Sie bezieht sich auf die beiden alternativen Leistungsarten, die im BGB genannt sind.

Zu beachten ist, dass beim *Nachweis einer Vertragsabschlussgelegenheit* nach einhelliger Rechtsprechung ein der nachgewiesenen Gelegenheit genau entsprechender Vertrag zustande kommen muss. Dies gilt hinsichtlich des nachgewiesenen Objektes, der nachgewiesenen *Vertragsart* und des nachgewiesenen Verhandlungspartners. Sie müssen identisch sein mit dem tatsächlichen Vertragsgegenstand, der Art des zustande kommenden Vertrages und der Person, die im Nachweis genannt wurde. Bietet z. B. der Makler die Wohnung Nr. 23 in einer Eigentumswohnanlage an, dann entsteht mangels Objektidentität kein Provisionsanspruch, wenn der Interessent die Wohnung Nr. 25 erwirbt. Bietet er ein Kaufobjekt an, entsteht kein Provisionsanspruch, wenn das Objekt nur gemietet wurde, weil der Interessent nicht die erforderlichen Finanzierungsmittel beibringen konnte.

Besonders bedeutsam ist das Erfordernis der *Personenidentität* auch bei komplexen Firmenverflechtungen. Die Firma A, die über eine gute Rechtsabteilung verfügt, verhandelt mit dem Makler und die mit A verbundene Firma B erwirbt schließlich das Objekt. In diesem Fall entsteht, wenn keine besondere vertragliche Absicherung erfolgte, kein Provisionsanspruch.

Hinsichtlich der erforderlichen *Objektidentität* gibt es keine Ausnahmen. Ein Provisionsanspruch kann jedoch bei Fehlen der *Vertragsidentität* entstehen, wenn das zustande kommende Geschäft wirtschaftlich mit dem nachgewiesenen gleichwertig ist. Bei fehlender Personenidentität ist dann der Provisionsanspruch gerettet, wenn der nachgewiesene Verhandlungspartner an dem zustande kommenden Vertrag wirtschaftlich beteiligt wird. Wenn also z. B. Meier jun. das vom Makler angebotene Objekt erwirbt, damit Meier sen., den der Makler benannt hat, in dieses Haus einziehen kann.

Beim *Vermittlungsmakler* spielt das Erfordernis der Identität zwischen dem angestrebten und dem abgeschlossenen Geschäft in der Regel keine Rolle, wenn der Makler bei ursprünglich anderer Ausgangslage das abgeschlossene Geschäft selbst vermittelt hat. Das Vertragsergebnis war dann unmittelbar auf die Maklertätigkeit zurückzuführen. Es würde dem Grundsatz von Treu und Glauben widersprechen, würde man versuchen, dem Makler den Provisionsanspruch für das vermittelte Geschäft streitig zu machen mit der Begründung, man habe ursprünglich ein anderes Geschäft angestrebt. Es kann nicht erwartet werden, dass ein Makler von sich aus einen Vermittlungsvorschlag unterbreitet in dem Bewusstsein, damit seine Provision zu verlieren.

Gibt der Interessent ein Maklerangebot unbefugt an einen anderen Interessenten weiter, mit dem es dann zum Vertragsabschluss kommt, entsteht zwar kein Provisionsanspruch, jedoch ein *Schadensersatzanspruch* des Maklers gegenüber seinem treulosen Kunden.

Im Hinblick auf den Nachweis ist ferner zu beachten, dass nur dann ein Provisionsanspruch entsteht, wenn alle wesentlichen *Nachweisdaten* genannt werden (Vollständigkeit des Nachweises). Beim *Objektnachweis* ist dies die genaue Objektanschrift. Das Objekt muss ohne Weiteres vom Nachweisempfänger identifiziert werden können. Hinzu kommen Name und Anschrift dessen, mit dem der Vertrag zu schließen ist. Fehlt eines dieser Nachweismerkmale, ist der Nachweis unvollständig und führt im Erfolgsfall nicht zum Provisionsanspruch. Doch gibt es eine Ausnahme: Trotz Unvollständigkeit kann der Nachweis einen Provisionsanspruch auslösen, wenn dem Nachweisempfänger die eigene Erkundung der fehlenden Nachweisdaten keine Probleme bereitet bzw. keine besonderen Bemühungen nach sich ziehen. Dies ist beispielsweise der Fall, wenn zwar die genaue Objektanschrift genannt wurde, jedoch nicht die Anschrift des Verkäufers, der aber im angebotenen Haus wohnt.

Neben dem Objektnachweis spielt im Maklergeschäft auch der *Interessentennachweis* eine Rolle. Diese Nachweistätigkeit richtet sich an den Anbieter eines Objektes. Der Makler weist dem Anbieter einen aktuellen Interessenten nach, mit dem dieser einen Vertrag über sein Objekt schließen könnte. Verkäufer oder Vermieter erwarten als Auftraggeber des Maklers von diesem in der Regel, dass er das Vermittlungsgeschäft aus ihrer Perspektive aktiv betreibt. Damit haben sie kein Interesse an dem reinen Interessentennachweis; dieser dient eher Zwecken der Beweissicherung.

Durch die im Internet geschaffene Transparenz der Immobilienmärkte ist der klassischen *Nachweismakler* faktisch obsolet geworden. Dennoch ist es ratsam, das Maklergeschäft so zu steuern, dass immer auch eine Nachweisprovision verlangt werden kann. Dies wird heute in allen gängigen Vertragsformularen berücksichtigt. Im Formular für den Makleralleinauftrag des Boorberg Verlags heißt es: *Gegenstand des Maklerauftrags ist der Nachweis von Kaufinteressenten bzw. die Vermittlung eines Kaufvertragsabschlusses über das Auftragsobjekt.*

Der Begriff der *Vertragsvermittlung* wird in der Rechtsliteratur so ausgelegt, als müsse der Makler versuchen, auf einen Abschluss – wie auch immer – hinzuwirken. Tatsächlich kann der Makler den Abschluss fördern, etwa durch Erbringung von Nebenleistungen (Beschaffung von Unterlagen, Hinweise auf Finanzierungsmöglichkeiten oder Fördermittel usw.). Im Kern geht es bei der Vertragsvermittlung aber um das *Aushandeln von Vertragsinhalten* und bei Kaufverträgen zusätzlich um die Vorbereitung der notariellen Beurkundung des Vertrages. In der Regel gehen die Vorstellungen der Vertragsparteien über den erstrebten Vertragsinhalt auseinander. Zur Kunst des Makelns gehört es, die unterschiedlichen Ansichten von Käufer und Verkäufer zu erkennen und für beide Seiten einen tragbaren und fairen Kompromiss auszuhandeln. Ökonomisch betrachtet könnte man in Bezug auf die Zweierbeziehung Verkäufer/Käufer von einem *Pareto-Optimum* sprechen.

4.1.3 Der rechtswirksame Hauptvertrag

Nachvollziehbar ist, dass der Provisionsanspruch erst entsteht, wenn ein rechtswirksamer Vertrag geschlossen wurde bzw. der geschlossene Vertrag rechtswirksam wird. Um Verwechslungen zu vermeiden, wovon die Rede ist, wird in der Rechtsliteratur dieser Vertrag gegenüber einem *Vorvertrag* und in Abgrenzung zum Maklervertrag als *Hauptvertrag* bezeichnet. Rechtswirksamkeit tritt bei allen genehmigungsbedürftigen Hauptverträgen mit der Erteilung der Genehmigung ein. Die Rechtswirksamkeit kann durch *Anfechtung* nachträglich entfallen – und damit auch der Provisionsanspruch. Rechtswirksamkeit tritt bei einer aufschiebenden Bedingung erst mit Eintritt der Bedingung ein. Ist der vermittelte Vertrag „unvollständig", weil wichtige, den Vertrag stützende Informationen noch nicht vorliegen, und behält sich eine Partei deshalb ein Rücktrittsrecht vor, dann kann der Makler die Provision nur fordern, wenn der Kunde von seinem Rücktrittsrecht innerhalb der vereinbarten Frist keinen Gebrauch macht. Wird hingegen von einem Vertrag unter Ausübung eines gesetzlichen Rechts zurückgetreten (etwa weil der Vertrag nicht erfüllt wurde), berührt dies den Provisionsanspruch des Maklers nicht.

Ein Kaufvertrag über ein Grundstück ist nur wirksam, wenn er notariell beurkundet wird. Nicht notariell beurkundete Vorverträge lösen grundsätzlich keinen Provisionsanspruch aus. Die Rechtsprechung hat alle Vereinbarungen im Vorfeld eines notariellen Immobilienkaufvertragsabschlusses – selbst die Vereinbarung von hohen Aufwendungspauschalen zwischen Makler und Auftraggeber für den Fall des Nichtzustandekommens des beabsichtigten Vertrages – der Formvorschrift des § 311b BGB unterworfen (notarielle Beurkundung). Begründet wird dies damit, dass durch den ausgeübten Druck in Richtung Vertragsabschluss die dem Maklerecht innewohnende *Entschließungsfreiheit des Auftraggebers* unangemessen beschnitten würde. Angenommen wurde dies vom BGH im Jahr 1980, wenn die Aufwendungspauschale 10 bis 15 % der vereinbarten Maklerprovision überschreitet. Die neuere Rechtsprechung tendiert jedoch zu weit geringeren zulässigen Vereinbarungen zum Aufwendungsersatz.

4.1.4 Ursächlichkeitserfordernis

Die letzte, aber in der Praxis problematischste Voraussetzung für den Provisionsanspruch des Maklers besteht darin, dass die Nachweis- oder Vermittlungstätigkeit ursächlich für das Zustandekommen des beabsichtigten Vertrages sein muss. Bei Behandlung des Identitätserfordernisses zwischen Nachweis und Vertragsabschluss wurde bereits dargestellt, dass als ursächlich nur der Nachweis gilt, der unmittelbar zum Vertrag über das nachgewiesene Objekt führt. Eine indirekte Ursächlichkeit der Maklertätigkeit für das Zustandekommen des Geschäftes wird von der Rechtsprechung grundsätzlich nicht als provisionsrelevant angesehen.

Die Rechtsprechung hat andererseits schon früh den Grundsatz aufgestellt, dass *Mitursächlichkeit* genügt. Dies bedarf keiner weiteren Erörterung. Würde auf eine Alleinursächlichkeit abgestellt, könnte jeder Provisionsanspruch des Maklers durch eine willkürliche Einschaltung eines Dritten (Steuerberater, Rechtsanwalt, Wirtschaftsprüfer usw.), der durch Beratung einen Drittbeitrag für das Zustandekommen eines Vertrages leistet, zu Fall gebracht werden.

Wenn im Einzelfall die Ursächlichkeit von demjenigen, der die Provision bezahlen soll, bestritten wird, können sich erhebliche Probleme ergeben. Schließlich ist es der die Provision fordernde Makler, der die Ursächlichkeit seiner Tätigkeit unter Beweis stellen muss. Jedoch gibt es eine Beweiserleichterung: Nach der Rechtsprechung ergibt sich der *Anschein der Ursächlichkeit*, wenn innerhalb eines angemessenen Zeitabstandes nach Erbringung der Maklerleistung ein Vertrag zustande kommt. Wer in solchen Fällen die Ursächlichkeit bestreitet, muss überzeugende Argumente ins Feld führen, um damit durchzudringen.

Klar ist, dass eine entfaltete Maklertätigkeit ohne Folgen quasi versanden kann. Ursprünglich von einem Makler zusammengeführte Parteien können sich nach ergebnislosen Verhandlungen aus dem Auge verlieren. Werden in einer solchen Situation durch einen neuen Anstoß von außen wieder Verhandlungen aufgenommen, ist der Ursachenzusammenhang zwischen der Tätigkeit des Maklers und dem Zustandekommen des Hauptvertrages unterbrochen. Ein Provisionsanspruch ist in einem solchen Fall ausgeschlossen. Allerdings kann man von einer Unterbrechung des Ursachenzusammenhangs dann nicht sprechen, wenn auch nach längerem Zeitablauf und vergeblichen Bemühungen um andere Objekte bzw. Interessenten sich der Maklerkunde auf das frühere Maklerangebot besinnt und wieder Verhandlungen aufnimmt, die dann zum Vertrag führen.

Nicht selten ergibt sich daraus eine Situation, die zu Unklarheiten zwischen zwei beteiligten Maklern führen kann. Wenn nämlich die Tätigkeit des zunächst eingeschalteten ersten Maklers zu keinem Ergebnis führt und ein später vom Auftraggeber eingeschalteter zweiter Makler das Geschäft mit einem Kunden macht, der schon vom ersten Makler ins Spiel gebracht wurde, dann stellt sich die Frage, wer die Provision verdient hat. War der Ursachenzusammenhang unterbrochen – beide Parteien haben die Chance, miteinander ins Geschäft zu kommen, endgültig aufgegeben – und revitalisiert der zweite Makler die Geschäftsbeziehung, z. B. auf der Grundlage besserer Vertragskonditionen, erhält er im Abschlussfall die Provision. War der Ursachenzusammenhang dagegen nicht unterbrochen, läuft der Auftraggeber Gefahr, an beide Makler Provision zahlen zu müssen, weil beide zum Zustandekommen des beabsichtigten Vertrages ursächlich beigetragen haben.

Schließen die vom Makler zusammengeführten Parteien den Makler von weiteren Verhandlungen aus, ist es für ihn unmöglich festzustellen, ob der tatsächliche weitere Verlauf des Geschehens bis hin zu einem etwaigen Vertragsabschluss ursächlich noch ihm zugerechnet werden kann. Damit ist der Versuch, in solchen Fällen einen Provisionsanspruch auf dem Gerichtsweg durchzusetzen, mit erheblichen Beweisrisiken verbunden. Hierin liegt eine von mehreren Ursachen dafür, dass eine Maklertätigkeit mit einem verhältnismäßig hohen *Rechtsrisiko* verbunden ist. Ein Makler ist gut beraten, dieses Risiko im Rahmen seiner Geschäftsstrategie zu berücksichtigen. Faktisch kann ein Makler durch ungetreue Auftraggeber auf der Grundlage des geltenden Maklerrechts immer um seinen Provisionsanspruch gebracht werden.

4.2 Neuregelung der Maklerprovision

Am 23.12.2020 trat das Gesetz über die Verteilung der Maklerkosten bei der Vermittlung von Kaufverträgen über Wohnungen und Einfamilienhäuser in Kraft. Ziel des Gesetzes war die Absenkung der Kaufnebenkosten, um die Bildung von Wohneigentum zu fördern. Ist der Käufer eine natürliche Person und möchte er eine klassische Wohnimmobilie zur Eigennutzung erwerben, so soll er nach dem Gesetz maximal die Hälfte der gesamten Maklerprovision aus dem Geschäft zahlen müssen. Neben diesen – für die Branche essenziellen Änderungen – wurde der alte Begriff des „Mäklers" durch „Makler" ersetzt.

Nach dem Gesetz kann der Makler für beide Seiten tätig werden (*Doppeltätigkeit*) oder auch nur für eine Seite. Was nicht mehr funktioniert, ist, dass der Makler im Innenverhältnis seine Dienstleistung kostenlos anbietet und der Käufer die komplette Provision zahlen muss. Somit ist der Werbeslogan „Für Verkäufer kostenlos" zur Objektakquise nicht mehr möglich. Was es hinsichtlich der Provision zu beachten gibt, wird nachstehend erläutert.

Mit der Einführung des Gesetzes wurde die Diskussion um die Höhe der Maklerprovision vorerst beendet und dem sog. unechten Bestellerprinzip mit seiner zwingenden einseitigen Interessensvertretung eine Absage erteilt. Ebenso positiv hervorzuheben ist die Tatsache, dass der Gesetzgeber die Provision nicht pauschal gedeckelt hat, wie es die Grünen gefordert haben.

4.2.1 Beidseitige Interessensvertretung

§ 656c BGB – Lohnanspruch bei Tätigkeit für beide Parteien

(1) Lässt sich der Makler von beiden Parteien des Kaufvertrags über eine Wohnung oder ein Einfamilienhaus einen Maklerlohn versprechen, so kann dies nur in der Weise erfolgen, dass sich die Parteien in gleicher Höhe verpflichten. Vereinbart der Makler mit einer Partei des Kaufvertrags, dass er für diese unentgeltlich tätig wird, kann er sich auch von der anderen Partei keinen Maklerlohn versprechen lassen. Ein Erlass wirkt auch zugunsten des jeweils anderen Vertragspartners des Maklers. Von Satz 3 kann durch Vertrag nicht abgewichen werden.

(2) Ein Maklervertrag, der von Absatz 1 Satz 1 und 2 abweicht, ist unwirksam.

Die *beidseitige Interessensvertretung* (Doppeltätigkeit) mit paritätischem Halbteilungsprinzip ist in § 656c BGB geregelt. Der Makler schließt mit beiden Seiten einen Maklervertrag. Meist wird der Makler zuerst einen Maklervertrag mit dem Verkäufer schließen und im Laufe des Vermarktungsprozesses den Maklervertrag mit dem Käufer. Dabei muss die Courtage für beide Seiten gleich hoch sein. Hat der Makler mit beiden Seiten einen Vertrag in Höhe von z. B. 3,57 % geschlossen und eine Seite wünscht sich einen Preisnachlass, dann muss er diesen Preisnachlass auch der anderen Seite gewähren. Dies gilt unabhängig davon, wer den Nachlass fordert. Die Idee dahinter ist, dass Verkäufer und Käufer jeweils einen Maklervertrag mit identischer Provisionshöhe geschlossen haben. Ein Nachlass auf einer Seite soll somit auch zugunsten der anderen Partei wirken.

Kommt der Hauptvertrag zustande, hat der Makler Anspruch auf seine Provision von beiden Seiten. Bei dieser Konstellation ist es nicht erforderlich, dass der Verkäufer seinen Provisionsanteil zuerst zahlen und der Makler die Zahlung nachweisen muss. Um Unsicherheiten über die vereinbarte Provisionshöhe bereits im Vorfeld zu vermeiden, empfiehlt es sich, eine *deklaratorische Maklerklausel* im Notarvertrag mit aufzunehmen, vgl. 4.5.2, Maklerklausel, S. 123.

Ein Verstoß gegen § 656c Abs. 1 führt zur Nichtigkeit beider Maklerverträge, unabhängig davon, in welcher Reihenfolge sie geschlossen wurden.

Beispiel: Familie F plant den Verkauf ihres Einfamilienhauses und beauftragt den Makler M mit dem Verkauf. Makler M empfiehlt, die Provision hälftig zwischen Familie F und dem Käufer zu teilen. Für Familie F ist dies ein fairer Vorschlag und sie schließt mit M einen Maklervertrag mit einer Provisionshöhe von 5,95 % (5 % zzgl. 19 % MwSt.). M stellt das Objekt auf seine Homepage und bewirbt es mit 2,975 % Käuferprovision.

Die Familie K ist auf der Suche nach einem Haus. Sie sieht das Angebot auf der Homepage des Maklers und stellt eine Anfrage. Der Makler schließt einen Maklervertrag mit der Familie K mit einer Provisionshöhe über 2,975 %.

Nach Abschluss des notariellen Kaufvertrags stellt M sowohl der Familie F als auch der Familie K seine Provisionsrechnung jeweils in Höhe von 2,975 %. Beide Provisionsrechnungen sind direkt zur Zahlung fällig.

Vor- und Nachteile dieser Variante

Der Vorteil der Doppeltätigkeit ist, dass dieses Modell bereits vor dem Inkrafttreten der Neuregelung der Maklerprovision in vielen Bundesländern gelebte Praxis war. Damit ändert sich für Makler, den Käufer und den Verkäufer – abgesehen von den neuen Formvorschriften (vgl. 4.2.8 Textformerfordernis, S. 101) – nichts. Die Provision wird hälftig auf beide Parteien aufgeteilt, was auch dem Gerechtigkeitsempfinden vieler Menschen entspricht.

Die Doppeltätigkeit hat jedoch auch Nachteile. Das größte Problem ist das der strikten Neutralität. Gerade bei Preisverhandlungen wird sich der Makler zugunsten einer Partei einsetzen. Damit verhandelt er automatisch zulasten der anderen Partei und verletzt seine Neutralität. Wünschen hingegen beide Parteien die Vermittlung auch unter Mitwirkung bei den Preisverhandlungen, so sollte sich der Makler dies von beiden Seiten in Textform bestätigen lassen.

Kritisch wird die Doppeltätigkeit bei Mehrerlösvereinbarungen oder Bieterverfahren. Hier vertritt der Makler klar die Interessen des Verkäufers und verletzt damit seine Neutralitätspflicht.

4.2.2 Einseitige Vertretung für den Verkäufer

Eine Provisionsvereinbarung mit alleiniger Innenprovision ist weiterhin zulässig. Hier greift klassisch § 652 BGB. Diese Art der Provisionsvereinbarung bietet dem Makler die höchste Sicherheit und dem Verkäufer die Garantie, dass sich der Makler ausschließlich für die Interessen des Verkäufers einsetzt. Aus psychologischer Sicht ist die Provisionsvereinbarung ausschließlich im Innenverhältnis sinnvoll, wenn es sich um eine schwer vermarktbare Immobilie handelt. Der potenzielle Käufer hat geringere Kaufnebenkosten, was die Finanzierung erleichtert, und er muss sich nicht mit dem Kostenblock Provision beschäftigen.

In dieser Vertragsgestaltung liegen für den Makler zudem weitere Vorteile. Er kann die Immobilie sowohl im Bieterverfahren anbieten als auch eine Mehrerlösvereinbarung mit dem Verkäufer treffen.

Beispiel: Familie F plant den Verkauf ihres Einfamilienhauses und beauftragt den Makler M mit dem Verkauf. Familie F wünscht, dass der Makler nur ihre Interessen vertritt. Makler M schließt mit der Familie F einen Maklervertrag mit einer Provisionshöhe von 5,95 % (5 % zzgl. 19 % MwSt.). M stellt das Objekt auf seine Homepage und bewirbt es provisionsfrei für den Käufer.

Die Familie K ist auf der Suche nach einem Haus. Sie sieht das Angebot auf der Homepage des Maklers und stellt eine Anfrage. Der Makler muss mit K weder einen Maklervertrag noch eine Provisionsübernahmevereinbarung schließen, da der Makler seine Provision ausschließlich von F erhält.

Nach Abschluss des notariellen Kaufvertrags stellt M der Familie F seine Provisionsrechnung über 5,95 %.

Vor- und Nachteile dieser Variante

Der Vorteil dieser Auftragsvariante ist, dass es nur einen Maklervertrag im Innenverhältnis gibt. Der Makler hat somit nur ein Treueverhältnis, er kann sich vollständig auf die Interessen des Verkäufers konzentrieren. Zudem kann der Makler das Objekt im Bieterverfahren anbieten oder auch eine

Mehrerlösvereinbarung mit dem Verkäufer treffen. Für den Käufer ist die Konstellation ebenfalls vorteilhaft, da er in dieser Konstellation die niedrigsten Kaufnebenkosten anfallen, was für ihn die Finanzierung bei der Bank vereinfacht.

4.2.3 Einseitige Vertretung mit Abwälzung

§ 656d BGB – Vereinbarungen über die Maklerkosten

(1) Hat nur eine Partei des Kaufvertrags über eine Wohnung oder ein Einfamilienhaus einen Maklervertrag abgeschlossen, ist eine Vereinbarung, die die andere Partei zur Zahlung oder Erstattung von Maklerlohn verpflichtet, nur wirksam, wenn die Partei, die den Maklervertrag abgeschlossen hat, zur Zahlung des Maklerlohns mindestens in gleicher Höhe verpflichtet bleibt. Der Anspruch gegen die andere Partei wird erst fällig, wenn die Partei, die den Maklervertrag abgeschlossen hat, ihrer Verpflichtung zur Zahlung des Maklerlohns nachgekommen ist und sie oder der Makler einen Nachweis hierüber erbringt.

In dieser Konstellation schließt der Makler alleine mit dem Verkäufer einen Maklervertrag. Er darf jedoch mit dem Käufer eine Vereinbarung treffen, dass dieser die Provision zur Hälfte übernimmt. Man spricht dann von Abwälzung der (hälftigen) Provision auf den Käufer. Damit diese Variante kein Einfalltor für Umgehungsversuche wird, hat der Gesetzgeber vorgeschrieben, dass der Makler dem Käufer erst nachweisen muss, dass der Verkäufer seinen Provisionsanteil geleistet hat, bevor der Käufer zahlungspflichtig wird. Der Nachweis erfolgt mittels Kontoauszug bzw. Überweisungsbeleg des Verkäufers.

Beispiel: Familie F plant den Verkauf ihres Einfamilienhauses und beauftragt den Makler M mit dem Verkauf. Familie F wünscht, dass der Makler nur ihre Interessen vertritt, allerdings möchte sie die Maklercourtage nicht alleine tragen. Familie F verlangt, dass die Courtage zur Hälfte vom Käufer übernommen wird. Makler M schließt mit der Familie F einen Maklervertrag mit einer Provisionshöhe von 5,95 % (5 % zzgl. 19 % MwSt.). M stellt das Objekt auf seine Homepage und bewirbt es mit 2,975 % Käuferprovision.

Die Familie K ist auf der Suche nach einem Haus. Sie sieht das Angebot auf der Homepage des Maklers und stellt eine Anfrage. Der Makler schließt eine Provisionsübernahmevereinbarung mit der Familie K.

Nach Abschluss des notariellen Kaufvertrags stellt M der Familie F seine Provisionsrechnung über 2,975 %. Sobald er den Zahlungseingang nachweisen kann, stellt er seine Provisionsrechnung in gleicher Höhe an die Familie K und legt den Bankauszug bei. Er kann die Provisionsrechnung auch gleich nach dem Notarvertrag schreiben, die Familie K muss ihren Anteil jedoch erst zahlen, wenn M den Zahlungsnachweis der Provision von F gegenüber K bestätigt.

Vor- und Nachteile dieser Variante

Der Vorteil dieser Auftragsvariante ist, dass es nur einen Maklervertrag gibt. Der Makler hat somit nur ein Treueverhältnis, Interessenskollisionen sind ausgeschlossen. Zudem kann der Makler das Objekt sowohl im Bieterverfahren anbieten als auch eine Mehrerlösvereinbarung mit dem Verkäufer treffen.

Sollte der Verkäufer jedoch insolvent sein oder vor Zahlung seines Provisionsanteils insolvent werden, erhält der Makler keine Verkäuferprovision. Damit kann er jedoch auch keinen Zahlungseingang nachweisen und wird dann vermutlich auch vom Käufer keine Provisionszahlung erhalten.

Für den Käufer ist diese Auftragsvariante am ungünstigsten. Er muss die Provision zur Hälfte mit bezahlen, ohne dass er einen Maklervertrag mit dem Makler hat. Durch die Vereinbarung zur Übernahme der hälftigen Maklerkosten entsteht kein Treueverhältnis; der Makler kann weiterhin vollständig die Interessen des Verkäufers vertreten.

4.2.4 Einseitige Vertretung des Käufers

Die einseitige Vertretung des Käufers kann auch weiterhin mittels *Suchauftrag* § 652 BGB erfolgen. Die Systematik dabei ist analog der Wohnraumvermittlung. Dies bedeutet, dass der Makler die Immobilie noch nicht in der Vermarktung haben darf. Auch ein bloßes An-die-Hand-Geben der Immobilie vom Verkäufer an den Makler verwirkt die Provision.

Werden mit dem Eigentümer Absprachen getroffen, dass die Immobilie für ihn als Verkäufer provisionsfrei im Rahmen eines Suchauftrags vermittelt wird, so ist dies eine Umgehung und damit sogar strafrechtlich relevant. Erfährt ein Käufer, der den Makler aufgrund eines Suchauftrags bezahlt hat, im Nachgang, dass der Makler die Immobilie bereits vorher kannte und mit dem Eigentümer eine entsprechende Absprache getroffen hatte, so kann dies eine Verurteilung aufgrund eines Vermögendeliktes sowie den Entzug der Gewerbeerlaubnis zur Folge haben. Der Provisionsanspruch gegenüber dem Käufer wird unwirksam.

Werben Makler auf ihrer Homepage oder anderen Medien, dass sie für den Verkäufer dessen Immobilie kostenfrei vermitteln, so ist davon auszugehen, dass er mit dem Kaufinteressenten einen provisionspflichtigen Maklerauftrag schließen möchte, sofern er ansonsten auch provisionspflichtige Angebote auf seiner Homepage hat. Aufgrund von § 656c Abs. 1 Satz 1 BGB ist er jedoch beiden Parteien zur Gleichbehandlung verpflichtet, d. h. er dürfte dann vom Käufer gleichfalls keine Provision nehmen. Eine Bewerbung von Kostenfreiheit für den Verkäufer bei gleichzeitigen Angeboten von provisionspflichtigen Immobilien für den Käufer ist somit auch wettbewerbsrechtlich angreifbar, da sich der Makler durch die Umgehung des Gesetzes einen Akquisevorteil verschafft.

4.2.5 Einseitige Vertretung bei Gemeinschaftsgeschäften

Gemeinschaftsgeschäfte können auch nach der neuen Regelung weiterhin durchgeführt werden, d. h. Verkäufer und Käufer haben jeweils ihren eigenen Makler beauftragt. Damit hat jeder der beiden Makler einen eigenen Maklervertrag, der seine Provision regelt. Keiner der beiden Makler ist für beide Seiten tätig, es liegt somit keine Doppeltätigkeit vor.

Wichtig ist, dass mit dieser Vertragskonstellation die Neureglung der Provision nicht umgangen wird. Dieser Fall wäre denkbar, wenn ein Makler einen Suchauftrag mit üblicher Provisionshöhe schließt und der andere Makler vom Verkäufer jedoch keine Provision oder nur eine sehr geringe Provision verlangen würde.

4.2.6 Übersicht Varianten der Provisionsvereinbarung

Tabelle 3: Varianten der Provisionsvereinbarung

Interessensvertretung			
Beidseitige Interessenvertretung (Doppeltätigkeit)	Einseitige Vertretung für Verkäufer ohne Abwälzung	Einseitige Vertretung für Verkäufer mit Abwälzung	Einseitige Vertretung für Käufer (Suchauftrag)
Gesetzliche Regelung			
§ 656c BGB	§ 652 BGB	§ 656d BGB	§ 652 BGB
Maklervertrag			
2 Maklerverträge: 1 Maklervertrag mit Verkäufer und 1 Maklervertrag mit Käufer	1 Maklervertrag mit Verkäufer	1 Maklervertrag mit Verkäufer 1 Übernahmevereinbarung mit Käufer	1 Suchauftrag mit Käufer
Wer zahlt die Provision?			
Verkäufer und Käufer zahlen Provision **in gleicher Höhe**	Provision wird alleine **durch Verkäufer** bezahlt	Provision ist grundsätzlich durch Verkäufer zu bezahlen Käufer trägt **bis zu 50 %** durch Übernahmevereinbarung	Provision wird alleine **durch Käufer** gezahlt
Provisionsfälligkeit			
Mit Abschluss des notariellen Kaufvertrages deklaratorische Maklerklausel im Notarvertrag empfehlenswert	Mit Abschluss des notariellen Kaufvertrages	Verkäufer mit Abschluss des notariellen Notarvertrags Käufer erst, wenn Verkäufer bzw. Makler Nachweis erbracht haben, dass Verkäufer Provisionsanteil geleistet hat.	Käufer zahlt die vereinbarte Provision, wenn der Kaufvertrag zustande kommt und der Makler das Objekt nicht bereits vor dem Suchauftrag an der Hand hatte

4.2.7 Anwendungsbereich

Das Gesetz gilt nicht für alle Immobilien. Durch die Einführung sollte der Käufer von privatem Wohneigentum bei den Nebenkosten entlastet werden. Demzufolge gilt das Gesetz für Eigentumswohnungen und Einfamilienhäuser. Eine Einliegerwohnung im Haus macht aus dem Einfamilienhaus noch kein Mehrfamilienhaus. Doppelhaushälften und Reihenhäuser fallen ebenfalls unter die Einfamilienhäuser, sofern der Käufer nicht gewerblich handelt und gleich einen Zwei-, Drei- oder Mehrspänner erwirbt. Handelt es sich bei den Einfamilienhäusern um Objekte auf Erbbaugrundstücken, so fallen diese Immobilien auch unter den Anwendungsbereich. Auch kommt das Gesetz zur Anwendung, wenn ein Baugrundstück oder ein Grundstück mit einem noch zu erstellenden Einfamilienhaus gemeinsam verkauft wird. Die geplante Nutzungsart (Eigennutzung oder Vermietung) hat keinen Einfluss auf den Anwendungsbereich.

Ausgenommen vom Anwendungsbereich sind Mehrfamilienhäuser, Wohnungspakete sowie Gewerbe- und Spezialimmobilien.

Wie bereits eingangs erwähnt, sollte der private Käufer entlastet werden. Dies bedeutet, dass juristische Personen nicht unter den Anwendungsbereich fallen. Bei einer GbR kommt es darauf an, ob diese die Immobilie für private Wohnzwecke oder zur Kapitalanlage tätigt. Kauft eine GbR eine Immobilie, die unter den Anwendungsbereich fällt, und zieht einer der Gesellschafter selbst ein, so ist die GbR wie ein privater Käufer zu behandeln.

Bei Maklern hingegen gibt es keine Ausnahmen. Sowohl der gewerblich tätige Makler als auch der Gelegenheitsmakler unterliegen der Neuregelung.

4.2.8 Textformerfordernis

Mit der Neuregelung schreibt der Gesetzgeber für die im Anwendungsbereich erfassten Immobilien einen Maklervertrag in Textform vor. Textform ist dadurch definiert, dass der Vertrag als Text vorliegen muss, z. B. als E-Mail. Umgangssprachlich werden Text und Schriftform schnell verwechselt. Hätte der Gesetzgeber die Schriftform gefordert, so hätte jeder Maklervertrag unterschrieben werden müssen. Mit der Textform ist es möglich, dass der Maklerkunde den Maklervertrag annimmt, indem er dies per E-Mail, Fax, SMS etc. erklärt. Wichtig dabei ist, dass diese Annahme dauerhaft gespeichert wird. Mündlich oder durch konkludentes Verhalten kann der Maklervertrag hingegen nicht mehr wirksam vereinbart werden.

In der Praxis wird der Makler den Maklervertrag mit dem Verkäufer in seinem Büro oder im Objekt des Eigentümers schließen. Dieser Vertrag wird i. d. R. sogar unterschrieben und hat somit nicht nur die Textform, sondern sogar die Schriftform erfüllt. Schließt der Makler den Vertrag außerhalb seines Büros, so ist unbedingt auf die Widerrufsbelehrung (vgl. 3.5, Widerrufsbelehrung (BGB), S. 69) zu achten.

Mit dem Käufer wird der Maklervertrag meistens online über das Internet geschlossen. Dabei sendet der Makler dem Interessenten den Maklervertrag zusammen mit der Widerrufsbelehrung zu und lässt sich von dem Interessenten den Erhalt und Annahme des Vertrags bestätigen. Erst wenn die Annahme sowie die Erklärungen zur Widerrufsbelehrung vorliegen, ist der Nachweis zu führen oder mit der Vermittlung zu beginnen.

Da der Prozess der sauberen Dokumentation der Textform nicht trivial ist, haben die meisten Maklersoftware-Anbieter und die Immobilienportale hierzu Lösungen entwickelt.

4.3 Vertragskonstruktionen

Bei den Makleraufträgen wird zwischen den drei folgenden Varianten unterschieden:

1 gewöhnlicher Maklervertrag

2 einfacher Makler-Alleinauftrag

3 qualifizierter Makler-Alleinauftrag

4.3.1 Gewöhnlicher Maklervertrag

Der gewöhnliche Maklervertrag beruht ausschließlich auf der Grundlage der Bestimmungen im BGB. Dieser Auftragstypus sagt aus, dass ein Makler von einem Verkäufer die Erlaubnis hat, die Immobilie anzubieten. Der Verkäufer behält sich jedoch vor, noch weitere Makler mit dem Verkauf seiner Immobilie zu beauftragen. Dieses Vertragsmodell erscheint auf den ersten Blick sehr vorteilhaft für den Verkäufer, da sich die Verkaufsbemühungen dann auf mehrere Makler aufteilen. Ist ein Makler erfolgreich, so erhält er die Provision. Aus betriebswirtschaftlicher Sicht ist der Erfolg somit nur bedingt kalkulierbar, vielmehr lässt er sich nur über Wahrscheinlichkeiten abschätzen. Damit ist dieser Auftragstyp wenig attraktiv für den Makler und führt folgegemäß auch für den Auftraggeber zu einem unvorteilhaften Vertragsverhältnis. Der Auftragstyp ist für den Auftraggeber deswegen ungünstig, da ein Makler – der ökonomischen Vernunft folgend – seine Verkaufsbemühungen auf die Bereiche beschränken wird, für die er keine oder nur geringe zusätzlichen Kosten hat. Zudem besteht stets die Gefahr, dass er Interessenten für eine Immobilie, die über einen allgemeinen Auftrag angeboten wird, auf andere Immobilien aus seinem Portfolio umlenkt.

Hier ist das geltende Maklerrecht die Ursache für ein verkaufsverhinderndes, allerdings auch verständliches Verhalten der betroffenen Makler. Das

Gegenteil dessen, was mit der Maklereinschaltung erreicht werden soll, wird tatsächlich erreicht. Die sich auf Makler beziehenden Regelungen im BGB sind faktisch somit für beide Seiten außerordentlich ungünstig.

Schließlich muss auch noch auf die negativen Marktwirkungen (Negativ-Image des Objektes) hingewiesen werden, die die Beschäftigung mehrerer Makler nach sich zieht.

Der gesetzliche Maklervertrag enthält ein erhebliches *Konfliktpotenzial.* In der Regel überschneiden sich bei Einschaltung mehrerer Makler die Maklеraktivitäten vielfach, ohne dass die einzelnen beteiligten Parteien Kenntnis von den Aktivitäten der anderen Parteien haben. Problematisch wird dieses Vertragsverhältnis für Kaufinteressenten, die sich bei mehreren Maklern in deren Kundenkartei eintragen lassen und dann ggf. eine Immobilie mehrfach angeboten bekommen. Weist ein Interessent die Makler, die ihnen eine bereits bekannte Immobilie anbieten, nicht auf die *Vorkenntnis* hin, wird er gegenüber diesen Maklern ebenfalls provisionspflichtig. Dies liegt daran, dass die Tätigkeit zweier oder mehrerer Makler dann ursächlich für den Vertragsabschluss war. Aufgrund dieser Problematik werden Aufträge, die eine Beauftragung mehrerer Makler gleichzeitig zulassen, auch in der Branche mehrheitlich kritisch gesehen.

Klärt ein Makler den Verkäufer nicht über die unterschiedlichen Vertragsarten auf, kann es auch vorkommen, dass allgemeine Aufträge wie faktische Alleinaufträge wirken, wenn der Verkäufer nicht beabsichtigt, weitere Makler einzuschalten. Problemsituationen, wie sie bei der Einschaltung konkurrierender Makler typisch sind, entstehen hier nicht.

Die Situation, als Käufer zweimal provisionspflichtig zu werden, kann auch auftreten, wenn ein Maklervertrag ausläuft und ein zweiter Makler eingeschaltet wird. Hat der Käufer bereits mit dem ersten Makler eine Besichtigung durchgeführt und schließt jedoch erst über den zweiten Makler den Hauptvertrag, so sind beide Makler ursächlich für den Hauptvertrag und haben somit Anspruch auf eine Provisionszahlung. Das Risiko *doppelter Provisionszahlungsverpflichtungen* durch Auftraggeber vergrößert sich erheblich, wenn mehrere Makler zeitgleich konkurrierend zueinander den Auftrag bearbeiten. Da vielen Verkäufern und Kaufinteressenten diese Problematik nicht bewusst ist, verschweigen sie häufig, dass sie bezüglich der angebotenen Immobilie auch noch mit anderen Maklern in Kontakt stehen. Zwar vereinbaren in vielen Fällen anspruchsberechtigte Makler freiwillig in solchen Fällen Gemeinschaftsgeschäfte und bereinigen so die vom Gesetzgeber zu vertretende problematische Rechtssituation. Eine Pflicht hierzu besteht für Makler aber nicht.

4.3.2 Makler-Alleinauftrag

Das Kennzeichen des Makler-Alleinauftrags, teilweise auch als einfacher Makler-Alleinauftrag bezeichnet, besteht darin, dass während der Auftragslaufzeit keine konkurrierenden Makler vom Auftraggeber eingeschaltet werden dürfen. Der Makler seinerseits bleibt berechtigt, *kooperierende Makler* einzuschalten, mit denen Provisionsteilung bei Mitwirkung dieses Maklers zum Vertragsabschluss vereinbart wird. Während bei der Einschaltung konkurrierender Makler im Rahmen eines allgemeinen Maklerauftrags die Gesamterfolgswahrscheinlichkeit aus der Perspektive des Auftraggebers, wie auch die Erfolgswahrscheinlichkeit des einzelnen beteiligten Maklers, drastisch sinkt, erhöht sie sich bei Einschaltung miteinander kooperierender Makler. Hierauf wird später noch bei der Behandlung der Kalkulation des Maklerauftrages eingegangen.

Provisionsregelungen des einfachen Makler-Alleinauftrages

Beim einfachen Makler-Alleinauftrag können alle zulässigen Provisionsteilungsvarianten verwendet werden. Dabei ist die Variante mit der reinen Innenprovision die effektivste Variante. Sie verpflichtet den Makler, für den Auftraggeber fachgerecht und nachhaltig unter Ausnutzung aller Abschlusschancen tätig zu werden. Unter Ausnutzung aller Abschlusschancen versteht man auch solche, die sich aus möglichen Gemeinschaftsgeschäften mit anderen Maklern ergeben. Der Auftraggeber verpflichtet sich zur Bezahlung der Gesamtprovision und zum Ersatz der Auftragsbearbeitungskosten für den Nichterfolgsfall.

Der einfache Makler-Alleinauftrag bereitet in der Regel rechtlich nicht viele Schwierigkeiten. Er wird von der Rechtsprechung anerkannt, auch wenn er in Form von Vertragsformularen, also im Rahmen *Allgemeiner Geschäftsbedingungen*, vereinbart wird. Der Auftraggeber behält sich hier das Recht vor, mit selbst gefundenen Interessenten den angestrebten Vertrag zu schließen, ohne den Makler zu beteiligen. Daraus ergibt sich für den Makler ein spezifisches Geschäftsrisiko. Der Auftraggeber kann aufgrund dieser Konstellation die Verhandlungskompetenz bezüglich solcher Interessenten für sich reklamieren. Dieser Kompetenzvorbehalt führt regelmäßig dazu, dass der Makler sich nicht als ausschließlicher Vertreter der Interessen des Auftraggebers einordnet. Das legitimiert ihn, auch für die andere Seite maklerisch tätig zu werden, wie dies bei einer Doppeltätigkeit mit Provisionsteilung vorgesehen ist.

Ein Auftraggeber, der sich neben dem beauftragten Makler selbst um den Verkauf bzw. die Vermietung bemüht, tritt in eine *Konkurrenzbeziehung zum Makler*. Insbesondere wenn keine Doppeltätigkeit, sondern die Provisionsabwälzung vom Auftraggeber gewünscht wird. Der Makler sieht sich in solchen Fällen teilweise genötigt, seinem Auftraggeber gegenüber mit „verdeckten Karten" zu spielen, vor allem wenn Anzeichen für die begründete Vermutung sprechen, dass vom Makler akquirierte Interessenten den Makler umgehen und das Geschäft ohne ihn abschließen wollen. Der Makler führt so lange isolierte Verhandlungen mit dem für den Auftraggeber anonymen Interessenten, bis er sich sicher ist, dass ihm das Geschäft nicht mehr entgleiten kann.

Entschärfen lässt sich die Situation, wenn der Makler eine Besichtigung mit Veräußerer, Interessent und einem Zeugen führt. In einem solchen Fall wird es für den Auftraggeber schwer, diesen Interessenten glaubhaft als eigenen Interessenten für sich zu reklamieren.

Im Grundsatz bleibt das Problem in all den Fällen bestehen, in denen sich ein Interessent nicht als „Maklerinteressent" zu erkennen gibt und er dann aus der Perspektive des Auftraggebers zum willkommenen eigenen Interessenten wird. Die asymmetrische Informationsverteilung und das sich daraus ergebende Risiko des opportunistischen Verhaltens von Auftraggeber und Interessent bestätigen die Erkenntnisse der sog. *Principal Agent Theorie* mit dem Makler als Principal und dem Auftraggeber als Agent.

In solchen Fällen können Provisionskonflikte entstehen, die der Makler nur schwer lösen kann. Durch die Zweiteilung des Marktes in den Markt des Auftraggebers und den Markt des Maklers wird der Makler daran gehindert, das gesamte Marktpotenzial zugunsten des Auftraggebers auszuschöpfen. Der Makler kann nicht daran interessiert sein, dass der Auftraggeber an einen Interessenten verkauft, der nicht beweisbar von ihm akquiriert wurde.

Auf der anderen Seite ist der Makler durch den Alleinauftrag verpflichtet, alle Kaufangebote an den Verkäufer weiterzuleiten. Gibt er ein Verkaufsangebot nicht weiter oder stellt er die Kommunikation zu einem potenziellen Käufer ein, macht er sich gegenüber dem Verkäufer schadensersatzpflichtig. Der BGH[21] hat dazu Folgendes entschieden:

a) Der Makler, der aufgrund eines Makleralleinauftrags damit beauftragt ist, dem Verkäufer Kaufinteressenten für ein Grundstück nachzuweisen oder zu vermitteln, verletzt seine Pflichten und ist deshalb zum Schadensersatz verpflichtet, wenn er dem Verkäufer gegenüber ein Kaufangebot unzutreffend darstellt, ihm ein Kaufangebot verschweigt, den Kontakt zu Kaufinteressenten abreißen lässt, keine ausreichenden Vermarktungsbemühungen unternimmt oder bei eigenem Kaufinteresse Kaufinteressenten überhöhte Preisvorstellungen der Verkäuferseite nennt, um sie von einer Abgabe eines Kaufangebots abzuhalten.

21 BGH, Urteil vom 24.01.2019 – I ZR 160/17.

b) Der Maklerkunde, der dem pflichtwidrig handelnden Makler sein Eigentum zu einem Preis unter Wert veräußert, kann von diesem im Wege der Naturalrestitution die Rückabwicklung des Kaufvertrags beanspruchen. Sein Schadensersatzanspruch ist nicht auf den Ausgleich des Mehrwerts des Kaufgegenstands beschränkt.

Das Dilemma, einen Kontakt nicht weitergeben zu wollen, weil man fürchtet, dass dieser den Makler zu umgehen versucht und dann für diese Pflichtverletzung haften zu müssen, lässt sich mit dem folgenden Vertragstypen, dem qualifizierten Makler Alleinauftrag beheben.

4.3.3 Qualifizierter Makler-Alleinauftrag

Als qualifizierter Makler-Alleinauftrag wird ein Vertragsverhältnis zwischen dem Anbieter eines Immobilienobjektes und einem Makler bezeichnet, das den Makler zum alleinigen Ansprechpartner für Personen vorsieht, die Interesse am Erwerb des zu vermittelnden Objektes zeigen.

Auch beim qualifizierten Makler Alleinauftrag gibt es in der Praxis die vorgenannten Provisionsvarianten.

Entstehungsgeschichte

Dass der qualifizierte Alleinauftrag eine lange Tradition hat, zeigt ein kurzer Rückblick:

Schon bald nach Inkrafttreten des BGB am 01.01.1900 haben Makler den qualifizierten Makler-Alleinauftrag zur Geschäftsgrundlage gemacht. Üblich war, dass der Verkäufer einen *„Revers zum Verkauf eines Grundstücks“* unterschrieb. Eine Gegenzeichnung durch den Makler fand in der Regel nicht statt. Ein solcher kurzer Revers aus der Zeit zwischen 1900 und 1914 lautete etwa so:

Mein Haus in … gebe ich hiermit Herrn … (Immobilienmakler) in … von heute bis zum … gegen die übliche Provision von einem Prozent des Kaufpreises zum Verkauf fest anhand.

Ich verpflichte mich hiermit, diese Provision zu zahlen, gleichviel, ob mein oben genanntes Haus während dieser Zeit durch mich direkt oder durch sonst jemanden indirekt, selbst auch späterhin an einen mir von Herrn (Makler) zugeführten Käufer … veräußert werden sollte.

Für Insertionen in … werden … Mark festgestellt, die ich selbst trage, welche jedoch Herrn …. (Makler) zur Last fallen, falls es ihm gelingt, mein oben bezeichnetes Haus in dieser Zeit zu verkaufen.

Dies ist ein klassischer qualifizierter Makler-Alleinauftrag. Auffallend ist, dass die Verkäuferprovision mit 1 % vereinbart wurde. Gleiches galt auch für die Käuferprovision, sodass die Gesamtprovision 2 % betrug. Die Formulierung „selbst auch späterhin" im Text des Revers bezieht sich auf zustande kommende Vertragsabschlüsse mit Maklerinteressenten nach Beendigung der Auftragslaufzeit.

Auch in der Zwischenkriegszeit war für einen qualifizierten Makler der Alleinauftrag die Geschäftsgrundlage. Während des Dritten Reiches wurden alle Verbände in ein System von Fachgruppen auf Bezirksebene überführt. Durch die „Fachgruppe Grundstücks- und Hypothekenmakler" in der „Wirtschaftsgruppe Vermittlergewerbe", der alle Makler per Gesetz angehörten, wurde ein „Einheits-Auftragsschein" herausgegeben. Er enthielt folgende Klausel:

III. Dieser Auftrag gilt als Alleinauftrag. Ich bin berechtigt, diesen Auftrag nach dem ... mit einer Frist von ... Monaten zu widerrufen. (Bei Erteilung eines einfachen Auftrages ist die Ziffer III zu streichen.)

V. Die umstehenden allgemeinen Geschäftsbedingungen der Fachgruppe habe ich gelesen und erkenne sie als für mich verbindlich an.

Dort stand u. a.:

Ist Alleinauftrag erteilt, so sind direkte oder durch andere Makler benannte Interessenten an den beauftragten Makler zu verweisen. Bei Verstoß gegen diese Verpflichtung hat der Auftraggeber im Falle des Vertragsabschlusses die volle Gebühr zu bezahlen.

Es handelte sich im Vergleich zum Text des Reverses um eine abgemilderte Version, wie sie dann auch in die gängigen Maklerverträge in den 50er-Jahren übernommen wurde. Die Maklergebühren waren frei vereinbar. Da dieser Auftragstyp keinen Aufwendungsersatz vorsah, korrespondieren mit ihm auch höhere „übliche Provisionssätze". Sie betrugen damals überwiegend bei Vertragssummen über 50.000 Mark jeweils 1,5 % für Verkäufer und Käufer. Damals gab es bereits die drei hier geschilderten Provisionssysteme.

Heute spricht man von einem qualifizierten Alleinauftrag, wenn der Auftraggeber verpflichtet wird, Interessenten, die an den Verkäufer direkt herantreten, an den Makler zu verweisen. Teilweise wird dies ergänzt durch die *Verpflichtung*, den Makler zu Verhandlungen mit eigenen Interessenten hinzuzuziehen.

Individuelles Aushandeln ist erforderlich

Während einfache Alleinaufträge auch vor dem Hintergrund des gesetzlichen Leitbilds problemlos vereinbart werden können, fordert die Rechtsprechung für die Rechtswirksamkeit des qualifizierten Makler-Alleinauftrages ein *individuelles Aushandeln* derjenigen Vertragsbedingungen, die den einfachen erst zu einem qualifizierten Makler-Alleinauftrag machen.

Ursächlich für diesen Umstand war der Bundesgerichtshof, der urteilte, dass die *Verweisungsklausel* in Allgemeinen Geschäftsbedingungen unwirksam sei.

Ein Vertragstyp, der einen Provisionsanspruch entstehen lässt, unabhängig davon, mit welchem Interessenten der Vertrag zustande kommt, war dem BGH ein Dorn im Auge. Damit wich der BGH von einer früheren Entscheidung aus dem Jahr 1966 ab.[22] Historisch gesehen war dies eine Zäsur für den qualifizierten Makler-Alleinauftrag. Die Klausel war damals Bestandteil der Allgemeinen Geschäftsbedingungen. Sie wurde an den Maßstäben von Treu und Glauben gemessen und sollte nach den Ausführungen des BGH deshalb der richterlichen Inhaltskontrolle unterliegen. Klauseln, *deren Einfügung in die Vertragsbeziehungen für den Kunden eine Überraschung bedeuten muss, wie dies insbesondere dann der Fall ist, wenn der Inhalt auf eine dem gesetzlichen Leitbild des gewählten Vertragstyps grob widersprechende Regelung hinausläuft*, können demnach keinen Bestand haben. Damit waren einige Grundelemente des 1976 in Kraft getretenen AGB-Gesetzes vorgezeichnet.

An das individuelle Aushandeln wurden in der Vergangenheit immer strengere Anforderungen gestellt, sodass am Markt auch die Meinung vertreten wird, das Aushandeln eines qualifizierten Makler-Alleinauftrages sei praktisch nicht möglich, was mit der Definition Allgemeiner Geschäftsbedingungen zusammenhängt. *Allgemeine Geschäftsbedingungen* sind durch die folgenden drei Merkmale gekennzeichnet:

- sie sind vorformuliert
- sie sind dazu bestimmt, in einer Vielzahl von Fällen verwendet zu werden
- sie müssen dem Vertragspartner „gestellt" werden

Wenn die Geschäftsstrategie eines Maklers darin besteht, grundsätzlich mit qualifizierten Alleinaufträgen zu arbeiten, wird er sich immer wieder der gleichen und damit vorformulierten Bedingungen bedienen. Damit sind die beiden ersten Merkmale stets gegeben. Geht man dann noch davon aus, dass ein Makler die Bedingungen der Provisionspflichtigkeit des Kaufvertragsabschlusses mit einem eigenen Interessenten durch Verhandeln nicht erreichen kann, dass er eine solche Bedingung also nur „stellen" kann (entweder mit dieser Bedingung oder überhaupt nicht), dann wäre eine Individualvereinbarung im Maklergeschäft nicht erreichbar.

---

22 BGH, 21.03.1966, VIII ZR 290/63.

Die stringente Vertretung einer solchen Meinung für alle durch das AGB-Recht geregelten Bereiche würde indes gleichbedeutend mit der Auffassung sein, eine *Vertragsfreiheit* innerhalb der Schuldrechtsbereiche, in denen das AGB-Recht Anwendung findet, existiere faktisch nicht mehr. Oder ist die angebliche Unerreichbarkeit einer Individualvereinbarung nur für den Maklerbereich typisch?

Aus der Logik der Auftraggeber-Makler-Beziehung wird indes eines klar: Qualifizierte Makleralleinaufträge müssen individuell ausgehandelt werden können. Wer dies nicht zulassen will, würde in Kauf nehmen, dass nicht nur die Makler, sondern auch deren Auftraggeber durch Nichtzulassung von Individualvereinbarungen unangemessen benachteiligt würden.

Individualvereinbarung – Vorgehen in der Praxis

Ein qualifizierter Makler-Alleinauftrag kommt in der Praxis zustande, indem mit dem Verkäufer Folgendes individuell vereinbart wird:

- Der Makler erhält vom Verkäufer im Falle eines Vertragsabschlusses während der Laufzeit des Vertrages eine Provision.
- Die Provisionszahlung ist unabhängig davon, ob der Makler am Zustandekommen des Vertrages mitgewirkt hat.
- Somit gilt die Provisionszahlungspflicht auch dann, wenn der Auftraggeber Interessenten an den Makler verwiesen oder den Makler zu Verhandlungen hinzugezogen hat.

Es empfiehlt sich, einen Formularvertrag für einen Alleinauftrag zu verwenden, in dem alle Angaben, Kontaktdaten und die Provisionsart und -höhe festgelegt werden. In diesem Formular sollte handschriftlich ergänzt werden, dass der Verkäufer explizit einen qualifizierten Makleralleinauftrag wünscht, der separat individuell vereinbart wird.

Werden die vorstehenden Punkte ausführlich in einem Gespräch erörtert, dass dann handschriftlich zusammengefasst und als Vereinbarung unterschrieben wird, entsteht die gewünschte Individualvereinbarung.

Unternehmerische Restrisiken

Der qualifizierte Alleinauftrag sichert den Makler bestmöglich ab, dennoch bleiben einige unternehmerische Restrisiken.

A. Umgehungsversuch

Nach Ablauf eines solchermaßen qualifizierten Makler-Alleinauftrages kann ein Anspruch allerdings nur dann entstehen, wenn die Maklertätigkeit während der Laufzeit des Maklervertrages ursächlich für das später zustande gekommene Geschäft war. Damit bleibt ein kleines, aber überschaubares Provisionsrisiko bei opportunistischen Verhalten von Interessenten. Die Ursächlichkeit wird von den Gerichten i. d. R. für 12 Monate nach dem Auslaufen des Vertrags angekommen, in Ausnahmefällen auch länger.

B. Entscheidungsfreiheit des Auftraggebers

Auch bei einem qualifizierten Makler-Alleinauftrag bleibt der Auftraggeber in seiner Entscheidung frei, ob er das in Auftrag gegebene Geschäft abschließen will. Da es einerseits an einer Verpflichtung zur Abnahme der Maklerleistung durch den Auftraggeber fehlt, kann der Makler andererseits auch keinen Vertragsabschluss garantieren. Das maklertypische *Restrisiko* der Vergeblichkeit seiner Bemühungen und seines Kosteneinsatzes bleibt ihm also erhalten.

C. Nichtigkeit der Individualvereinbarung

Entschließt sich der Verkäufer, entgegen seiner ursprünglichen Absicht auch selbst mit Interessenten zu verhandeln und möchte sich aus dem Vertrag lösen, so wäre es naheliegend, die Individualvereinbarung anzufechten. Hat der Makler hier nicht sauber gearbeitet und es mit dem individuellen Aushandeln zu lax genommen, wird die Vereinbarung höchstwahrscheinlich von einem Gericht gekippt.

Fazit

Beim *qualifizierten Makler-Alleinauftrag* erhält der Makler in jedem Fall eines Vertragsabschlusses seine Maklerprovision, gleichgültig aus welcher Quelle der Interessent die Vertragsmöglichkeit in Erfahrung gebracht hat und auf welchem Weg er zum Verkäufer gelangte. Andererseits ist der Makler verpflichtet, mit jedem für das Kaufobjekt in Frage kommenden Interessenten abschlussorientierte Verhandlungen zu führen. Das bezieht sich auch auf Interessenten, die Maklerkollegen im Rahmen von Gemeinschaftsgeschäften anbieten, und natürlich solchen, die sich an den Auftraggeber direkt wenden. Dies funktioniert allerdings nur dann, wenn der Auftraggeber die Gesamtprovision übernimmt. Das Restrisiko bleibt, dass nach erfolgloser Beendigung des Makler-Alleinauftrages Interessenten, die sich in Wartestellung befunden haben, jetzt erst offiziell auftauchen, um das Objekt zu kaufen.

Die *Marktdurchdringung* wird beim qualifizierten Makler-Alleinauftrag dennoch optimiert. Während beim einfachen Makler-Alleinauftrag immer noch eine Konkurrenzbeziehung zwischen Makler und Auftraggeber wirksam ist, werden beim qualifizierten Makler-Alleinauftrag alle Konkurrenzbeziehungen auf der Vertriebsebene eliminiert. Der Makler kann offen werben, weil er – von der genannten Form opportunistischen Verhaltens des Auftraggebers einmal abgesehen – nicht umgangen werden kann. Wichtig ist allerdings, dass die verhandelten *Konditionen* wie *Laufzeit* und Kaufpreis den Marktverhältnissen angepasst sind, damit ein Abschluss auch mit hoher Wahrscheinlichkeit realisiert werden kann.

Beim qualifizierten Makler-Alleinauftrag sprechen zwei Gründe dafür, ausschließlich eine Innenprovision mit dem Verkäufer zu vereinbaren:

1 Die Käuferprovision stellt auch psychologisch immer eine mehr oder weniger große Hürde auf dem Weg zum Makler und damit zu dem von ihm angebotenen Objekt dar. Ein Kaufinteressent zieht im Zweifel einen aus seiner Perspektive provisionsfreien Erwerb einer Immobilie einem mit Provisionszahlungspflicht belasteten Erwerb vor. Er unterliegt damit zwar einer Illusion, wie im Kapitel bei Betrachtungen über den qualifizierten Alleinauftrag bereits dargestellt wurde. Aber auch Illusionen steuern faktisches Verhalten. Die Optimierung der Markterschließung zugunsten des Auftraggebers durch Vereinbarung von Käuferprovisionen ist jedenfalls nicht mehr voll gewährleistet.

2 Bei den Vermittlungsbemühungen des Maklers im Rahmen eines qualifizierten Makler-Alleinauftrages handelt es sich um Vertragsverhandlungen, die der Makler als nicht am Vertrag beteiligter Dritter für seinen (Allein-) Auftraggeber führt. Vereinbart der Makler Provisionen mit Kaufinteressenten, macht er diese damit ebenfalls zum Auftraggeber. Daraus ergibt sich eine nicht unerhebliche Gefahr der *Interessenkollision.* Die Rechtsprechung hat zwar die Vereinbarung einer solchen vermittelnden Doppeltätigkeit auch bei einem qualifizierten Makler-Alleinauftrag nicht grundsätzlich ausgeschlossen, der Makler muss sich dann aber jeglicher – eine Seite bevorzugende – Verhandlungsführung enthalten. Damit beraubt er sich der Möglichkeit, ausschließlich Verkäuferinteressen in legalem Umfang zu vertreten und damit aus dessen Perspektive das Vertragsergebnis zu optimieren.

4.4 Provisionsstrategien

Durch das Gesetz zur Neuregelung der Maklerprovision, das bei klassischen Wohnraum-Verkaufsaufträgen klare Vorgaben macht und eine Beauftragung in Textform fordert, haben sich die Provisionsrisiken für Makler bereits deutlich reduziert. Bei allen Objekttypen, die nicht unter das neue Gesetz fallen, ist der Makler gut beraten, den Anwendungsbereich des neuen Gesetzes für sich zu erweitern. Es gibt jedoch auch Situationen, in denen er davon abweichen möchte. In diesen Fällen gilt es, Rechtsrisiken so weit wie möglich durch vertragliche Vereinbarungen auszuschalten. Welches der richtige Weg ist bzw. welche Wege zu beschreiten sinnvoll sind, darauf soll im Folgenden näher eingegangen werden.

Zunächst müssen die in der Praxis verwirklichten *Provisionsstrategien* beleuchtet werden, da die daraus resultierenden *Rechtsrisiken* unterschiedlich hoch sind. Dabei wird von der vorherrschenden Marktzugangsstrategie deutscher Makler ausgegangen, die den Marktzugang über potenzielle Objektangebote und nicht über Interessenten suchen. Deutsche Makler akquirieren also in der Regel Objektvermarktungsaufträge, um sich dann für ihren Vertrieb einzusetzen. Die Fälle, in denen ein Makler im Auftrag eines Interessenten gezielt ein Objekt sucht, sind relativ selten. Die Provisionsstrategien sind wie folgt zu beschreiben:

1 Objektvermarktungsauftrag mit ausschließlicher Provisionszahlungspflicht des Verkäufers (reine Innenprovision)

2 Objektvermarktungsauftrag mit Aufteilung der Provisionszahlungspflicht zwischen Verkäufer und Käufer (Provisionsteilung)

3 Objektvermarktungsauftrag mit Überwälzung der gesamten Provisionszahlungspflicht auf den Käufer (reine Außenprovision)

Die erste Provisionsstrategie – reine *Innenprovision* – ist aus der Perspektive des Rechtsrisikos die unproblematischste. Der Makler benötigt lediglich vonseiten des Objektanbieters eine beweisbare, am besten schriftliche, Provisionszusage. Sie lässt sich mithilfe eines formellen Maklervertrages absichern. Diese Konstruktion erlaubt in Verbindung mit einem qualifizierten Makler-Alleinauftrag eine offene Auftragsbearbeitung, die nicht durch rechteschützendes Taktieren des Maklers gegenüber Interessenten blockiert wird. Provisionsgesicherte Objektnachweise, also Provisionsversprechen durch Interessenten, sind nicht erforderlich. Interessenkonflikte entstehen nicht, da der Makler zum klaren Interessenvertreter des Auftraggebers wird.

Bei der zweiten Provisionsstrategie – Aufteilung auf beide Parteien auf der Grundlage einer *Doppeltätigkeit* – gilt in Bezug auf den vom Anbieter zu zahlenden Provisionsanteil zunächst dasselbe wie bei der ersten Strategie. Hinsichtlich des vom Objektsuchenden zu zahlenden Provisionsanteils ergibt sich jedoch das Problem, dass der Makler von allen Interessenten, die er mit dem Angebot anspricht, eine beweisbare Provisionszusage benötigt.

Hier sollte analog zu den Eigentumswohnungen und Einfamilienhäusern die Textform erfüllt werden. Wer dies beachtet, kann seinen Provisionsanspruch jederzeit belegen und hat dieser Vertragskonstellation kein höheres Provisionsrisiko hinsichtlich des Nachweises.

Im Vermittlungsbereich ergeben sich aber zusätzliche Risiken. Der Makler ist bei Doppeltätigkeit in seinen Vermittlungsbemühungen zu strenger *Neutralität* verpflichtet. Er darf nicht die Interessen einer der beiden Parteien zulasten der anderen stärker berücksichtigen. Hieraus ergibt sich eine notwendig werdende Abstinenz im Bereich der Beratung, vor allem der Preisberatung. Deren Ergebnis kann leicht als *Interessenkonflikt* bewertet werden. Ein solcher Interessenkonflikt führt häufig zum Provisionsverlust gegenüber demjenigen, der sich benachteiligt fühlt. Funfact: Das OLG München hat es einmal sogar fertiggebracht, eine Benachteiligung beider Parteien in der Vermittlungstätigkeit eines Maklers zu erblicken, womit der BGH allerdings nicht einverstanden war.

Schließlich muss noch bedacht werden, dass das Interesse an einer Einsparung der Provision bei beiden Vertragsparteien angesiedelt ist und das Zusammenspiel beim Ersinnen von *Provisionsvermeidungsstrategien* bei beiden Parteien auftreten kann.

Die dritte Provisionsstrategie besteht in der Überwälzung der gesamten Provisionslast auf den Käufer. Sie war auch ursächlich für das Eingreifen der Politik, was zur Neureglung der Maklerprovision geführt hat. Mit den heutigen Softwarelösungen lassen sich wie bei der Doppeltätigkeit von allen Interessenten vollständige und sichere Beauftragungen abbilden, doch kann von dieser Strategie nur dringend abgeraten werden. Die Gefahr besteht weniger im Verlust der einzelnen Provision, sondern vielmehr darin, dass sich der Gesetzgeber genötigt sieht, die neuen Provisionsregeln auch auf gewerbliche Objekte sowie gewerbliche Käufer auszuweiten. In diesem Fall ist nicht nur mit einer Ausweitung des Anwendungsbereichs zu rechnen, sondern auch mit weiteren Restriktionen bezüglich der Provisionshöhe.

Ein weiteres Problem, das diese Strategie mit sich bringt, ist die Vermittlung der Provisionshöhe in Relation zur sichtbaren Leistung. Aus der Interessentenperspektive ergibt sich eine natürliche Aversion gegen diese Provisionsstrategie. Es wird schlicht nicht eingesehen, warum für (vermeintlich) relativ geringe Leistungen eine hohe Provision bezahlt werden soll. Hinzu kommt die Vorstellung, dass der Makler überwiegend für den Objektanbieter tätig ist. Diese Gemengelage führt zu einem Marktverhalten, das das Rechtsrisiko des Maklers zusätzlich erhöht.

Aus dem Dargestellten ergibt sich, dass das Rechtsrisiko des Maklers bei Vereinbarung einer ausschließlichen Anbieterprovision am geringsten ist.

Es wird aber allein dadurch nicht vermieden. Das Maklerrecht ist ja – wie schon ausgeführt – so beschaffen, dass der Makler zu keiner Tätigkeit verpflichtet wird. Der Auftraggeber muss andererseits eine erbrachte Maklerleistung auch nicht abnehmen, und zwar auch dann nicht, wenn die erbrachte Maklerleistung den Auftragszweck erfüllt hätte. Daraus ergeben sich weitere, dem geltenden Maklerrecht immanente Risiken.

4.4.1 Das Erfolgsprinzip

Bei Auftragsübernahme gehört es zu den wichtigsten Aufgaben des Maklers, die *Konditionen,* zu denen ein Objekt vermarktet werden soll, auf ihre Durchsetzbarkeit am Markt zu überprüfen. Vielfach haben Verkäufer vollkommen überzogene Preisvorstellungen. Diese werden in der Praxis oftmals durch Makler bestärkt, die einen Auftrag unbedingt über den Preis an Land ziehen wollen und bereits zu Beginn des Auftrags eine schrittweise Kaufpreisreduktion mit einkalkulieren.

Der Makler, der den Markt kennt, muss dann auch im Interesse des Auftraggebers bei der Preisfindung steuernd eingreifen. Nicht immer gelingt ihm dies. Dann stellt sich die Frage, ob der Makler bei nicht durchsetzbaren Objektangebotsbedingungen des Auftraggebers einen Verkaufsauftrag überhaupt annehmen soll. Dies wird er vielleicht dann bejahen, wenn er davon ausgehen kann, dass der Auftraggeber während der *Laufzeit* des Maklervertrages seine Konditionen den Marktverhältnissen anpassen wird. Dabei ist allerdings die aktuelle Markttendenz zu berücksichtigen. Bei steigenden Preisen kommen diese den Vorstellungen des Auftraggebers entgegen. Bei sinkenden Preisen sollte der Makler von vornherein einen dieser Tendenz angepassten Preisvorschlag durchsetzen.

Zur Kunst des Maklers zählt auf jeden Fall, die von Auftraggeber zu Auftraggeber unterschiedliche Preiselastizität hinsichtlich ihres Angebots richtig abschätzen zu können. Er muss aus den verschiedenen Verkaufsmotiven erkennen, welchen „Elastizitätstypen“ die Auftraggeber angehören.

Ein wichtiges Beurteilungsmaß für die Einschätzung der *Angebotselastizität* besteht in den Gründen, die den Verkaufswillen fördern oder hemmen können. Wer aus beruflichen Gründen in eine fremde Stadt oder gar ins Ausland wegziehen will und in seinen zeitlichen Dispositionen beschränkt ist, wird sich in der Regel elastischer verhalten als jemand, der keinem Zeit- und Anpassungsdruck ausgesetzt ist. Erbengemeinschaften, bei denen alle Erben gleichermaßen den Verkauf anstreben, werden leichter reagieren als Erbengemeinschaften, bei denen unterschiedliche Interessen vorhanden sind. Wer durch den Objektverkauf einen finanziellen Engpass beseitigen will, wird leichter bereit sein, Preiszugeständnisse zu machen als jemand, der keine Liquiditätsprobleme hat.

Natürlich spielt neben den objektiven Verkaufsgründen auch die innere psychologisch bedingte *Motivation* eine Rolle. Die Skala reicht einerseits von sehr labil bis unbeweglich und andererseits von unsicher bis rechthaberisch. Zur Fähigkeit, Aufträge zu Bedingungen zu akquirieren, die den Verkaufserfolg in hohem Maße wahrscheinlich erscheinen lassen, gehört es auch, den Auftraggeber psychologisch richtig einschätzen zu können.

Es gibt Makler, die versuchen, den Auftraggeber zu einem *Festpreis* zu ermuntern, über den nicht verhandelt werden kann. Damit entgehen dem Auftraggeber aber mögliche Marktchancen. Und der Makler, der den Festpreis zu einer Maklervertragsbedingung macht, setzt zudem seinen Provisionsanspruch aufs Spiel, wenn nur ein unterhalb des Festpreises angesiedelter Preis tatsächlich erzielt werden kann.

Das Risiko, während der Dauer des Auftrages den Objektverkauf wegen unrealistischer Marktbedingungen nicht durchsetzen zu können, kommt im *Erfolgsprinzip* des Maklergeschäftes zum Ausdruck. Ob und inwieweit es zum Tragen kommt, beruht hauptsächlich auf Entscheidungen des Maklers, ist also von ihm beeinflussbar. Wenn das in Auftrag genommene Objekt während der *Laufzeit* des Maklerauftrags wegen einer nicht durchsetzbaren Preisvorstellung nicht verkauft werden kann, hat sich dies der Makler selbst zuzurechnen. Seine Entscheidungsalternative war die Ablehnung des Auftrages. Die nicht selten anzutreffende Tatsache, dass nicht der erstbeauftragte, sondern der nachfolgende Makler das Geschäft zu dann revidierten Bedingungen macht, ist ein deutliches Kennzeichen für Schwächen bei der Durchsetzung marktrealistischer Preise mancher Makler.

Grundsätzlich kann das Risiko vertraglich nicht auf den Auftraggeber abgewälzt werden. Mit anderen Worten: Der Makler kann den Auftraggeber nicht vertraglich verpflichten, marktgerechte Angebotsbedingungen zu akzeptieren.

In der Öffentlichkeit gibt es im Zusammenhang mit der Einschaltung von Maklern zwei sich widersprechende Vorwürfe. In Zeiten steigender Preise lautet der Vorwurf: Makler seien an hohen Preisen interessiert, weil ihre Provision entsprechend höher ausfalle. In Zeiten fallender Preise zielt der Vorwurf in die entgegengesetzte Richtung: Makler seien an niedrigen Preisen interessiert. Nur zu Niedrigpreisen könnten sie „das schnelle“ Geschäft machen, das sie dann weniger Mühen kostet. Beide Vorwürfe verkennen die Tatsache, dass jeder Makler sich in einer berufsexistenziellen Abhängigkeitsbeziehung vom Markt befindet. Mit zunehmender Markttransparenz können aber auch *Verbraucher* Preise zunehmend realistischer einschätzen, sodass solche Vorwürfe gegenüber Maklern stark zurückgegangen sind.

4.4.2 Entscheidungsfreiheit des Auftraggebers

Die Ursache des Nichterfolgs kann beim Auftraggeber selbst liegen. Hat der Makler einen kaufbereiten Kunden beigebracht, der die Bedingungen des Auftraggebers akzeptiert, kann dieser den Abschluss des Vertrages immer noch verweigern. Das im Maklerrecht angelegte *Prinzip der Entscheidungsfreiheit* ermöglicht es dem Auftraggeber, sich legitim willkürlich zu verhalten und seine ursprüngliche Verkaufsabsicht jederzeit aufzugeben. Daraus leiten sich mehrere legitime Verhaltensmuster ab. Der Auftraggeber kann

- mehrere Makler gleichzeitig mit dem Verkauf seines Objektes beschäftigen
- Vertragskonditionen jederzeit ändern und damit auch verschlechtern
- es ablehnen, mit bestimmten Interessenten überhaupt zu verhandeln
- dem Makler den Auftrag jederzeit entziehen

Das bedeutet in solchen Fällen für den Makler, dass alle seine Vorinvestitionen zur Herbeiführung der Angebotsreife eines Objektes vergeblich sind. Hat er eine Zeitungsanzeige aufgegeben und der Auftraggeber entzieht ihm am Tag darauf den Auftrag, war der Kosteneinsatz vergeblich und der Weg zum möglichen Erfolg abgeschnitten. War es ihm nach vielen Bemühungen gelungen, einen abschlussbereiten Interessenten zu finden, und gibt der Auftraggeber seine Verkaufsabsicht auf, waren alle Bemühungen umsonst.

Die Auswirkungen dieses Prinzips der Entscheidungsfreiheit des Auftraggebers lassen sich vertraglich „eindämmen“. Das Prinzip selbst aber lässt sich auf diese Weise nicht aushebeln.

Daraus ergibt sich, dass der Makler es mit rechtsbedingten Risiken zu tun hat, von denen er einige beeinflussen kann, andere nicht. Die Instrumentarien, die ihm zur Verfügung stehen, liegen im Bereich des Vertragsmanagements und von Steuerung der Geschäftsprozesse.

4.4.3 Das Neutralitätsprinzip

Das Prinzip gilt nur in Fällen, in denen der Makler gleichzeitig für beide Seiten tätig wird. Die Tatsache, dass im Maklerrecht des BGB zwar davon ausgegangen wird, dass ein Makler nur für eine Seite tätig wird, eine *Doppeltätigkeit* aber nicht ausschließt, führte dazu, dass die Rechtsprechung für solche Fälle eine strikte *Neutralität* im Bereich bei Erbringung seiner Vermittlungsleistungen fordert. Diese Neutralitätspflicht kann sich unter Umständen negativ auf die Erfolgsorientierung auswirken.

Vor allem betroffen ist der Bereich der Verhandlungen über den Preis. Rät der Makler einer der beiden Parteien zu einem bestimmten Preisverhalten im Rahmen anstehender Verhandlungen, verletzt er bereits seine Pflicht zur Neutralität. Bei Preisverhandlungen beschränkt sich die Einwirkungsmöglichkeit des Maklers auf die Weitergabe der jeweiligen Informationen, die er nach dem Willen einer Partei der anderen Partei übermitteln soll. Nicht ungefährlich ist es, wenn der Makler dem Verkäufer ein von ihm erstelltes Verkehrswertgutachten zur Verfügung stellt und er dann gegenüber dem Kaufinteressenten den Preis, der auf der Grundlage seines Gutachtens angesetzt wurde, „verteidigen" muss.

Dagegen kann ein Makler, der nur für den Verkäufer provisionspflichtig tätig wird und dessen Interessen er offen gegenüber den Interessenten vertreten kann, eine Neutralitätsposition, zu der er hier nicht verpflichtet ist, auch nicht verletzen. Grundsätzlich muss auch aus diesem Grunde geraten werden, eine Doppelmaklertätigkeit zu vermeiden.

4.4.4 Erlöschen des Provisionsanspruchs

Ist das Prinzip der gegenseitigen Unabhängigkeit zwischen Makler und Auftraggeber nicht mehr gegeben, erlischt regelmäßig der Provisionsanspruch. Dabei ist zwischen *echten Verflechtungen* und *unechten Verflechtungen,* auch sog. *institutionalisierten Interessenkonflikten,* zu unterscheiden.

Die echte Verflechtung ist dadurch gekennzeichnet, dass kein tatsächliches Dreiecksverhältnis zwischen Makler, Käufer und Verkäufer gegeben ist. Der Makler ist mit dem Verkäufer oder dem Käufer wirtschaftlich oder gesellschaftlich identisch oder weitgehend identisch bzw. ist als Geschäftsführer für diesen tätig und hat somit eine beherrschende Stellung inne.

Ein Beispiel für eine echte Verflechtung ist die Vertriebsgesellschaft eines Bauträgerunternehmens. Schaltet ein Bauträgerunternehmen ein Maklerunternehmen, mit dem es durch Kapitalbeteiligung verflochten ist, zum Vertrieb seiner Bauträgerobjekte ein, liegt hier aufgrund der Kapitalbeteiligung eine Verflechtung vor. Das Bauträgerunternehmen kann die Gesellschaft de facto steuern. Somit kann diese von Kaufinteressenten keine Provision fordern, da es für sie nicht als Makler tätig wird. Das Maklerunternehmen verliert stets seine jeden Makler kennzeichnende *Drittstellung,* wenn es wirtschaftlich oder rechtlich vom Objektanbieter beherrscht wird.

Für die unechte Verflechtung ist keine wirtschaftliche Beteiligung erforderlich; diese liegt bereits dann vor, wenn die Interessenbildung des Maklers so institutionalisiert ist, dass ihm Voreingenommenheit unterstellt werden kann, unabhängig von seinem konkreten Verhalten. In folgenden Konstellationen geht die Rechtsprechung von institutionalisierten Interessenkonflikten aus:

- der Makler ist mit dem Veräußerer verheiratet
- der Makler ist zugleich Verwalter des Gemeinschaftseigentums und muss dem Kaufvertrag über den Verkauf des Sondereigentums zustimmen
- der Makler ist zugleich Testamentsvollstrecker über den Nachlass, zu dem die zu veräußernde Immobilie gehört
- der Makler ist zugleich Zwangsverwalter der Immobilie
- der Makler nimmt eine handelsvertreterische Stellung zum Veräußerer ein, z. B. ein Alleinauftrag eines Bauträgers zur Vermarktung einer größeren Anzahl von Wohnungen

Liegt bei Immobilienverwaltern eine Verflechtung vor, wenn sie Objekte aus ihrem Verwaltungsbestand veräußern? Die Veräußerung einer Eigentumswohnung zählt nicht zu den üblichen Aufgaben eines Verwalters. Somit wird eine Verflechtung des Verwalters mit dem Eigentümer der verwalteten Einheit generell verneint. Ist ein Verwalter als Miethausverwalter tätig, so ist der Eigentümer der Liegenschaft Auftraggeber für den Makler. Diese Konstellation ist unkritisch, da der Mieter nicht provisionszahlungspflichtig ist.

Tätigt ein Makler einen überwiegenden Teil seines Umsatzes nur mit einem Kunden, z. B. einer Stiftung oder größeren Erbengemeinschaft, so rückt er sehr schnell in eine handelsvertreterische Stellung. Diese Konstellation tritt weniger bei reinen Maklern als bei WEG-Verwaltern auf, die auch makeln. Hat dieser Verwalter größere Objektbestände aus einer Hand und betreibt die Makelei nur passiv, kann es sein, dass der Verwalter als Makler nur einen Kunden hat.

Abhilfe schafft in solchen Situationen die Aufklärung über die Zusammenhänge, die diese Verflechtung begründen. Wenn nämlich der Makler bereits im Exposé darauf hinweist, dass er mit dem Veräußerer in einer bestimmten Beziehung steht und der Kunde den Sachverhalt kennt, dann kann der Makler zwar nicht als Makler tätig werden. Er kann sich aber dennoch die „Provision" verdienen, indem der Kunde, der die Verflechtung kennt, ein eigenständiges Zahlungsversprechen für den Erfolgsfall abgibt. Dieses Zahlungsversprechen sollte im Kaufvertrag als Vertrag zugunsten Dritter aufgenommen werden. Damit entsteht ein von der Maklerleistung unabhängiger Schuldgrund, der auch vom BGH in ständiger Rechtsprechung bejaht wird, vgl. u. a. BGH NJW 1998, 1552.

Verwandtschaftliche Beziehungen zwischen dem Makler und dem Objektanbieter oder eine persönliche Freundschaftsbeziehung allein stellen die Drittstellung des Maklers noch nicht in Frage. Problematisch könnte es jedoch werden, wenn der Makler als Nacherbe des Veräußerers eingesetzt ist und somit der Veräußerung zustimmen muss.

4.5 Provisionssicherungsstrategien

4.5.1 Transparenz und Wertschöpfung

Nichts beschäftigt den Anbieter einer Immobilie mehr als die Frage nach dem erzielbaren Preis. Der Interessent wird dagegen von mehreren Fragen bedrängt: Welches Objekt entspricht seinen Bedürfnissen am ehesten? Was kann er sich leisten? Ist das Angebot seinen Preis wert?

Das Wort „preiswert" zeugt schon davon, dass es eine Auffassung gibt, nach der Wert und Preis auseinanderfallen können. Ist der Wert über dem Preis angesiedelt, erwirbt jemand die Sache preiswert, während der Verkäufer sie „unter Wert" veräußert.

Nirgendwo spielt die Vorstellung von Werten eine so große Rolle wie beim Immobilieneigentum. Verkehrswert, Sachwert, Ertragswert, Vergleichswert und Beleihungswert sind übliche Begriffe, wenn über den Immobilienwert gesprochen wird. Diese höchst unterschiedlichen Wert-Definitionen können von den wenigsten Endkunden auseinandergehalten werden. Das Baugesetzbuch (BauGB) definiert in § 194 den *Verkehrswert* wie folgt:

Der Verkehrswert (Marktwert) wird durch den Preis bestimmt, der in dem Zeitpunkt, auf den sich die Ermittlung bezieht, im gewöhnlichen Geschäftsverkehr nach den rechtlichen Gegebenheiten und tatsächlichen Eigenschaften, der sonstigen Beschaffenheit und der Lage des Grundstücks oder des sonstigen Gegenstands der Wertermittlung ohne Rücksicht auf ungewöhnliche oder persönliche Verhältnisse zu erzielen wäre.

Daraus folgt jedoch nicht, dass der Verkaufspreis automatisch dem Verkehrswert entspricht. Persönliche Präferenzen oder Parteiengutachten können den Verkaufspreis vom Verkehrswert erheblich unterscheiden.

Eigentümer, die davon ausgehen, dass es einen objektiven Immobilienwert gibt, der unabhängig von der Art der Vermittlung (Privatverkauf vs. Verkauf durch Makler) erzielt wird, sehen den Makler oftmals als denjenigen, der durch den Vermögenswert eines Dritten profitiert. Wodurch rechtfertigt sich die Erfolgsprovision, wenn sie als ein Partizipieren an fremden Werten empfunden wird?

Für Makler ist dieses Vorurteil in hohem Maße geschäftsbeeinflussend. Die vorderste Aufgabe im Sinne der Provisionssicherung besteht somit darin, den Umfang der Maklerleistung transparent zu machen. Ein Kunde, der sich über den Wert einer Dienstleistung bewusst ist, wird diese auch vergüten.

Dabei geht es um zwei Bereiche. Zum einen erfasst die Dienstleistung alle Tätigkeiten, die der Makler erbringt; zum anderen ist es für einen Makler tatsächlich eher möglich, einen höheren Verkaufspreis zu erzielen als für den Kunden selbst. Die Beauftragung eines Maklers führt dann zu einer Wertschöpfung.

Wie entsteht die Wertschöpfung und wie lässt sie sich erläutern? Derjenige, der sein Haus verkaufen will, ist bestrebt, den bestmöglichen Preis zu erzielen. Er kennt aber die Wertvorstellungen seines künftigen Vertragspartners nicht. Er wird – je nach seiner persönlichen Situation, die in der Präferenzskala seiner Möglichkeiten zum Ausdruck kommt – das Preisangebot um des Verkaufens Willen senken bis zu dem Punkt, an dem für ihn der Nichtverkauf interessanter ist als der Verkauf. Gelingt ihm aber ein Verkauf zu besseren Bedingungen, liegt der Preis entsprechend über den *Grenzwertvorstellungen*, jenseits der er den Verkauf aufgibt.

Auf der anderen Seite stellt jeder Kaufinteressent für das Haus seinen individuellen *Wertbezug* her. Er unterscheidet sich von den Wertbezügen der jeweils anderen Interessenten. Hat der (bestmögliche) Interessent das Objekt zu Bedingungen erworben, die er auch noch zugunsten des Verkäufers verbessert hätte, nur um gegenüber anderen zum Zuge zu kommen, wenn sie aufgetreten wären, dann erwarb er es um einen Preis, der niedriger lag als der Grenzpreis, zu dem er es noch erworben hätte. Dieser Grenzpreis markiert die Wertvorstellung dieses Interessenten gegenüber dem Kaufobjekt am Tag des Erwerbs.

Die Wirtschaftswissenschaft bezeichnen diesen Vorteil als *Konsumentenrente.*

Die Immobilientransaktion mit dem am Ende ausgehandelten Preis realisiert sich stets innerhalb einer mehr oder minder großen Bandbreite subjektiver Wertvorstellungen. Er spiegelt eine von vielen denkbaren Vereinbarungsmöglichkeiten wider. Der Preis könnte höher oder niedriger liegen als der tatsächlich vereinbarte. Er ist einerseits Ausdruck des jeweils gegebenen Informations- und Transparenzniveaus beider Vertragspartner – seien sie nun symmetrisch oder asymmetrisch – und andererseits Produkt der subjektiven Geschicklichkeiten beim Aushandeln des Kaufvertrages und der Tagesform, in der sich die Verhandelnden befinden.

Sollte vor diesem Erkenntnishintergrund die Aufgabe des Maklers definiert werden, müsste man sie so fassen: Er sei bestrebt, einem bestimmten Objektverkäufer denjenigen Interessenten zuzuführen, bei dem im Abschlussfall auf der Grundlage des gegebenen Informations- und Transparenzniveaus die Differenz zwischen den Grenzwertvorstellungen über das Objekt von Verkäufer und Käufer maximal ist. Der tatsächlich ausgehandelte Preis markiert dann den Schnittpunkt der Vorteilsproportionen zwischen Verkäufer und Käufer.

Der Makler profitiert an dem Geschäft dadurch, dass er für diese Leistung einen Teil des Gesamtvorteils in Gestalt der Provision erhält.

Mit diesem Wissen lässt sich leicht der nachstehende Einkaufsfehler vermeiden, bei dem der Makler dem Verkäufer vorschlägt, die Provision auf den Verkaufspreis aufzuschlagen. In diesem Fall wird die Provision scheinbar vom Käufer getragen, der einen Preis über den Wert hinaus bezahlt. Lässt sich der angestrebte Preis jedoch nicht erzielen, wird wegen des Aufschlags die Provisionsvereinbarung vom Verkäufer nachträglich infrage gestellt. Das vermeintliche Vorteils-/Nachteilsverhältnis zwischen Verkäufer und Käufer hat sich ins Gegenteil gewendet.

Es geht also darum, dem Kunden zu erklären, dass es den einen angestrebten Verkaufspreis nicht gibt, sondern sich dieser aus vielen Faktoren ableitet. Es gilt also, eine Preisuntergrenze zu ermitteln, die der Verkäufer nicht unterschreiten möchte. Erst dann geht es um die Provisionsgestaltung und um die Frage, ob diese als reine Innenprovision bzw. als Provisionsteilung vereinbart werden soll.

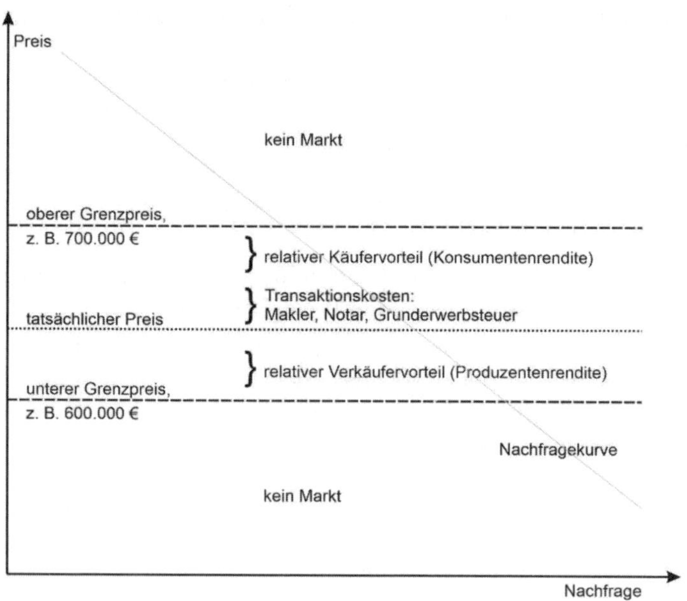

Abb. 1: Objektpreis, Käufer- und Verkäufervorteil

Der verhandelbare Preis ist in diesem Schaubild zwischen dem unteren und dem oberen *Grenzpreis* angesiedelt. Der untere Grenzpreis – die untere gestrichelte Linie – ist die Schmerzgrenze des Verkäufers. Ein Verkauf unterhalb dieses Preises lohnt sich für ihn nicht mehr. Er nimmt sein Objekt vom Markt. Ein Nichtverkauf ist für ihn vorteilhafter als ein Verkauf. Der obere Grenzpreis – die obere gestrichelte Linie – wird bestimmt durch den Käufer mit dem höchsten Wertbezug zu dem Objekt. Es handelt sich um den maximalen Preis, den dieser Kaufinteressent zahlen würde. Der Käufer wird jedoch versuchen, den Preis so weit nach unten zu handeln, dass er gerade noch zum Zuge kommt, um den nächstbesten Kaufinteressenten auszuschalten. Die Nachfragekurve ist exemplarisch mit eingezeichnet, sie verläuft von links oben nach rechts unten, d. h. dass die Nachfrage mit sinkenden Preisen zunimmt.

Mit diesem Exkurs wird aufgezeigt, in welchem Preiszusammenhang die Provisionszahlung an den Makler wie auch die Zahlung der übrigen Erwerbsnebenkosten stehen. Trotz der *Transaktionskosten*, die in Kauf genommen werden, ist das Geschäft in der Regel für beide Geschäftspartner, Verkäufer und Käufer, vorteilhaft.

4.5.2 Maklerklausel

Bei den sog. Maklerklauseln handelt es sich um einen Vertrag zugunsten Dritter. Dabei gibt es zwei Typen von Maklerklauseln: Die konstitutive Maklerklausel sowie die deklaratorische Maklerklausel.

Durch die *konstitutive Maklerklausel* wird der Makler als Dritter direkt begünstigt, indem er einen eigenständigen Zahlungsanspruch unabhängig von seinem Maklervertrag erhält. Sinngemäß sieht diese Klausel wie folgt aus:

Der vorliegende Kaufvertrag kam durch die Vermittlung des Maklers Mustermann zustande. Der Käufer erkennt an, dem Makler eine Provision in Höhe von x % vom Kaufpreis zu schulden.

Die konstitutive Maklerklausel – umgangssprachlich auch als „echte“ Maklerklausel bezeichnet – wird von den Notaren heute i. d. R. nur noch mit aufgenommen, wenn ein Vorkaufsrecht im Grundbuch eingetragen ist. In diesem Fall ist es zwingend für den Makler notwendig, seine Provision abzusichern, da er mit dem Vorkaufsberechtigten keinen Maklervertrag abgeschlossen hat und der Vorkaufsberechtigte nur in den Kaufvertrag und nicht in den bestehenden Maklervertrag einsteigt.

Im Gegensatz zu konstitutiven Klauseln begründet die *deklaratorische Maklerklausel* keinen eigenständigen Provisionsanspruch. Sie dient eher dem Nachweis. Durch die Aufnahme wird somit notariell beglaubigt, dass der Makler ursächlich für das Geschäft war. Dadurch können Käufer und Verkäufer im Nachgang nicht behaupten, der Makler hätte seine Leistung nicht erbracht und wäre nicht am Nachweis bzw. der Vermittlung beteiligt gewesen.

Sinngemäß lautet eine deklaratorische Maklerklausel wie folgt:

Käufer und Verkäufer bestätigen, dass die Vermittlung des Kaufvertrags durch den Makler Mustermann zustande gekommen ist und ihm für diese Leistung die vereinbarte Provision in Höhe von x € jeweils von beiden Seiten zusteht.

Damit ist der Makler gleichfalls gut abgesichert, müsste bei Zahlungsverweigerung eines Kunden jedoch seinen Anspruch erst gerichtlich einklagen. Hat er das Modell der Provisionsabwälzung gewählt, droht zudem weiterer Ärger, wenn der Verkäufer seinen Anteil nicht zahlt.

Ein weiteres Problem besteht darin, dass durch die Aufnahme der deklaratorischen Maklerklausel der Makler als Dritter durch den Kaufvertrag begünstigt wird. Dadurch wird eine Widerrufsbelehrung erforderlich. Erfolgt diese nicht rechtzeitig 14 Tage vorher, entfällt der Anspruch des Maklers, falls der Kaufvertrag widerrufen wird.

Daher sollte der Makler seinen Provisionsanspruch nie alleine auf die deklaratorische Maklerklausel stützen, sondern immer einen rechtsgültigen Maklervertrag schließen.

Im Gegensatz zur konstitutiven Maklerklausel, die einen eigenständigen Provisionsanspruch begründet, kann die deklaratorische Maklerklausel problemlos in den Kaufvertrag mit aufgenommen werden. Die deklaratorische Maklerklausel hat keinen Einfluss auf die Grunderwerbsteuer.

4.5.3 Weitergabeverbot

Ein gängiges Spiel für den Versuch, die Maklerprovision zu sparen, besteht darin, dass ein Strohmann die Immobilie anfragt und der eigentliche Kaufinteressent dann versucht, mit dem Verkäufer in direkten Kontakt zu treten.

Dieses Risiko lässt sich abmindern, indem ein Weitergabeverbot der Kontaktdaten des Eigentümers vereinbart wird. Bei persönlich nahestehenden Personen wie Ehepartner oder Geschwister gilt der Maklervertrag jeweils auch für die andere Person. Der BGH hat bereits 2007[23] in einem Fall, in dem zwei Geschwister jeweils eine Einheit in einem Objekt gekauft hatten, den Nachweis des Maklers für beide Parteien gesehen.

4.5.4 Aufwendungsersatz

Die Anspruchsgrundlage für Aufwendungsersatz findet sich in § 652 BGB Abs. 2:

Aufwendungen sind dem Makler nur zu ersetzen, wenn es vereinbart ist. Dies gilt auch dann, wenn ein Vertrag nicht zustande kommt.

Daraus folgt, dass der Makler bei Vertragsschluss den Aufwendungsersatz mit vereinbaren muss, wenn er diesen später geltend machen möchte. Der Aufwendungsersatz kann sich begrifflich nur auf direkte Auftragsbearbeitungskosten, nicht aber auf Fixkosten beziehen. Im Makler-Allein-Auftragsformular des Boorberg Verlags ist dies berücksichtigt, hier findet sich unter Ziffer 7 folgende Formulierung:

Der Makler hat Anspruch auf Ersatz nachgewiesener Aufwendungen, die sich unmittelbar aus der Auftragsbearbeitung ergeben, wie z. B. für Inserate, Exposés, Telefon, Telefax, Porti, etwaige Eingabekosten ins Internet und in ähnliche Kommunikationsdienste sowie Kosten für Besichtigungsfahrten.

23 BGH – III ZR 163/07 13.12.2007.

Der Aufwendungsersatz ist fällig mit Beendigung dieses Auftrages. Geleistete Aufwendungen sind auf eine etwa anfallende Maklerprovision aus diesem Auftrag in vollem Umfange anzurechnen.

Zur Geltendmachung eines Aufwendungsersatzes sollte dieser vollständig dokumentiert sein, da im Streitfall dem Makler die Beweislast obliegt. Pauschalierte Gebühren sind nicht zulässig; prozentuale Aufwendungsersatzklauseln hat der BGH bereits 1987[24] für ungültig erklärt.

Der Aufwendungsersatz kann theoretisch in den folgenden vier Konstellationen vereinbart werden:

A) Nur für den Erfolgsfall

In der Praxis ist die Vereinbarung eines *Aufwendungsersatzes zuzüglich Provision* bei Bestandsimmobilien nicht anzutreffen. Die Provision wird als Erfolgsvergütung inklusive aller Aufwendungen betrachtet. Ausnahmen findet man bei Bauträgeraufträgen. Hier ist es nicht unüblich, dass Kosten für Werbung ganz oder teilweise vom Bauträger getragen werden, wobei sich solche für den Makler positiven Vertragsgestaltungen üblicherweise in einer reduzierten Provision widerspiegeln.

B) Für jeden Fall des Nichterfolges

Diese Konstellation erweitert das Auftragsbearbeitungsbudget um den Aufwendungsbetrag. Dies ermöglicht dem Makler eine intensivere Auftragsbearbeitung, wodurch sich die Erfolgswahrscheinlichkeit erhöht.

C) Nur für bestimmte Fälle des Nichterfolges

Dieser Effekt tritt nicht ein, wenn der Aufwendungsersatz nur auf solche Fälle des Nichterfolgseintritts beschränkt wird, die der Auftraggeber zu vertreten hat und die der Makler nicht beeinflussen kann (Beispiel: Aufgabe der Verkaufsabsicht). Dieser Aufwendungsersatz dient ausschließlich der Entlastung des Kostenbudgets.

4.5.5 Wertersatzklausel bei Widerruf

Schließt der Makler den Maklervertrag außerhalb seines Büros oder fernmündlich, so steht dem Vertragspartner ein Widerrufsrecht für den Makler-

---

24 BGH IVa ZR 173/85 28.01.1987.

vertrag zu. Wie in Kapitel 3.5 erläutert, kann der Vertrag 14 Tage lang widerrufen werden, bei fehlender Widerrufsbelehrung sogar ein Jahr und 14 Tage.

Wenn der Makler auf Wunsch des Auftraggebers schon vor Ablauf der 14 Tage tätig werden soll, was i. d. R. der Fall ist, so empfiehlt es sich, gleich im Zuge der Widerrufsbelehrung eine sog. Wertersatzklausel zu vereinbaren.

Schließt ein Makler einen Verkaufsauftrag für das Objekt des Kunden und nimmt gleich in den nächsten Tagen die Vermarktungsaktivitäten auf (Fotografieren, Unterlagen beschaffen, Energieausweis beauftragen usw.), dann geht er ohne eine Wertersatzklausel ein vollständig in seiner Verantwortung liegendes Risiko ein.

Im Widerrufsformular des Boorberg Verlags ist solch eine Vereinbarung gem. § 357 Abs. 8 *BGB* vorgesehen. Zum einen muss der *Verbraucher* verlangen, dass der Makler vor Ablauf der Widerrufsfrist tätig werden soll:

Ich verlange ausdrücklich, dass Sie vor Ende der Widerrufsfrist mit der Ausführung der beauftragten Dienstleistung beginnen.

Zum anderen bestätigt er, dass ihm bewusst ist, dass sein Widerrufsrecht erlischt, wenn die Dienstleistung vollständig erbracht ist:

Mir ist bekannt, dass das Widerrufsrecht vor Ablauf der Widerrufsfrist erlischt, wenn die Dienstleistung vollständig erbracht wurde und mit der Ausführung der Dienstleistung erst begonnen wurde, nachdem ich meine ausdrückliche Zustimmung gegeben habe (§ 356 Abs. 4 BGB).

Und er wird darüber informiert, dass er einen Wertersatz zu leisten hat, wenn er seinen Auftrag innerhalb der Widerrufsfrist widerruft und der Makler schon Aufwendungen getätigt hat:

Haben Sie verlangt, dass die Dienstleistung während der Widerrufsfrist beginnen soll, so haben Sie uns einen angemessenen Betrag zu zahlen, der dem Anteil der bis zu dem Zeitpunkt, zu dem Sie uns von der Ausübung des Widerrufsrechts hinsichtlich dieses Vertrags unterrichten, bereits erbrachten Dienstleistungen im Vergleich zum Gesamtumfang der im Vertrag vorgesehenen Dienstleistungen entspricht.

5. Leistungsspektrum des Maklers

Das formale Leistungsspektrum des Maklers ist durch den Maklervertrag definiert und damit sehr übersichtlich. Die rechtlichen Vorgaben alleine reichen jedoch bei Weitem nicht aus, um am Markt langfristig erfolgreich zu sein. Daher sind die von Maklern erbrachten Leistungen sehr inhomogen. Dies bietet jedoch die Chance, das eigene Unternehmen durch einen umfangreichen Leistungskatalog positiv vom Wettbewerb anzusetzen.

Dieses Kapitel beschäftigt sich mit dem Leistungsspektrum des Maklers, das sich in Haupt- und Nebenleistungen unterscheiden lässt, und geht zudem auf Möglichkeiten ein, das Kerngeschäft durch Diversifikation breiter aufzustellen.

5.1 Haupt- und Nebenleistungen

5.1.1 Vermittlung, Aufklärung und Beratung

Makler erbringen ihre Leistung durch *Kommunikation*. Dabei sind unterschiedliche Kommunikationsqualitäten zu unterscheiden und gegeneinander abzugrenzen. Nicht leicht zu bestimmen sind die Grenzen zwischen der der Vermittlungstätigkeit immanenten *Aufklärungspflicht* eines Maklers und der *Beratung*. Für jeden Makler, der Verträge vermittelt oder Abschlussgelegenheiten nachweist, gilt der Grundsatz, dass der Auftraggeber über alle dem Makler bekannten Umstände aufgeklärt werden muss, die für die Abschlussentscheidung des Auftraggebers von Bedeutung sein können. Der Makler ist jedoch nicht verpflichtet, sich solche Kenntnisse durch Nachforschung zu verschaffen. Zwei Arten von Tatbeständen sind zu unterscheiden, die eine Aufklärung durch den Makler erforderlich machen. Einerseits sind es Fälle, in denen stets aufgeklärt werden muss (z. B. verborgene Mängel, absehbare Entwicklungen, die den Wohnwert der Umgebung beeinflussen können usw.), andererseits Fälle, bei denen eine Aufklärung nur dann erforderlich ist, wenn beim Auftraggeber subjektiv eine Aufklärungsbedürftigkeit gegeben ist. Beispielsweise muss ein Makler eine geschäftsunerfahrene Person über die Höhe der Erwerbsnebenkosten oder eine risikoreiche Vertragsgestaltungen aufklären.

Aufklärungspflichten sind sogenannte *Nebenpflichten*, die sich aus dem Grundsatz von Treu und Glauben aus dem Maklervertragsverhältnis ergeben. Es wird also ein Vertragsverhältnis vorausgesetzt.

Aufklärung kann hier schnell in *Beratung* umschlagen. Schlägt der Makler z. B. eine bestimmte Finanzierung vor, ist dies bereits ein Rat, den er erteilt. Entscheidend ist dabei, dass der Interessent diesen Rat in Erwägung zieht. Aus dessen Perspektive stellt sich der Makler als sachkundiger Berater dar. Der Interessent kann erwarten, dass der Rat objektiv richtig ist. Selbst wenn zwischen dem Makler und dem Kaufinteressenten kein Maklervertragsverhältnis besteht, kommt konkludent ein Beratervertrag zustande. Die Pflichten des Beraters gehen dabei weit über die Pflichten des klassischen Maklers, der nur nachweist und vermittelt, hinaus. Auf den Makler als Berater kommen nun auch *Nachprüfungs- und Erkundigungspflichten* zu, damit er in der Lage ist, seinen Rat zu verifizieren. Der Auftraggeber erwartet vom Makler, dass er alle Vor- und Nachteile, die das Geschäft mit sich bringt, für ihn abwägt – gegebenenfalls also auch vom Geschäft, das er als Makler gerne machen würde, abrät, wenn der objektive Befund dazu führt. Es ist klar, dass der Haftungsrahmen sich zulasten des Maklers in seiner Funktion als Berater erheblich erweitert.

Eine gute Vermittlung ist heute untrennbar mit Beratung verbunden, wenn der Auftraggeber nicht selbst sachkundig sein sollte. Beratung fördert die Entscheidungssicherheit der Kunden. Das Beratungsfeld wird durch die Kenntnis- und Interessenlage der Geschäftspartner bestimmt. Die Beratung umfasst somit nicht nur Fragen des Marktes und des Preises, sondern kann im Einzelfall auch Fragen der Finanzierung sowie der steuerlichen und der vertragsrechtlichen Gestaltungsmöglichkeiten umfassen. Soweit diese Beratung an die maklerische Hauptleistung angebunden bleibt, ist sie auch nach dem Rechtsdienstleistungsgesetz zulässig. Den Wandel vom klassischen Makler, der sich auf Nachweis- und Vermittlungstätigkeit beschränkt hatte, hin zum modernen Vermittler und Berater geht auch die Rechtsprechung mit. Die für Anlagevermittlung und Anlageberatung entwickelten *Haftungsgrundsätze* greifen gewissermaßen auf den modernen Makler über, der sich als Immobilienberater bezeichnet.

Soweit sich die Beratung aus der Maklertätigkeit ergibt, kann die Beratungspflicht auch rechtliche und steuerliche Aspekte umfassen. Jedenfalls kann sich ein Makler, der berät und dabei Aspekte nicht richtig oder unvollständig wiedergibt, nicht damit herausreden, er sei durch das Rechtsdienstleistungsgesetz gehindert gewesen, einen entsprechenden Hinweis zu geben.

Grenzen ergeben sich dort, wo Immobilienberatung in ein selbstständiges Leistungsangebot umgewandelt wird, etwa durch Gründung eines Consulting-Unternehmens oder durch Auslagerung der Beratungsfunktion in eine selbstständige Abteilung. In diesen Fällen kann es sich nur um eine Wirtschafts- bzw. Unternehmensberatung handeln. Beratung setzt stets *Unabhängigkeit* voraus – ein Merkmal freiberuflicher Tätigkeit. Bei einer Loslösung der Beratungsfunktion von der „gewerblichen“ Maklertätigkeit und der Überführung in die freiberufliche Beratung sind Vertragsbeziehungen zu Rechtsanwälten, Wirtschaftsprüfern und Steuerberatern anzustreben. Alternativ kann auf die Beratungsleistung der Verbände zurückgegriffen werden, die es Maklern ermöglicht, rechtlichen oder steuerlichen Rat für ihre Auftraggeber einzuholen.

5.1.2 Wohnraumvermittlung

Die *Wohnraumvermittlung* ist durch die Einführung des sog. Bestellerprinzips deutlich zurückgegangen. Beauftragt ein Vermieter einen Makler mit der Vermittlung seiner Wohnung, so trägt dieser die Vermittlungsprovision. Vermieter, die sich die Vermittlungsprovision sparen möchten, versuchen daher erst einmal, die Vermietung alleine durchzuführen. Dabei greifen sie oftmals auf digitale Serviceleistungen von Internetplattformen zurück, die den Vermietungsprozess bzw. Teile des Vermietungsprozesses digital abbilden. Die Kombination aus veränderten rechtlichen Rahmenbedingungen sowie die rasante technische Entwicklung haben das Marktsegment Vermietung deutlich verkleinert.

Die daraus resultierende Konsolidierung des Marktes hat jedoch auch ihre positiven Seiten. Unternehmen, die tatsächlich nur die Wohnung aufgeschlossen haben und für den Vermieter keine erkennbaren Serviceleistungen erbracht haben, sind vom Markt verschwunden. Professionell arbeitende Makler, die den Vermittlungsprozess zuverlässig und kompetent durchführen, sind weiterhin in diesem Segment tätig.

Ein geringes Volumen an zu vermittelnden Mietobjekten trifft auf ein breites Umfeld an Maklern, die in der Wohnraumvermittlung aktiv sind, was auf die Provisionen drückt. Wer erfolgreich in diesem Segment tätigt sein möchte, muss daher einerseits seine Leistungen exzellent und transparent darstellen, andererseits seine Kosten im Griff haben, damit er im Wettbewerb bestehen kann.

Die *gewerbliche Immobilienvermietung* erfolgt zunehmend durch große internationale Gewerbemakler sowie Projektentwickler, Vermögensverwaltungsgesellschaften und Unternehmen, die Leistungen im Bereich des Facility Managements anbieten. Der Markt für den lokalen Makler ist auf diesem Sektor kleiner geworden; Erfolg haben nur die Makler, die sich gleichfalls auf Gewerbeimmobilien spezialisiert haben. Es ist damit zu rechnen, dass in den nächsten Jahren die kleinen Makler, die sich nicht fokussieren, weitere Umsatzanteile verlieren werden.

5.1.3 Nebenleistungen

Zur Absicherung und Beschleunigung des Erfolgseintritts bieten Makler für ihre Auftraggeber weitere Leistungen. Zu diesen sog. Nebenleistungen zählen u. a. Beratungs-, Bewertungs-, Betreuungs- und weitere Serviceleistungen.

Während der Nachweis von Vertragsabschlussgelegenheiten und die Vertragsvermittlung vom Gesetzgeber definierte Voraussetzungen für einen Provisionsanspruch sind, handelt es sich bei Beratung, Immobilienbewertung, Betreuung und beim Service um Leistungen, die im Rahmen eines Maklervertrages keine zusätzlichen Ansprüche begründen. Sie werden freiwillig erbracht. Zu unterscheiden ist deshalb zwischen *unmittelbar erfolgsorientierten Hauptleistungen* und nur *mittelbar erfolgsorientierten Nebenleistungen*. Letztere Leistungen sind abhängig von der Art des Hauptvertrags und lassen sich in einer Vierfelder-Matrix darstellen.

Tabelle 4: Nebenleistungen des Maklers

Nebenleistungen	Miete	Kauf
Wohnen	• Mietpreisbestimmung (Mietenspiegel, Mietpreisbremse, Mietendeckel) • Wohnungsübergabe • Umzugsservice	• Wertermittlung • Gebäudezustandsanalyse • Analyse von Aufwertungsmöglichkeiten • Bonitätsüberprüfung des Interessenten • Energie-Beratungsleistungen • Finanzierungsvermittlung (Käuferseite)
Gewerbe	• Flächenberechnung • Beratung Versicherungsbedarf • Umzugsservice • Relocation-Service.	• Standort- und Strukturanalysen • Wirtschaftlichkeitsberechnungen • Projektorientierte Wertermittlung • Passantenfrequenz-Analyse • Erstellung von PR-Konzepten

5.1.4 Monetarisierung von Nebenleistungen

Leistungen, wie sie in der Leistungsmatrix dargestellt sind, werden überwiegend durch die Erfolgsprovision abgedeckt. Zu überlegen ist, welche Gestaltungsmöglichkeiten das deutsche Rechtssystem zulässt, um diese zusätzlich zu honorieren. Grundsätzlich sind drei Wege denkbar.

A. Stellschraube Provisionshöhe

Die erste Möglichkeit besteht darin, die Erfolgsprovision in einer Höhe zu vereinbaren, durch die die Kosten, der Zeiteinsatz und die zusätzlichen Haftungsrisiken, die sich durch die zusätzlichen Leistungen ergeben, ausgeglichen werden. Voraussetzung dabei ist die Vereinbarung von leistungsverpflichtenden Alleinaufträgen. Die zu vereinbarende Provision wird dann im oberen Bereich des marktüblichen Provisionssatzes liegen oder diesen sogar leicht überschreiten. Hinzu kämen innerhalb des Maklervertragsrahmens noch mögliche Aufwendungsersatzvereinbarungen zumindest für die Fälle, die die Negativwirkungen des Prinzips der Entscheidungsfreiheit begrenzen. Sofern Aufwendungsersatzpauschalen vereinbart werden, darf es keinen Unterschied zwischen Erfolgs- und Nichterfolgsfall geben. Das bedeutet, dass der Aufwendungsersatz auch im Erfolgsfall zu bezahlen ist und nicht bei der Provision „angerechnet“ wird. Andernfalls würde dies der Rechtsprechung einen Beurteilungsspielraum eröffnen, der den Provisionsanspruch gefährden könnte.

B. Stellschraube Parallelverträge

Die zweite Möglichkeit besteht darin, parallel zum Maklervertrag einen zusätzlichen *Dienstleistungsvertrag* abzuschließen, der eine Vergütung für diese Leistungen vorsieht und sie damit zu Hauptleistungen des Unternehmens macht. Dabei muss rechtlich sichergestellt werden, dass es sich um zwei voneinander unabhängige Regelungsbereiche handelt, die den Einwand ausschließen, es handle sich um einen Umgehungstatbestand. Dazu bedarf es bei der Vereinbarung eines verpflichtenden konkreten Leistungskataloges, der einen klaren Leistungsanspruch des Auftraggebers enthält. Auch hier ist es notwendig, die Leistungsvergütung von der Erfolgsprovision vollständig abzukoppeln.

Das zu vereinbarende Honorar muss sich an den vom Auftraggeber aus dem Leistungskatalog abgerufenen Einzelleistungen orientieren.

Die Leistung kann entweder innerhalb des Maklerunternehmens erfolgen (entsprechende Abteilungsbildungen neben der Maklerabteilung) oder durch Gründung eines Consulting-Unternehmens, das für die nicht maklertypischen Leistungen zuständig ist *(Outsourcing)*.

C. Umkehrung von Haupt- und Nebenleistungen

Die dritte Möglichkeit besteht in der schlichten Umkehrung von Haupt- und Nebenleistungen.

Damit wird Abschied von der Maklertätigkeit genommen. Die Vereinbarung einer erfolgsbezogenen Gebühr scheidet aus. Aus dem Makler wird ein Verkaufsberater. Ziel der Verkaufsberatung ist es, dem Verkäufer einer Immobilie zu einem optimalen Verkaufsergebnis zu verhelfen und dabei vor allem die Randbedingungen, etwa die steuerlichen Konsequenzen, die Wiederanlagemöglichkeiten und dergleichen mit zu berücksichtigen.

Der Beratungsbedarf auf der Nachfrageseite des Immobilienmarktes ist dabei höher als auf der Angebotsseite.

5.1.5 Service

Der letzte hier anzusprechende Aspekt ist der *Service der Makler*. Serviceleistungen sind unentgeltliche Einzelleistungen, die von Maklern erbracht werden können, die entweder über ein Spezial-Know-how oder über Beziehungen zu Partnerunternehmen verfügen, die transaktionsnahe Leistungen erbringen können. Ausgehend von den Vereinigten Staaten von Amerika haben sich auch in Deutschland Unternehmen etabliert, die Services für Maklerunternehmen anbieten, z. B. Homes-Staging Anbieter, die die gemeldeten verkäuflichen Objekte in einen präsentablen Zustand versetzen, um dadurch die Verkaufschancen zu erhöhen. Aber auch Rasenmähdienste, Malerdienste, Ausstattungsservice und Umzugsservices werden zunehmend angeboten.

Auch bei der Anfertigung von Objektunterlagen gibt es zahlreiche Services. Angefangen von Fotoaufnahmen über Objektvideos bis hin zu Grundriss-Erstellung, 360°-Touren, Immobilienbewertung und Interessentenvorauswahl gibt es inzwischen keine Nische mehr, die nicht durch ein entsprechendes Unternehmen aus der IT-Technologie besetzt wäre. Diese Unternehmen, kurz *PropTechs* (eine Wortschöpfung aus Property = Eigentum und Technology = Technologie) genannt, haben inzwischen alle Teil-Servicebereiche besetzt und treten je nach Ausrichtung auch in die direkte Konkurrenz zu den Maklern.

Auch die *Energieeinsparverordnung* hat für einige Makler ein neues Betätigungsfeld geschaffen. Die Erstellung von *Energiebedarfsausweisen* kann mit der erforderlichen Zusatzqualifikation auch von Immobilienmaklern durchgeführt werden. Für Makler, die sich auf Denkmalschutz- oder Sanierungs-

Immobilien spezialisiert haben, könnte auch die Qualifikation zum Energie-Effizienzberater interessant sein.

Dies sind nur einige Beispiele für berufsständische Entwicklungsmöglichkeiten. Als Dienstleister an den Nahtstellen der Immobilienmärkte sollten vor allem jene im Vordergrund stehen, die sich aus der Ausschöpfung der im zentralen Marktleistungsbereich anfallenden Kenntnisse, Fähigkeiten und Kommunikationen ergeben.

Die Erbringung solcher Leistungen erfordert entweder umfangreiche Zusatzqualifikationen oder den Aufbau eines zuverlässigen Netzwerks von Dienstleistern und Handwerkern, Umzugsfachleuten und Gutachtern bis hin zu Technischen Überwachungsvereinen (TÜV).

5.1.6 Fünf Phasen der Auftragsbearbeitung

Die nachstehende Leistungsübersicht enthält wesentlichen Punkte, die üblicherweise bei einer Kaufvertragsvermittlung anfallen. Je nach Objekt können einzelne Unterpunkte entfallen oder weitere Aufgaben erforderlich sein. Bei neueren Immobilien sind i. d. R. Grundrisse, Flächenberechnungen, Energieausweis usw. vollständig vorhanden. Bei älteren Bestandsobjekten fehlen solche Dokumente häufig und müssen neu erstellt werden. Der Aufwand für Objekt- und Marktanalysen wird bei einer Eigentumswohnung geringer ausfallen als bei einem Mehrfamilienhaus mit Wohn- und Gewerbeeinheiten.

Akquisephase

- Erstgespräch (Kundenqualifizierung)
- Objektbesichtigung
- Unterlagenbeschaffung
- Objektbezogene Marktanalyse (Marktstruktur, Konkurrenzangebote, Nachfragepotentiale, Marktentwicklung)
- Objektanalyse (Grundbuch und Kataster, Analyse der Baurechtssituation, Baurechtsreserven)
- Standortanalyse (Kindergarten, Schulen, Ärzte, Einkaufsmöglichkeiten, Verkehrsanbindung usw.)
- Immobilienbewertung
- Angebotspreisfindung

Vermarktungsphase

- Erstellung Werbekonzept (Zielgruppe, Marketingmaßnahmen)
- Exposé-Erstellung (Objekt- und Lagebeschreibung, Fotos, Grundrisse, 360°-Tour, Video, Energieausweis)
- Homestaging
- Immobilienportale, Maklerhomepage, Social-Media-Kanäle
- Interessentenvorauswahl (Scheininteressenten ausfiltern)
- Organisation und Dokumentation der Objektbesichtigungen
- Interessentenauswahl
- Bonitätsprüfung

Verhandlungsphase

- Vermittlung zwischen Verkäufer und Interessent
- Kaufvertragsvorbereitung in Zusammenarbeit mit dem Notar
- Hilfe bei der Zusammenstellung der Finanzierungsunterlagen
- Einholung der Finanzierungsbestätigung

Vertragsphase

- Unterstützung beim Kaufvertragsentwurf
- Koordination und Begleitung zum Notartermin
- Hinweis auf erforderliche Versicherungen
- Vermittlung von regionalen und zuverlässigen Handwerkern
- Übergabeprotokoll und Schlüsselübergabe

Nachvertragsphase

- Rechnungsstellung
- Einholen von positiven Bewertungen (Google, Facebook, Bewertungsportale wie ProvenExpert, eKomi etc.)
- Bitte um Referenzschreiben für Maklerhomepage
- Anfrage von Kontaktempfehlungen
- Kundenbindung (jährliche Glückwunschkarte, Aufnahme in Kundenbindungsverteiler usw.)

5.2 Diversifikation

Sowohl die zunehmende Verschärfung der Konkurrenzsituation im Bereich der Maklerdienstleistungen als auch die *Konjunkturanfälligkeit* des reinen Maklergewerbes ist für viele Maklerunternehmen der Grund, sich ein weiteres Standbein aufzubauen.

5.2.1 Immobilienbewertung

Der professionelle Makler ist täglich unmittelbar mit dem Markt konfrontiert. Auf dem Markt bilden sich die Preise, von denen die Verkehrswerte abzuleiten sind. Dieser Kenntnis- und Erfahrungsvorsprung prädestiniert den Makler, ins Bewertungsgeschäft einzudringen.

Die Qualität eines Bewertungsgutachtens hängt auch mit den Erkenntnissen über die tatsächlichen Marktverhältnisse zum Bewertungszeitpunkt zusammen. Hier verfügen Makler über einen natürlichen Kenntnis- und Erfahrungsvorsprung gegenüber Angehörigen anderer Berufe.

Der Anteil der Makler an den öffentlich bestellten und vereidigten bzw. zertifizierten Sachverständigen ist in den letzten Jahren stark gewachsen. Dies äußert sich auch darin, dass in den meisten Gutachterausschüssen inzwischen Makler mit der entsprechenden Qualifikation vertreten sind.

Die Markterfahrung des Maklers ist auch Grundlage für die Marktforschungsaktivitäten der Maklerverbände, die wiederum Basisdaten für Marktforschungsinstitute liefern.

Die vom IVD erstellten *Immobilienpreisspiegel* gehören zu den wichtigsten Informationsgrundlagen für Sachverständige und Behörden, die sich mit der Immobilienmarktentwicklung beschäftigen. Sie stellen ein unverzichtbares Pendant zu den Marktberichten der Gutachterausschüsse dar, die auf den Zahlen real abgewickelter Kaufverträge beruhen. Gutachterausschüsse ermitteln auf diesem Informationshintergrund Umrechnungs-, Vergleichs- und Anpassungsfaktoren, die Schlüsse auf zu bewertende Objekte ermöglichen.

Die *Marktdaten* von den Marktberichterstattern des IVD divergieren von denen der Gutachterausschüsse, dies ist systembedingt. Die Marktdaten des IVD basieren auf real abgewickelten Immobilienkaufverträgen. Die gewonnenen Informationen werden auf genau definierte Normobjekte heruntergerechnet, die dann Eingang in den Preisspiegel finden. Die Normobjekte sind konstante Größen, sodass sie für die Bildung präziser Zeitreihen- und Raumindizes verwendet werden können. Sie haben eine überregional gleichbedeutende *Richtwertfunktion.*

Die Zahlen der Gutachterausschüsse basieren dagegen auf den Daten abgeschlossener Verträge. Nur bei unbebauten Grundstücken wird abstrahiert und umgerechnet, wenn „Bodenrichtwerte" ermittelt werden. Bei den Preisen des *IVD-Preisspiegels* handelt es sich ausschließlich um ermittelte „Richtwerte" und nicht um real erzielte Einzelpreise.

Makler, die mit ihrer Bewertungskompetenz werben und diese als definierte Leistung im Rahmen des Maklergeschäfts erbringen, haften auch für diese Leistung. Ein Objektverkauf zu dem vom Makler vorab ermittelten Wert kann zu Schadensersatzansprüchen führen, wenn sich nachträglich herausstellt, dass die Wertermittlung fehlerhaft war und das Objekt unter Wert verkauft wurde. Der Makler haftet dann für den entgangenen Verkaufserlös. Allerdings gibt es einen Toleranzbereich, innerhalb dessen sich der Makler verschätzen darf.

Das OLG Karlsruhe (AZ 14 U 85/13) hatte einem Makler, der sich um rund 60.000 € verschätzt hatte, eine zulässige Abweichung von 20 % zugebilligt. Innerhalb des Toleranzbereichs begeht der Makler keine schuldhafte Pflichtverletzung. Der Makler hatte die Immobilie auf einen Wert von 210.000 € geschätzt, verkauft wurde sie für 207.500 €. Im Nachgang erfuhr der Verkäufer, dass seine Immobilie unter dem Marktwert verkauft wurde. Da sein ursprünglicher Erwartungsbetrag bei 249.000 € lag und er nur aufgrund des Gutachtens, das vom Makler gestellt wurde, sich auf den Verkaufspreis von 207.500 € einließ, verklagte er den Makler wegen Schlechterfüllung des Maklervertrags auf Zahlung von 66.000 € zzgl. Zinsen. Da die Abweichung über 20 % lag, entschied das OLG Karlsruhe zugunsten des Verkäufers. Der Makler wurde zur Zahlung von rund 54.000 € zzgl. Zinsen verurteilt.

Durch die Überschreitung des Toleranzbereichs haftet der Makler nicht nur für den Betrag, der über den Toleranzbereich hinausgeht, sondern ist zum Schadensersatz zwischen dem Verkaufspreis und dem tatsächlichen *Verkehrswert* verpflichtet. Dadurch soll der Verkäufer so gestellt werden, als sei ihm der korrekte Verkehrswert übermittelt worden.

5.2.2 Projektberatung

Seit der Jahrtausendwende erfolgt die Ausbildung von Immobilienfachleuten in zunehmendem Maße auf der akademischen Ebene. Dabei wird ein Kompetenzspektrum vermittelt, das zur Grundlage für den Aufbau von Immobilienberatungsunternehmen (Consultinggesellschaften) wurde. Vielfach geschah dies zunächst noch im Schatten einer Maklerorientierung oder im Bereich des Immobilienmanagements. Immer mehr verselbstständigt sich jedoch die Immobilienberatung zu einem ausschließlichen Unternehmenszweck.

Die Projektberatung ist nach wie vor ein Nischengeschäft, doch gibt es inzwischen eine nicht unerhebliche Anzahl von Maklerunternehmen, die verschiedene Projektberatungsleistungen anbieten. Analog zur Entwicklung der Bewertungssachverständigen werden aus Immobilienmaklern nun Immobilienberater. Sie beraten Unternehmen, die sich mit der Konzeption und Umsetzung immobilienwirtschaftlicher Projekte befassen. Einzelgegenstände der Projektberatung können beispielsweise sein:

- Immobilienobjektanalysen, z. B. als Grundlage für eine Bewertung
- Baurechtsanalysen, etwa für einen Bauträger
- Lageanalysen für ein Logistikunternehmen
- Marktanalysen für Immobilieninvestitionen
- Verwertungsanalysen, etwa bei Abbruchobjekten
- Beratung bei Pflege- und Seniorenimmobilien
- Bauzustandsanalysen als Informationsplattform für eine Bewertung
- Portfolioanalysen zum Zweck der Anlageberatung usw.

Jede Projektberatung ist entsprechend der DIN 69901 sachlich und zeitlich durch das Projektziel und die Dimensionen des Projektes begrenzt. Der Projektberatungsvertrag kann aus wichtigem Grund, z. B. bei Aufgabe des Projektes durch den Auftraggeber, gekündigt werden. Ansonsten endet der Vertrag mit dem Abschluss des Projektes.

An dieser Stelle sei auf den „*Projektberatungsvertrag* Bereich Immobilienwirtschaft“ aus dem Formularsortiment des Richard Boorberg Verlages verwiesen. Im Vertrag wird zwischen allgemeinen und projektbezogenen Beratungsbedingungen unterschieden. Umfangreiche Erläuterungen stehen dem Verwender dieses Formulars zur Verfügung. Rechtliche Grundlage des Vertrages ist die entgeltliche Geschäftsbesorgung, die im Rahmen eines Dienstvertrags nach BGB vereinbart wird.

Von der Projektberatung unterscheidet sich die zeitlich unbegrenzte Beratung, die den laufenden Beratungsbedarf von Unternehmen abdeckt. Man könnte auch von einer ständigen Prozessoptimierung sprechen, etwa im Bereich der Bewirtschaftung von Immobilien, wobei es darauf ankommt, die Prozessabläufe den sich laufend ändernden Bedingungen anzupassen. Vor allem Betriebskosten, aber auch Mietanpassungsmöglichkeiten können im Interesse der Wirtschaftlichkeit des Hausbesitzes Beratungsgegenstand sein.

Eine andere Variante des Beratungsvertrages ist ein Rahmenvertrag, der einmal abgeschlossen wird, und auf dessen Grundlage ein Unternehmen jederzeit Beratung „abrufen“ kann.

5.2.3 Verkaufsbetreuung

Zu unterscheiden ist zwischen der Verkaufsbetreuung und der Verkaufssteuerung. Der Verkaufsbetreuer handelt stellvertretend für den Verkäufer in dessen Namen und auf dessen Rechnung in Sachen Immobilienverkauf. Ein Verkaufssteuerer steuert das Verkaufsgeschehen für den Immobilienverkäufer im Hintergrund und tritt nach außen nicht in Erscheinung.

In der Immobilienwirtschaft kennt man Betreuungsleistungen im Rahmen der Objektbetreuung (in der Spannbreite zwischen Hausverwaltung und *Gebäudemanagement* bzw. *Facility Management*) oder der Baubetreuung (die im vorbereitenden Teil auch im Rahmen der „Projektentwicklung“ für fremde Rechnung eine Rolle spielt). Bei der maklerspezifischen Entwicklung hin zur Verkaufsbetreuung ist zu unterscheiden, ob die Betreuung als „Nebenleistung“ zur „Hauptleistung“ der Vermittlung hinzukommt. Der Bedarf an Verkaufsbetreuungsleistungen findet sich im Bereich komplexer Transaktionen vor allem bei Gewerbeimmobilien.

Der Verkaufsbetreuungsvertrag ist eine Alternative zum Maklervertrag. Verkaufsbetreuung ist dann zu bevorzugen, wenn die Komplexität oder unüberschaubare Marktverhältnisse für Makler ein übergroßes Risiko darstellen würden. Der Verkaufsbetreuer kann im Geschäftsverkehr nicht gleichzeitig als Makler auftreten. Der grundlegende Unterscheid zwischen Makler und Verkaufsbetreuer besteht darin, dass auf den Makler konsequent das Maklerrecht anzuwenden ist, auf den Verkaufsbetreuer der Vertrag über die entgeltliche Geschäftsbesorgung in Verbindung mit dem Dienstvertragsrecht.

Das Leistungsspektrum eines Verkaufsbetreuers ist relativ umfangreich. Es empfiehlt sich, einen Formularvertrag wie den Verkaufsbetreuungsvertrag des Richard Boorberg Verlags zu verwenden, um keine Punkte bezüglich der Rechte und Pflichten auszulassen.

5.2.4 Investment- und Vermögensberatung

Die Zahl der Haushalte mit größeren Vermögensmassen nimmt kontinuierlich zu (Stichwort *Erbengeneration*). Damit vermehrt sich die Zahl der Haushalte, die in den Fokus professioneller *Vermögensverwalter* geraten. Gegenüber reinen Maklern verfügen sie über Fachwissen, um Immobilieninvestments professionell zu begleiten, indem sie Anlagekonzepte entwickeln und die komplette Immobilientransaktion für ihre Kunden durchführen. Makler, die nur Vermittlungsleistungen anbieten können oder möchten, können zumindest durch gute Netzwerkkontakte zu Vermögensplanern und Vermögensbetreuern mit ihrer Anbindung an Kreditinstitute partizipieren. Sie müssen sich hierzu besondere Marktkompetenzen aneignen, damit sie Anfragen qualifiziert an ihre Netzwerkpartner weitergeben können.

Der Markt aktiv gemanagter Immobilienbestände von Privateigentümern wächst. Die Zahl der Immobilieneigentümer, deren Vermögensmasse nicht so beachtlich ist, dass sich hierfür Vermögensplanung und Vermögensbetreuung in institutionalisierten Betreuungsnetzwerken lohnt, geht hingegen zurück. Makler sind daher gut beraten, sich mit diesem Marktsegment vertraut zu machen.

5.2.5 Gebäudemanagement

Die Bedeutung der *Hausverwaltung* hat innerhalb der Immobilienwirtschaft zugenommen. Es handelt sich um einen weiter ausbaufähigen Geschäftsbereich. Das Hausverwaltergeschäft ist zwar kein Geschäft der großen Gewinne, dafür aber – ab einer bestimmten Größe – der sicheren Gewinne. Speziell die Zahl der Wohnungseigentümergemeinschaften nimmt stetig zu, ist also ein konstanter Wachstumsmarkt.

Die Entwicklung der Hausverwaltung geht in Richtung *Facility Management*. Der kaufmännische Bereich wird schon seit Langem von den bestehenden Hausverwaltungsunternehmen professionell abgedeckt. Stärker in den Vordergrund tritt der technische und der infrastrukturelle Leistungsbereich. Auch Wohnimmobilien können für diese Leistungen erschlossen werden. Als Facility Manager denkt man in *Lebenszyklen* der Immobilie. Zukünftige Entwicklungen, insbesondere Kostenentwicklungsprognosen, die in der Planungsphase eine erhebliche Bedeutung haben, werden antizipiert.

Bestandsimmobilien werden heute ebenfalls zunehmend stärker unter dem Blickwinkel der Lebenszyklen betrachtet. Energetische Sanierungen sind die Folge des *Nachhaltigkeitsprinzips*, nach welchem bei Konzeption von Instandhaltungs-, Modernisierungs- oder Revitalisierungsmaßnahmen zu verfahren ist. Insoweit kann Facility Management (FM) die klassische Miethausverwaltung durchaus bereichern.

Der Hausverwalter hat eine hohe Kompetenz im kaufmännischen Bereich. Diese kann er nutzen, um sein Netzwerk in Richtung FM auszubauen. Es ist zunehmend zu beobachten, dass in den Bereichen der *Gebäudetechnik*, der

Gebäudesystemtechnik und der *Gebäudedienstleistungen* zunehmend spezialisierte Unternehmen mit hoher Leistungskraft und Leistungsfähigkeit auftreten.

An dieser Stelle sind alle Unternehmen zu nennen, die Contracting-Leistungen anbieten. Dem Zeitgeist der Menschen folgend, die zunehmend Leistungen und Produkte nutzen möchten, ohne diese jedoch zu kaufen, können heute Leistungen und Produkte gemietet werden. Beim Energie- oder Wärme-Contracting geht es um die Bereitstellung bzw. Lieferung von Betriebsstoffen (Wärme, Kälte und Strom) zusammen mit dem Betrieb der zugehörigen Anlagen. Damit dringen die Contracting-Anbieter in die Domaine der Verwalter ein. Kooperation statt Konkurrenz sollte deshalb die Devise sein.

5.2.6 Orientierung auf Marktnischen

Der Wertschöpfungsbeitrag kommt durch die Digitalisierung sowie die Zunahme kostenfreier bzw. niedrigpreisiger Maklerleistungen verschiedener Institutionen zunehmend unter Druck.

Es empfiehlt sich daher in einzelnen Bereichen, Spezial-Know-how aufzubauen. Beispiele dafür sind Makler, die sich auf die Verrentung von Immobilien spezialisiert haben oder andere Makler, die regelmäßig Bieterverfahren einsetzen, um den bestmöglichen Verkaufspreis für ihre Auftraggeber zu realisieren.

Konkret gibt es drei unternehmerische Strategien, künftig im Konkurrenzkampf bestehen zu können:

1 Besetzen bzw. Verteidigen von Marktnischen. Voraussetzungen sind das Vorhandensein eines ausreichenden Spezialmarktes, das Vorliegen von *Marktkompetenz* und Verbreitung dieser Kompetenz in der öffentlichen Meinung (*Marktnischenstrategie*).

2 Beteiligung an einem *Netzwerk* von gewerblichen und/oder freiberuflichen Dienstleistern rund um die Immobilie, in dessen Rahmen z. B. die Vermarktung oder die Verwaltung von Immobilien als Spezialaufgabe übernommen wird *(Netzwerkstrategie)*.

3 Erreichen einer *Zusatzkompetenz* in einem marktnahen Bereich. Das kann sich beziehen auf Vermögensberatung, Finanzierung, Immobilienbewertung (Zusatzkompetenzstrategie).

6. Marktfunktionen des Maklers

Die Fungibilität, d. h. die Austauschbarkeit oder Ersetzbarkeit von Gütern, ist bei Immobilien aufgrund ihrer hohen Individualität – meist sogar Einzigartigkeit – sehr gering. Dies macht es schwierig, „vergleichbare" Immobilien zu finden. Eine weitere Besonderheit ist, dass die Handelbarkeit von Immobilien starken Einschränkungen unterliegt. Zum einen sind sie standortgebunden, stehen somit nur einem eng begrenzten Nachfragekreis gegenüber, zum anderen ist der Erwerb mit hohen Transaktionskosten verbunden.

Makler machen das Angebot am Markt durch die Objektaufnahme und -aufbereitung erst für Nachfrager sichtbar. Je mehr Objekte über Makler vermittelt werden, desto transparenter ist der Markt. Privatverkäufe laufen überwiegend über das persönliche Netzwerk des Verkäufers und stehen somit häufig nur einem eng begrenzten Teilnehmerkreis zur Verfügung.

Dieses Kapitel geht auf die Transparenz von Märkten sowie die Varianten der Marktsegmentierungs- und Marktstrukturierungsmöglichkeiten ein.

6.1 Transparenzfunktion des Maklers

Die Frage nach der *Transparenz des Immobilienmarktes* ist eine Frage der auf Erkenntnisgewinn zielenden Marktdurchdringung. Die Marktdurchdringung hing bis zum Aufkommen des Internets mit seinen Immobilienportalen vom *Organisationsgrad des Immobilienmarktes* ab. Heute laufen fast alle Angebote – unabhängig, ob sie von einem Makler oder einem Privatverkäufer stammen – über Internetportale. Da es mehrere Anbieter gibt, wird der Markt nicht in einem einzigen Portal abgebildet, doch hat der Immobilienmarkt heute eine Markttransparenz, die man sich noch Mitte der 90er-Jahre nicht ansatzweise vorstellen konnte.

Der Aktienmarkt bildet den Idealzustand eines organisierten (vollkommenen) Marktes ab, anfangs über den Parketthandel, heute über Online-Börsen organisiert. Angebot und Nachfrage beeinflussen den Preis, der in Echtzeit abgerufen wird. Gäbe es diese Börsen nicht, wäre der Markt unorganisiert. Als Folge wäre ein schrumpfendes Marktvolumen zu verzeichnen, da die Marktteilnehmer nur einen Bruchteil des tatsächlichen Marktes erfassen und analysieren könnten. Sie wären auf der Suche nach Veröffentlichungen der einzelnen Unternehmen, die Wertpapiere emittieren, angewiesen, um sich ein Bild über die Größe zu machen, die in einer Börsenkapitalisierung zum Ausdruck kommt. Dies gelänge höchst unvollkommen, zumal den meisten Privatanlegern das betriebswirtschaftliche Wissen für eine solche Beurteilung fehlt.

In dieser Situation wäre auch ein Immobiliennachfrager, wenn es auf einem Markt für Bestandsimmobilien keine Möglichkeit gäbe, Informationen über das vorhandene Angebot abzurufen. Der Nachfrager müsste selbst alle zum Verkauf stehenden Immobilien ausfindig machen und vergleichen. Diese Funktion haben bis Anfang 2000 die Immobilienmakler übernommen, die mit dem Inserieren von Angeboten in den Tageszeitungen dazu beigetragen haben, eine Markttransparenz herzustellen. Damals wurde die *Transparenzfunktion* des Maklers oft nicht erkannt. Daher wurde auch nicht wahrgenommen, dass die von Maklern jederzeit kostenlos abrufbaren Angebote die Grundlage für rationale Marktentscheidungen bildeten. Markttransparenz wird erreicht durch Informationsbeschaffung über Standort, Objektqualität und geforderten Verkaufspreis. Diese Kriterien bestimmen das jeweils aktuelle Angebot bzw. die aktuelle Nachfrage. Jedes Maklerbüro ist somit ein Informationspool über den regionalen Immobilienmarkt.

Der Bedarf an diesen Informationen, die der Makler bereitstellt, führt dazu, dass sich der Immobilienmarkt selbst organisiert. Er ruft Dienstleister hervor, von denen jeder Einzelne Marktinformationen abrufbar bereithält. Man kann von einer ersten Organisationsstufe des Marktes sprechen. Es handelt sich nicht um ein institutionalisiertes, sondern um ein spontanes Organisationsgebilde.

Der Transparenzbeitrag der Makler insgesamt erhöht sich durch deren Bereitschaft, Immobilien auch über sog. *Gemeinschaftsgeschäfte* durchzuführen. Bei Gemeinschaftsgeschäften kooperieren zwei oder mehrere Makler. Je dichter das Kooperationsnetz der Makler ist, desto stärker wird die Marktrepräsentanz jedes einzelnen im Kooperationsnetzwerk agierenden Maklers. Das bedeutet, dass der Abruf von Angeboten durch Interessenten sich auf eine geringere Anzahl von Maklern beschränken kann, um zu einer Entscheidungssicherheit zu gelangen.

Gemeinschaftsgeschäfte zwischen Maklern sind die Vorbedingung für das Entstehen der zweiten Organisationsstufe des Marktes. Dabei handelt es sich um eine institutionalisierte Form der Organisation des Immobilienmarktes mit einer eigenen Trägerschaft. Man bezeichnet sie als *Immobilienbörsen.* An Immobilienbörsen findet der organisierte Informationsaustausch über aktuelle Immobilienangebote statt.

Eine besondere Form der Immobilienbörsen sind sog. *Maklerverbünde.* Sie zeichnen sich dadurch aus, dass sich die Mitglieder bei der Auftragsakquisition zu bestimmten Vertragsstandards verpflichten (Alleinaufträge, Innenprovision) sowie zur Eingabe aller akquirierten Objekte in einen gemeinsamen Objektpool. Jedes Mitglied wird damit in die Lage versetzt, alle Kollegenangebote abzurufen und anzubieten. Der Objektmakler erhält die Provision vom Objektanbieter, der Interessentenmakler vom Käufer/Mieter.

Die Immobilienbörsen dokumentierten durch die Nutzung gemeinsamer Datenbanken – in der Anfangszeit noch über Datenträger und Btx, später über das Internet organisiert – die Notwendigkeit und Vorteile zentraler Datensammlung. Die rasante Entwicklung führte schließlich zu den bekannten Immobilienportalen im Internet. Mit dem Einzug dieser Medien wurde die Funktion der Immobilienbörse als Immobilieninformationszentrum weitgehend obsolet. Die Hauptaufgabe der Immobilienbörsen und Maklerverbünde ist heute somit nicht mehr die Erzeugung von Angebotstransparenz, sondern die Pflege des institutionalisierten Gemeinschaftsgeschäftes.

Seit *Immobilienportale* im Internet zu den wichtigsten Präsentations- und Angebotsmedien geworden sind, was für Interessenten den Suchaufwand erheblich reduziert, ist der Immobilienmarkt erheblich transparenter geworden. Die Transparenzfunktion der einzelnen Makler und der Maklerkooperationen hat sich weitgehend auf die Online-Portale verlagert. Die dort gebotenen detaillierten Suchraster sind denen der klassischen Printmedien weit überlegen. Die Konzentration auf wenige Immobilienportale erhöht zusätzlich die Transparenz. Zu ihr tragen vermehrt auch private Anbieter bei, die ihre Immobilien selbst über die Plattformen anbieten.

Die Inserierung in Internetportalen bietet erhebliche Vorteile gegenüber den Zeitungsinseraten. Zum einen erhält der Suchende eine wesentlich höhere Informationsqualität, zum anderen sind die Inserationskosten für den Anbieter immer noch günstiger als in Printmedien. Die Kosteneinsparungspotenziale ermöglichen es, Objekte in mehreren Immobilienportalen über einen längeren Zeitraum präsent zu halten. Wichtig für Makler ist es, im Rahmen der vorgegebenen Möglichkeiten das Angebot im Internet in der Kurzfassung so zu formulieren, dass es für die *Zielgruppe* problemlos auffindbar ist. Das Internet listet Angebote nicht zeitversetzt, sondern in Echtzeit, d. h. eine laufende Aktualisierung und Pflege des Objektbestands ist Pflicht.

Durch die Verlagerung der Transparenzfunktion vom Makler auf die Internetportale, auf die er in der Gesamtheit nur marginalen Einfluss hat, sinkt gleichzeitig die Bedeutung der Makler als Produzenten von *Markttransparenz*. Makler, die sich hinsichtlich ihrer Leistung ausschließlich auf den Nachweis zurückgezogen haben, sind durch die Transparenzwirkung der Portale am Wohnungsmarkt faktisch nicht mehr anzutreffen. Das Internet liefert heute vielfältige Informationen über Immobilienangebote sowie Immobilienmarktdaten. Zu berücksichtigen ist jedoch, dass die Makler mit ihrer hohen Nutzungsrate und ihren gut aufbereiteten Exposés die Basis der Transparenzfunktion der Portale bilden. Das Institut für Wirtschaftsinformatik und neue Medien der Ludwigs-Maximilians-Universität München kam bereits 2009 in seiner „ImmoStudie" zum Ergebnis, dass Online-Immobilienportale von 98,2 % (2008 noch 96,5 %) der befragten Immobilienunternehmen genutzt wurden. Die Inserate in den Zeitungen wurden 2009 von 82,9 % der Makler als Vertriebskanal genutzt (2008 waren es noch 88,6 %).

Die sinkende Bedeutung der Makler als Produzenten von Markttransparenz Anfang der 2000er-Jahre führte zu einer Neuausrichtung der Marktstrategie in der Maklerbranche. Makler begreifen sich heute nicht mehr als Immobilieninformanten, sondern als *Immobilienberater.* Die zunehmende Markttransparenz reduzierte den Mehrwert der Maklertätigkeit. Umso bedeutsamer wurde die Fähigkeit des Maklers, Käufer und Verkäufer davon zu überzeugen, dass der Verkauf bzw. Kauf einer Immobilie für beiden Seiten von Vorteil ist. Die Vermittlungs- und Beratungsfunktion des Maklers rückte in den Vordergrund. Die kostengünstige Verbreitung der Datenbankinformationen mittels Internet hat die ökonomische Existenz konventionell agierender Immobilienmakler besiegelt.

Dem Verlust der Transparenzfunktion durch die Immobilienportale stehen aber auch Bearbeitungs- und Kostenvorteile zugunsten des Maklers gegenüber. Dies haben die Immobilienportale jedoch erkannt und haben ihrerseits in den letzten 20 Jahren kräftig an der Preisschraube gedreht.

Die download- und ausdruckbaren *Objektinformationen* übertreffen hinsichtlich Qualität und Umfang die ehemaligen Printanzeigen bei Weitem. Selbst aufwendig gestaltete Exposé-Booklets können hinsichtlich der Informationstiefe und visuellen Aussagekraft nicht gegen 360°-Touren, virtuelle Rundgänge oder Objektvideos ankommen. Auch hinsichtlich der Geschwindigkeit der Informationsübermittlung, die online automatisiert erfolgt, kann der klassische Exposéversand nicht mithalten. Der Interessent kann unmittelbar mit dem Makler einen Besichtigungstermin vereinbaren. Die Kommunikationsschritte zwischen Makler und Interessent werden online automatisiert und auf ein Minimum reduziert, was die Effizienz steigert. Durch die umfangreiche Fotodokumentation, Videos oder 360°-Touren reduziert sich der Besichtigungsaufwand. Trotz steigenden Beratungsaufwands werden heute mehr Aufträge pro Makler abgewickelt als vor dem Internetzeitalter.

6.2 Zehn Thesen zum Thema Makler und Markt

Die nachfolgenden Thesen zum Thema *Makler und Markt* sind dem Rechtshandbuch Immobilien Bd. II von Kippes,[25] Rd. Nr.: 1-10 entnommen. Sie dienen der Grundorientierung für die folgenden Ausführungen.

1 Der Maklerberuf existiert nur dort, wo es Märkte gibt. Bestimmte Märkte rufen Makler als Instrumente der Marktorganisation hervor.

2 Makler haben auf diesen Märkten die volkswirtschaftliche Aufgabe, den Markt, auf dem sie agieren, für die interessierte Öffentlichkeit transparent zu machen.

3 Dies geschieht, indem sie als Sammelstelle von „Vertragsabschlussgelegenheiten“ fungieren und zunächst kostenlose Informationen darüber für interessierte Marktteilnehmer über unterschiedliche Medien wie etwa ihre Homepage, Immobilienportale oder klassische Offline-Kanäle abrufbar machen. Ergänzend liefern sie unmittelbar oder über berufsständische Organisationen Marktinformationen und verbessern dadurch die Grundlagen für Marktentscheidungen.

4 Makler sind umso notwendiger, je komplizierter und undurchsichtiger das Marktgeschehen ist. Dies ist insbesondere beim Immobilienmarkt der Fall. Er zerfällt in eine unüberschaubare Anzahl von räumlichen und sachlichen Teilmärkten, was für alle beteiligten Akteure die Informationsgewinnung erheblich erschwert.

5 Stellte man sich vor, es gäbe schlagartig keine Makler auf den Märkten mehr, dann hätten wir einen sehr veränderten Markt vor uns. Er wäre gekennzeichnet durch eine unüberschaubare Anzahl von zufälligen Einzelbeziehungen zwischen Anbietern und Nachfragern mit der Folge willkürlicher, aus den Proportionen von Angebot und Nachfrage nicht mehr erklärbarer Einzelpreisbildungen. In der Regel fehlten den am Markt Agierenden die Informationen, die sie in die Lage versetzen, ihren Standort im Marktgeschehen einigermaßen zutreffend zu erkennen.

6 Auch diejenigen, die ihre Vertragsabschlüsse nicht über Makler vermitteln lassen, profitieren von den durch Makler produzierten Marktinformationen, wenn sie diese bei ihnen oder Dritten abrufen und so ihren Entscheidungen eine – die Möglichkeiten des Marktes berücksichtigende – rationale Grundlage geben.

7 Einerseits existiert jeder einzelne Makler aus dem Markt, andererseits produzieren die Makler insgesamt Marktumsätze, die ohne sie nicht

25 Kippes, Stefan: „Rechtshandbuch Immobilien“, Hrsg. Koeble/Grziwotz München 2019.

denkbar wären („Makler machen Märkte"). Makler fördern damit die Mobilität der Bevölkerung und die Transaktionen zwischen Kapital- und Immobilienmarkt. Man kann es auch anders ausdrücken: Makler machen Immobilien mobil.

8 Der einzelne Makler ist ganz auf den Markt ausgerichtet, auf dem er agiert. Deshalb ist die Grundvoraussetzung für seinen Erfolg, sich ständig mit dem Markt, seiner Struktur und seinen Veränderungen zu befassen.

9 Es ist grundsätzlich denkbar, dass Makler bis zu einem gewissen Grad in ihrer traditionellen Erscheinungsform ersetzt werden können durch andere Marktmedien, etwa im Rahmen der Informations- und Kommunikationstechnologie, speziell durch PropTechs. Die Makler haben es aber selbst in der Hand, sich für eine ständige Verbesserung der Organisation ihres Marktes einzusetzen und innovativ das Marktgeschehen zu optimieren. D.h. sie können diese neuen Technologien selbst in ihre Prozesse integrieren und damit für ihre Kunden deutlich an Wert gewinnen.

10 Ein Medium zur Verbesserung ihrer Marktfunktionen besteht für Makler im organisierten Zusammenschluss zum Zwecke der gemeinschaftlichen Bearbeitung von Verkaufsaufträgen. Sie erweitert bei jedem einzelnen Makler das für Kunden wichtige Marktinformationspotenzial. Würden alle Makler ihre Angebote in den gemeinsamen Informationspool eingeben, bräuchte ein Nachfrager sich nur noch an einen Makler seiner Wahl zu wenden, um über alle für ihn bedeutsamen Angebote informiert zu werden.

6.3 Marktsegmentierung

Der Makler hat im Rahmen seiner Zielvorstellungen nicht nur die von ihm zu erbringenden Leistungsarten zu definieren, sondern auch die Marktsegmente, die er bedienen will. Aus diesem Grund sind die Strukturen des Immobilienmarktes zu betrachten. Der Immobilienmarkt wurde einmal als „Markt der tausend Märkte" bezeichnet. Damit sollten die vielfältigen Erscheinungsformen zum Ausdruck gebracht werden, in denen er uns begegnet.

Der Immobilienmarkt, wie wir ihn verstehen, ist ein *Markt der Standorte*. Sowohl Standorte von Haushalten als auch Standorte von Unternehmen und Verwaltungen entstehen in Lagen, die geeignete Lagemerkmale aufweisen. Die Standortwahl und die Standortentscheidung folgen daher einem *Optimierungsprinzip*. Wer sich für einen Standort entscheidet, wird alle ihm zur Verfügung stehenden Möglichkeiten ausschöpfen, um das für ihn am besten geeignete Grundstück zu erwerben.

Kaufentscheidungen sind häufig nicht Individualentscheidungen, sondern Entscheidungen mehrerer Entscheidungsträger. Die getroffene Entscheidung ist dann stets eine Kompromissentscheidung, da die Aspekte aller Entscheider mit abgewogen wurden. Kaufentscheidungen von Wohnimmobilien werden i. d. R. im Familienkreis getroffen, Entscheidungen im Bereich von Gewerbeimmobilien häufig mit Unterstützung von kompetenten internen und externen Beratern. Dabei werden Argumente für und gegen ein Grundstücksangebot ausgetauscht, was zu einem Rationalisierungsprozess führt.

Die finanzielle Basis ist dabei regelmäßig der limitierende Faktor, der einen Interessenten zu einem aktuellen Marktteilnehmer macht. Durch intelligente Finanzierungskonzepte sowie die Ausschöpfung von Fördermöglichkeiten lässt sich der individuelle Handlungsspielraum erweitern.

6.3.1 Raumbedarf als Entscheidungsgrundlage

Zu den objektiven Entscheidungsmotiven gehört die Befriedigung eines bestimmten Raumbedarfs. Im gewerblichen Sektor handelt es sich um betriebliche Arbeitsplatzkalkulationen im Zusammenhang mit den Entwicklungszielen eines Unternehmens. Ein Unternehmen wird bei der Auswahlentscheidung über verfügbare Angebote eher Raumreserven akzeptieren, als eine zu kleine Raumdimensionierung zu wählen, die ein Wachstum behindert.

Auf dem Wohnsektor wird der *Raumbedarf* primär durch die Familiengröße bestimmt. Zusätzliche Flächen für Hobbys oder häusliche Arbeitszimmer fließen gleichfalls in die Flächenermittlung mit ein. Objektiv vorgegeben ist ein Rahmen, innerhalb dessen eine Bedarfsbefriedigung stattfinden kann. Ist die gewünschte Fläche am Markt nicht verfügbar, so kommen Objekte mit einer größeren Fläche eher als Alternative in Betracht als Angebote mit einem geringeren Flächenumfang. Konkret: Finanzierbarkeit stets unterstellt, kann im Zweifel eine fehlende 3-Zimmerwohnung in einem Ort durch eine 4-Zimmerwohnung leichter ersetzt werden als durch eine 2-Zimmerwohnung, das gewünschte Einfamilienhaus mit einer Wunschgröße von 150 m^2 Wohnfläche durch ein solches mit einer Wohnfläche von 180 m^2 leichter als durch ein Einfamilienhaus mit 120 m^2. Dabei ist klar, dass der Grenznutzen des letzten m^2 eines Raumnachfragers mit zunehmender Größe kleiner wird und mit abnehmender Größe größer. Dies erklärt auch die Struktur der *Substitutionswiderstände.*

Man kann also allgemein feststellen: Bei hohem Versorgungsniveau ist die „Bremswirkung" auf die Substitutionswilligkeit von Kaufinteressenten in Richtung Bedarfsbeschränkung stärker ausgeprägt als jene in Richtung Erweiterung des Bedarfspotenzials. Die Entwicklung verläuft dabei regional unterschiedlich. Der generelle Trend hat sich in den letzten Jahrzehnten in Richtung zu größeren Einheiten entwickelt, also von dem Einzimmerapartment hin zur Zwei- bis Dreizimmerwohnung. Die hohen Preissteigerungen in den Metropolregionen haben diesen Trend jedoch zum Erliegen gebracht und teilweise sogar umgekehrt.

Ein Makler muss bei Erstellung eines *Bedarfsprofils* seiner Interessenten solche Substitutionsmöglichkeiten, die er zum gegebenen Zeitpunkt im Rahmen seines Angebots bieten kann, berücksichtigen, wenn er nicht Enttäuschung bei den Interessenten durch unüberlegte Angebote produzieren will. Finanzierbarkeit vorausgesetzt ist ein Mehr an Bedarfsdeckung jedoch besser als ein Weniger.

Das Bruttoinlandsprodukt einer Volkswirtschaft und das Versorgungsniveau der Bevölkerung mit Wohnraum sind wesentliche Faktoren, die diese Entwicklung steuern. Sinkt das Bruttoinlandsprodukt und verringert sich dadurch das volkswirtschaftliche Versorgungsniveau, kann man sich nur noch weniger leisten. Die Bremswirkung auf die Substitution nach oben (zu größeren Einheiten) wird verstärkt und jene nach unten (zu kleineren Einheiten) reduziert.

6.3.2 Qualität als Entscheidungsgrundlage

Was für den Raumbedarf gilt, gilt auch für die Qualität, was unmittelbar nachvollziehbar ist. Die *Qualitätsanforderungen* sind – wie die des Raumbedarfs – jedoch eine Frage des Preises. Der Substitutionsspielraum ist bei hohem Versorgungsniveau nach oben relativ groß und nach unten relativ klein.

Im Gegensatz zu vorgegebenen Raumgrößen innerhalb einer Hausstruktur, die relativ starr sind, können vorgegebene Qualitätsmerkmale in der Regel verändert werden. Die Initiative kann dabei vom Vermieter/Verkäufer oder vom Mieter/Käufer ausgehen.

Im Mietwohnungsmarkt erfolgt die Anhebung der Qualität üblicherweise durch eine Modernisierung durch den Vermieter. In seltenen Fällen wird der Mieter aktiv, man spricht dann auch von Mietermodernisierung. Im gewerblichen Immobiliensektor, wo ein größerer vertraglicher Freiheitsspielraum herrscht, spricht für die Übertragung der Entscheidung über Modernisierungs- und Umbaumaßnahmen auf Mieter die Verwaltungsvereinfachung auf der Vermieterseite. Auch entstehen keine Investitionskosten auf Vermieterseite, was aber durch Verzicht auf modernisierungsbedingte Mietanhebungen ausgeglichen wird. Die Gefahr der Wiederverwertungsoptionen durch die „Mietermodernisierung“ nach Ablauf der Mietzeit kann durch vertragliche Vereinbarungen begrenzt werden.

Bei Modernisierungen sind die Auswirkungen der Investition auf den Mietpreis zu berücksichtigen. Dies kann je nach Miethöhe, steuerlicher Situation und Kapitalverfügbarkeit für Mieter und Vermieter ganz unterschiedlich aussehen. Trägt der Vermieter die Modernisierungskosten, so kann er diese über die Modernisierungsumlage an den Mieter weiterberechnen. Die Modernisierungsumlage ist eine besondere Form der Mieterhöhung und in § 559 BGB geregelt. Hierzu müssen bestimmte Voraussetzungen vorliegen wie die Erhöhung des Wohnwerts, nachhaltige Energieeinsparungen oder bauliche Änderungen, die der Vermieter nicht zu vertreten hat. Neben diesen baulichen Voraussetzungen sind eine ganze Reihe formaler Regeln einzuhalten. Sind alle notwendigen Voraussetzungen gegeben, kann der Vermieter 11 % der Modernisierungskosten pro Jahr umlegen. Je 1.000 € Nettoinvestition kann der Vermieter dann die Miete um 110 € pro Jahr, d. h. rund 9 € pro Monat, erhöhen.

Vermieter können also qualitätsbedingte Differenzierungen des Angebots durch entsprechende Maßnahmen steuern. Der Makler kann durch Beratung und entsprechende Initiativen Einfluss auf die Marktfähigkeit von Wohnraum nehmen.

Was für Mietobjekte gilt, gilt ebenfalls für Kaufimmobilien. Auch hier können Modernisierungsmaßnahmen zu einer Anpassung an eine durch höhere Ansprüche geprägte Nachfragesituation führen. Die Politik widmet sich den Bestandssanierungen insbesondere durch Förderungen von Maßnahmen im Bereich barrierefreies Wohnen sowie energetischen Sanierungen.

6.3.3 Baujahr als Entscheidungsgrundlage

Nutzbare Immobilien aller Art unterliegen im Zeitverlauf Verschleißerscheinungen. Der technische Baufortschritt führt außerdem zu sich laufend verbessernden Wohnqualitäten. In Amerika entwickelte sich auf dieser Beobachtungsgrundlage die *Filtering-Theorie.* Sie geht davon aus, dass Wohnraum einer Abnutzung unterliegt und mit sinkender Wohnqualität auch die erzielbare Miete abnimmt. Mieter, die der höheren Einkommensschicht angehören, steigen demzufolge auf Wohnungen um, die steigenden Qualitätsansprüchen gerecht werden. Die freiwerdenden Wohnungen werden an Mieter vermietet, die sich vom Einkommen her gesehen keine besseren Wohnungen leisten können. Dieser Prozess kann sich in der Folge wiederholen, sodass am unteren Ende für die Bezieher der niedrigsten Einkommen die von ihrem Alterszustand gerade noch nutzbaren Wohnungen übrig bleiben.

Die Filtering-Theorie ist auf deutsche Verhältnisse nicht ohne Weiteres übertragbar. Im Gegenteil wird durch Stadtteilsanierungen, Soziale-Stadt-Projekte und Stadtumbauprojekte politisch ein solches Filtering-Down weitgehend verhindert. In vielen Fällen wird dagegen ein *Filtering-Up-Prozess* eingeleitet. Dieser kann wiederum durch das städtebauliche Instrumentarium der Erhaltungssatzung, insbesondere der Milieuschutzsatzung, abgebremst werden. Mieter, die wegen ihrer Einkommenssituation eigentlich in Wohnungen der niedrigsten Qualitätsstufe Zugang finden müssten, erhalten durch Subjekt- und Objektförderung die Möglichkeit, sich in Wohnungen einzumieten, die immerhin den Standard einer „Sozialwohnung" erfüllen.

In Deutschland gibt es mehr und mehr von Ausländern aus anderen Kulturkreisen bewohnte Stadtquartiere. In ihnen findet mangels Integrationsmöglichkeiten ein Eigenleben statt, das sich nach außen stark abschottet. In diesen Vierteln kommt es zu *Segregation.*[26] Dies ist aber keine Frage des Marktes, sondern der politischen Grundbedingungen unserer Gesellschaft. Die Notwendigkeit von Integrationsleistungen (von Mensch zu Mensch) und die damit verbundenen Kosten gehören in Deutschland zu den am meisten unterschätzten Problemen.

Das Baujahr ist für Wohnungsnachfrager oftmals nur ein sekundäres Kriterium. Es kann in Wirklichkeit auf die Qualitätsfrage reduziert werden, die – wie schon dargestellt – weitgehend durch Modernisierungs-, Sanierungs- oder Revitalisierungsmaßnahmen gelöst werden kann. Bei guter Bausubstanz kann das Alter des Gebäudes (insbesondere Baujahre vor 1914) sogar ein Plus darstellen.

6.3.4 Die Lage als Entscheidungsgrundlage

Die Lage einer Immobilie ist ein besonderes Merkmal, sie individualisiert wegen ihrer Einmaligkeit die Immobilie. Die Lage eines Objektes ist topografisch fixiert und in einen unverrückbaren Umgebungszusammenhang eingebunden. Die einmalige Zusammensetzung dieser Lagefaktoren ergibt den Lagewert. Lageunterschiede drücken sich in Bodenpreisunterschieden aus („Lagebodenrente"). Allerdings fließen neben dem Bodenpreis zusätzlich die Nutzungsintensität und die Bodenqualität mit ein (Intensitäts- und Qualitätsbodenrenten).

Um ein Mindestmaß von Vergleichbarkeit herzustellen, können Lagemerkmale in Kategorien eingeteilt werden. Man unterscheidet zwischen harten und weichen *Lagefaktoren.*

26 Segregation ist der Vorgang der Entmischung. Ein Quartier wird am Ende des Prozesses nur noch von einer ethnischen Gruppe bewohnt.

Harte Lagefaktoren sind solche, die eindeutig quantifizierbar sind. Es handelt sich um Reichweiten, z. B. Verkehrsanbindung an den öffentlichen Nahverkehr oder an Straßenverkehrsachsen, Flughäfen, Bahnhöfe usw., und Entfernungen zu wichtigen Versorgungseinrichtungen oder Schulen. Ein weiterer Faktor sind Frequenzen, wie die Passantenfrequenz in Einkaufsstraßen, oder das Verkehrsaufkommen. Schließlich spielen auch Faktoren eine Rolle, mit denen das lagebezogene Wirtschaftspotenzial gemessen werden kann, wie die Kaufkraft der Einwohner eines Ortes.

Weiche Lagefaktoren sind ebenso wichtig. Im Gegensatz zu harten Lagefaktoren sind sie hinsichtlich ihrer Marktwirkungen nicht bzw. schlecht messbar. Zu ihnen gehören Milieu, Charakter der Umgebungsbebauung, Freiräume, Licht und Schatten, der Ausblick in die Ferne, Immissionen usw. Bei Konsumstandorten sind weiche Lagefaktoren für Standortentscheidungen gegenüber harten Lagefaktoren nicht selten ausschlaggebend.

Außerdem kann die Lage in einen großen oder kleinen *Reichweitenzusammenhang* gestellt werden. Man spricht dann von *Makrolage* oder *Mikrolage*. Ihnen kommt eine von Nutzungsart zu Nutzungsart unterschiedliche Bedeutung zu. Bei der Wohnnutzung überwiegen die Merkmale, die die Mikrolage auszeichnen, bei Logistikunternehmen ist die Verkehrsinfrastruktur der Makrolage entscheidend.

Die wichtigsten Lagemerkmale gehören in jedes Exposé, da sie Preisansätze mitbegründen. Fotos und Karten ergänzen die Lagebeschreibung.

6.4 Marktstrukturen und Teilmärkte

Die Standorteigenschaft ist das gemeinsame Merkmal der *Teilmärkte* des Immobilienmarktes. Jeder Teilmarkt des Immobilienmarktes ist ein in sich relativ abgeschlossener Marktbereich. Transaktionen über die Teilmarktgrenzen hinaus finden entweder gar nicht oder nur in beschränktem Umfang statt. Aussagen über generelle Entwicklungstendenzen des „Immobilienmarktes“ sind deshalb kaum möglich. Bei Aussagen zum Markt empfiehlt es sich daher zu präzisieren, von welchem Teilmarkt die Rede ist. Schrumpfenden Teilmärkten stehen in der gleichen Zeit expandierende Teilmärkte gegenüber, sinkenden Preisen steigende Preise. Die turnusmäßig veröffentlichte „*Immobilienuhr*“ für Gewerbeimmobilien von Jones Lang LaSalle verweist auf diesen Sachverhalt. Die *Substitutionsschwelle* zwischen den Teilmärkten (Möglichkeiten des Ausweichens auf einen „benachbarten“ Teilmarkt) ist unterschiedlich hoch. Dies gilt auch für Teilmarktgruppen, die sich etwa nach

Größe, Qualität, Lage usw. noch weiter in Untermärkte eines Teilmarktes zergliedern lassen.

Untermärkte bilden somit die kleinste Markteinheit. Am Beispiel von Eigentumswohnungen können Untermärkte u. a. nach der Größe der Eigentumswohnung gebildet werden:

- Untermarkt 1: 30 m^2 +/– 15 m^2
- Untermarkt 2: 50 m^2 +/– 15 m^2
- Untermarkt 3: 70 m^2 +/– 15 m^2

Die jeweils benachbarten Untermärkte überschneiden sich in einem schmalen Segment. Diese Segmente symbolisieren die Substitutionsbereiche zwischen zwei benachbarten Untermärkten. Ein Teil der Nachfrager, die sich für Eigentumswohnungen des Untermarkts 1 interessieren, können bei ungenügendem Angebot auf eine Wohnung des Teilmarktes 2 ausweichen, schwerlich aber auf eine Wohnung des Untermarktes 3, weil der Grenznutzen des letzten m^2 einer Wohnung aus diesem Bereich in keinem akzeptablen Verhältnis zum Preis des letzten m^2 steht.

Für die Zielgruppenbestimmung hat diese Erkenntnis nicht nur theoretische Bedeutung. Vielmehr geht es darum, konkret Haushaltstypen zu definieren, die den jeweiligen Wohnungsgrößen zugeordnet werden können.

Im Wesentlichen können vier maßgebliche Teilmarktstrukturen des Immobilienmarktes unterschieden werden, nämlich Teilmärkte nach Entwicklungszuständen, Nutzungsarten, nach Vertragskriterien und nach räumlicher Bestimmung der Nachfrage.

6.4.1 Teilmärkte nach Entwicklungszustand

Teilmärkte nach Entwicklungskriterien repräsentieren bestimmte Abschnitte im Lebenszyklus der Immobilien.

Zunächst kann unterschieden werden zwischen aktuell nutzbaren Standorten und potenziellen Standorten. Aktuell nutzbare Standorte sind alle wirtschaftlich sinnvoll nutzbaren Gebäude. Sie dienen der Befriedigung der Nachfrage mit einem akuten Raumbedarf.

Potenzielle Standorte setzen Bauinvestitionen voraus, damit eine immobilienwirtschaftliche Nutzung möglich ist. Bauträger und Projektentwickler sind typische Nachfrager nach potenziellen Standorten. Zu dieser Standortkategorie zählen nicht nur baureifes Land und Rohbauland, sondern auch Bauerwartungsland einerseits und Abbruchobjekte sowie in zunehmendem

Umfange auch Recyclingflächen andererseits am Ende bzw. dem Neubeginn der Entwicklungsphase.

Es ist einleuchtend, dass es Nachfrager mit akutem Raumbedarf gibt und solche, für die der Raumbedarf erst in der absehbaren Zukunft liegt. Schließlich gibt es Nachfrage nach Grundstücken, die selbst keinen Raumbedarf haben (z. B. Wohnungsunternehmen), um Gebäude ausschließlich zum Zweck der Vermietung oder zum Zweck des Verkaufs zu produzieren. Im Fokus der Nachfrage von Projektentwicklern stehen Grundstücke mit dem Reifezustand „Bauerwartungsland". Bauträger und Wohnungsunternehmen fragen vorwiegend Bauland nach, ebenso jene Gruppe von Privatinteressenten, bei denen sich erst in absehbarer Zukunft ein Raumbedarf entwickelt. Hier gibt es einen Zusammenhang zwischen dem Baulandmarkt und dem Markt für Bestandsimmobilien. Die Schicht der Interessenten mit einem aktuellen Raumbedarf, die weder Zeit noch Know-how oder die finanzielle Ausstattung zum Bau eines Hauses haben, ist auf das Angebot auf dem Bestandsimmobilienmarkt angewiesen.

6.4.2 Teilmärkte nach Nutzungsarten

Märkte lassen sich auch nach der Nutzungsfunktion der Immobilie oder der Vermögensanlagefunktion unterscheiden. Wer eine Immobilie besitzt, kann sie selbst nutzen oder vermieten bzw. verpachten. In diesem Fall wird die Nutzung an Dritte übertragen.

Weiterhin wird zwischen einer produktiven und einer konsumtiven Nutzung unterschieden. Daraus ergeben sich wiederum zwei grundlegende Teilmärkte, nämlich der Wohn- und der Gewerbeimmobilienmarkt. Unter dem Begriff der Gewerbeimmobilie sind nicht nur Büro- und Einzelhandelsflächen zu verstehen, sondern auch Spezialimmobilien der unterschiedlichsten Art (Hotelgebäude, Seniorenwohnheime, Bahnhöfe, Stadien, Rathäuser usw.).

6.4.3 Teilmärkte nach Vertragskriterien

Die Nutzung kann auf unterschiedlichen Vertragsgrundlagen beruhen. Eine Eigentumswohnung kann vermietet oder verkauft werden, ein Baugrundstück kann verkauft oder es kann ein Erbbaurecht an ihm begründet werden. Eine Betriebsstätte kann vermietet oder (als eingerichteter) Betrieb verpachtet werden. Diese Umsätze finden auf verschiedenen Teilmärkten statt.

Bestimmte einkommens- oder vermögensstarke Nachfragegruppen haben eine ökonomische Wahlmöglichkeit zwischen Kauf und Miete eines Objektes. In diesen Grenzbereichen ist ein Ausweichen der Nachfrager von dem einen zum anderen Markt möglich. Trotzdem kann auch hier von Teilmarktbildungen ausgegangen werden. In einer großen Zahl von Fällen bleibt die Wohnungsnachfrage auf den Mietwohnungsmarkt beschränkt. Andererseits streben viele Mieter die Alternative des Eigentums an. Für sie kommt deshalb ein Mietwohnungsangebot nicht in Betracht. Sie wohnen bereits zur Miete und möchten diesen Zustand verändern. Diese Nachfrage beschränkt sich auf den Markt für selbst genutztes Wohneigentum.

Es gibt aber auch Eigentümer, die aus privaten oder wirtschaftlichen Gründen (z. B. Trennung, Überschuldung) ihr Eigentum aufgeben müssen und nur auf den Mietwohnungsmarkt ausweichen können. Aus diesen Beispielen lässt sich erkennen, dass die Teilmarktgrenzen sehr häufig nicht überwunden werden können, sodass eine Einteilung in Teilmärkte nach Vertragskriterien auch im wohnungswirtschaftlichen Bereich sinnvoll ist.

6.4.4 Teilmärkte nach räumlichen Kriterien

Eine der Besonderheiten des Immobilienmarktes beruht auf der Tatsache, dass auf diesem Markt sich nicht das Angebot zur Nachfrage, sondern – wegen der Immobilität des Marktgutes – der Nachfrager sich zum Angebot bewegt. Dies begründet räumliche Teilmärkte. Die Grenzen sind dabei fließend und abhängig von der Verkehrsinfrastruktur. Insbesondere der Ausbau des öffentlichen Nahverkehrs durch neue Strecken, zusätzliche Haltestellen oder Verdichtung der Taktrate können die Grenzen der räumlichen Märkte verschieben. Räumliche Teilmärkte sind nicht selten ringförmig, wenn man beispielsweise mögliche Wohnungsstandorte in einem bestimmten Radius zur Arbeitsstätte betrachtet. Auch für Einzelhandelsbetriebe sind die räumlichen Teilmärkte relevant, ist doch die Infrastruktur verantwortlich für das Einzugsgebiet potenzieller Kunden. Es geht also bei der Marktbestimmung nach räumlichen Kriterien darum, die Reichweiten von Nachfragern für angebotene Objekte auf der Grundlage gegebener Siedlungs- und Infrastrukturen zu erfassen.

Mit zunehmender Entfernung nimmt die Bedeutung der räumlichen Teilmarktgrenzen zu. Es ist offensichtlich, dass ein günstiges Preisniveau im Umland einer großen Stadt nur so lange interessant ist, wie die Opportunitätskosten für längere Fahrzeiten, einen zweiten Pkw etc. nicht höher liegen als die erzielbaren Miet- bzw. Kaufpreiseinsparungen.

Systematisiert man diese Zusammenhänge, kann unterschieden werden zwischen lokalen, regionalen und überregionalen Immobilienmärkten. Bei den überregionalen Immobilienmärkten kann auch noch zwischen dem nationalen und dem internationalen Markt differenziert werden.

Welchem der räumlichen Teilmärkte ein Immobilienobjekt zugeordnet werden kann, entscheidet sich an der Frage, ob und inwieweit das Angebot dieses Objektes in eine Angebotskonkurrenz zu vergleichbaren Objekten aus anderen Räumen tritt.

Beispiel für den lokalen Immobilienmarkt

Jeder Einzelhändler hat eigene Präferenzen in Bezug auf einen Standort. Suchen Luxus-Marken Ladenlokale in Prestigelagen, so steht für internationale Trendlabels die Passantenfrequenz an erster Stelle. Der Copyshop hingegen wird seinen Standort in einer günstigen Nebenkernlage oder in der Nähe zu einer Hochschule suchen. Alle drei Unternehmen sind in derselben Stadt, treten jedoch nicht in Konkurrenz am Immobilienmarkt.

Beispiel für den regionalen Immobilienmarkt

Bei Eigentumswohnungen zum Selbstbezug (wohnliche Eigennutzung) treten Angebote nicht nur des Stadtgebietes, sondern auch anderer Stadtgebiete und des (näheren) Umlandes mit vergleichbarer sozialer Schichtung miteinander in Angebotskonkurrenz, sofern ein wesentlicher Teil der Nachfrager unter Angeboten dieses Raumes ihre Kaufentscheidung treffen können. Die Grenzen werden durch die Reichweiten der Nachfrage bestimmt. Die Reichweiten wiederum werden vor allem durch Verkehrsverbindungen und Verkehrsfrequenzen bestimmt. Angebote außerhalb dieser Reichweiten sind für die Nachfrage irrelevant. Durch Entwicklung der Verkehrsinfrastruktur können die Grenzen des regionalen Marktes verschoben werden.

Beispiel für den überregionalen Immobilienmarkt

Als Beispiel bietet sich ein großes Anlageobjekt an: Ein institutioneller Kapitalanleger, der seine Standortklasse, z. B. A-Städte oder B-Städte, festgelegt hat, wird zwischen Objekten aus seiner Standortklasse frei wählen. Hat er keine strategische Präferenz und sind die Entwicklungsperspektiven von zwei Standorten aus Sicht des Anlegers identisch, so ist alleine das Objekt für die Entscheidungsfindung relevant. In diesem Fall wird die Renditeerwartung zum maßgeblichen Kriterium.

Objekte, die auch für ausländische Investoren interessant sind, können auf dem internationalen Immobilienmarkt angeboten werden. Kennzeichen überregionaler Märkte ist es, dass die Nachfrager hinsichtlich der Befriedigung ihrer Nachfrage keiner Standortbindung unterliegen. Dies führt dazu, dass die Anbieter von Objekten, die auf dem überregionalen Markt gehandelt werden, im Hinblick auf die Reichweite in eine unbeschränkte Angebotskonkurrenz treten.

Werden Immobilien zu Zwecken der *Vermögensanlage* erworben, gibt es bei institutionellen Anlegern keine Raumbegrenzung. Entscheidend sind hier ausschließlich die Rendite und die Entwicklungschancen des Objektes innerhalb des jeweiligen Raumes. Objekte in Paris, London, Kopenhagen oder München können so in eine räumliche Konkurrenzsituation geraten. Die Nachfrage ist räumlich nicht determiniert. Es kommt nicht auf die zu überwindenden Reichweiten an, sondern ausschließlich auf ökonomische Zukunftseinschätzungen.

Der Immobilienmarkt lässt sich hinsichtlich seiner Struktur wie folgt darstellen:

Tabelle 5: Strukturgebilde des Immobilienmarktes

Nutzungsart	Wohnimmobilienmarkt			Gewerbeimmobilienmarkt		
Entwicklungs-Zustand	Potenzielle Standorte	Aktuelle Standorte		Potenzielle Standorte	Aktuelle Standorte	
Vertragsart		Selbstnutzung	Vermietung		Selbstnutzung	Vermietung
räumliche Bestimmung der Nachfrage	lokal determinierte Nachfrage regional determinierte Nachfrage überregionale, raumungebundene Nachfrage					

Allgemeine Merkmale des Immobilienmarktes als Markt der Standorte

Der Immobilienmarkt unterscheidet sich aufgrund seiner Ortsgebundenheit (Immobilität) von Märkten, auf denen bewegliche Güter gehandelt werden, in verschiedener Hinsicht.

So setzt der *Warenmarkt* eine Mobilität des Angebots, der Immobilienmarkt eine Mobilität der Nachfrage voraus.

Beim Warenmarkt konzentriert sich das Angebot, vom Versandhandel abgesehen, auf Verkaufsstellen. Der stationäre Handel steht nicht nur untereinander im Wettbewerb, sondern auch mit dem Online-Handel. Produkte und Preise lassen sich schnell und einfach vergleichen. Die Angebote am Immobilienmarkt lassen sich hingegen nur sehr schwer überblicken. Der Nachfrager muss die im Zeitverlauf wechselnden Angebotsadressen suchen. Dies führt zu ungleich höheren *Transaktionskosten* gegenüber dem Warenmarkt.

Die Preisreaktionen beim Warenangebot auf Nachfrageschwankungen verlaufen unmittelbar und einigermaßen zeitgleich. Ein potenzielles Überangebot sorgt für Preisnachlässe und Rabattaktionen.

Der Wettbewerb auf dem Immobilienmarkt ist wegen der Individualität jeder Immobilie kaum sichtbar. Wettbewerbspositionen ändern sich täglich, ohne dass dies erfasst werden kann. Der *Wettbewerb als Entdeckungsverfahren* im Sinne des Nobelpreisträgers Friedrich von Hayek erhält hier eine besondere Bedeutung. Der Nachfrager, der die zu seinen Vorstellungen passende Immobilie entdecken will und der Anbieter, der sich auf die Entdeckungsreise nach dem besten Nachfrager begibt, brauchen Zeit in einem sich laufend ändernden Markt. Das Immobilienangebot reagiert deshalb erst nach zeitlichen Verzögerungen. Denn der Prozess der Kenntnisnahme der Marktbewegungen führt beim Immobilienmarkt sowohl bei den Anbietern als auch bei den Nachfragern zu nur schwer konkretisierbaren Ergebnissen. Ihre Erkenntnisse bleiben unvollkommen. Dabei geht es – im Vergleich zum sonstigen Warenmarkt – um große Einsätze.

7. Auftragsakquise

Angebot und Nachfrage bestimmen seit jeher den Preis eines Produkts. Dies ist bei Immobilien nicht anders. Der wirtschaftliche Erfolg des Maklers hängt jedoch weniger von dem Immobilienpreisniveau als vielmehr von der Anzahl der Verkaufsfälle ab.

Steht einer geringen Nachfrage nach Immobilien ein großes Angebot gegenüber, so kann ein Makler fast beliebig viele Objekte in die Vermarktung aufnehmen und steht vor der Herausforderung, für diese Immobilien einen Käufer zu finden. Dreht sich der Markt und es gibt nur ein kleines Angebot, jedoch eine hohe Nachfrage, dann steht der Makler vor der Herausforderung, neue Objekte zu akquirieren, die er vermitteln kann.

Dieses Kapitel beschäftigt sich mit der Auftragsakquise. Im Hinblick auf die aktuelle Marktsituation, in der ein kleines Angebot einer hohen Nachfrage gegenübersteht, werden nicht nur klassische Akquisevarianten, sondern auch die vielfältigen Möglichkeiten der Online-Akquise beschrieben.

7.1 Der Markt bestimmt die Art der Akquise

In ausgeglichenen Wohnungsmärkten wird die *Auftragsakquisition* in der Praxis oft gleichgesetzt mit dem Hereinholen von Aufträgen zur Vermarktung von Immobilien. Diese Definition ist jedoch nicht vollständig, da sie Akquisitionsziele nicht berücksichtigt. Sind Angebot und Nachfrage ausgeglichen oder überwiegt das Angebot sogar, dann bestimmt nicht die Menge der akquirierten Objekte über den Erfolg des Maklers, sondern die *Konditionen* der hereingeholten Aufträge.

Dabei spielen für die Qualität der Aufträge zwei Faktoren eine entscheidende Rolle: Zum einen kommt es auf die *Objektangebotsbedingungen* an, insbesondere auf den Angebotspreis und die zu übernehmenden Lasten und sonstigen Leistungen, zum anderen auf *Auftragsbedingungen.* Hierzu zählen u. a. Provisionshöhe, Aufwendungsersatz, Laufzeit und Art des Maklerauftrags.

Unterschieden wird allgemein zwischen der aktiven und der passiven Auftragsakquisition. Die Begriffe aktive und passive Auftragsakquisition sind entstanden, um zwei grundsätzlich verschiedene Methoden der Auftragsakquisition voneinander abzugrenzen.

Die *aktive Auftragsakquisition* ist eine Methode, bei der ein Makler auf den Objektanbieter zugeht, um einen Auftrag zu erhalten. Der Makler wird aktiv. Er bewirbt sich um einen Auftrag, ähnlich wie ein Jobsuchender sich um eine offene Stelle bewirbt.

Bei der *passiven Auftragsakquisition* ist es der Eigentümer, der auf den Makler zukommt, um ihm einen Auftrag zu übertragen. Der Makler ist in diesem Fall der passive Teil der beiden Vertragspartner. Es gibt viele gute Gründe, warum ein Objektanbieter den Verkauf nicht selbst durchführen möchte. Neben dem Komfortgedanken reichen die Motive von der räumlichen Entfernung über mangelnde Zeit bis zum fehlenden Know-how.

In Märkten mit Nachfrageüberhang, wie sie aktuell in allen Metropolregionen und Universitätsstädten anzutreffen sind, gestaltet sich die Akquise vollständig anders. Immobilien sind bei marktgängigen Konditionen nur sehr kurz in der Vermarktung, die Makler stehen in einem sehr harten Wettbewerb um potenzielle Verkäufer. Fehler in der Auftragsakquise wie überzogene Preisvorstellungen werden teilweise durch stark steigende Preise aufgefangen. Die Provisionsteilung hatte sich bis zur Neuregelung der Maklerprovision im Dezember 2020 stark in Richtung Käuferprovision verschoben.

In solchen Marktsituationen avanciert bereits die Kontaktadresse eines potenziellen Verkäufers zum Gut. Das Sammeln dieser begehrten Adressen wird als *Lead-Generierung* bezeichnet. Nicht jeder Lead (= potenzieller Verkäufer) wird auch zu einem realen Auftraggeber. Manche Eigentümer suchen den Kontakt nur, um sich über den Marktwert ihrer Immobilie zu informieren. Andere lassen sich erst beraten und versuchen dann, ihr Eigenheim selbst zu vermarkten. Die Verlagerung zur Akquise eines potenziellen Verkäufers wird befeuert von neuen Onlineportalen und Internetdiensten, die sich auf diese Adressgenerierung spezialisiert haben.

Diese sog. Leadportale oder Leadgeneratoren verfolgen dabei zwei Ansätze. Entweder werden die Leads zur Eigenverwertung eingesammelt, in diesem Fall sind es prinzipiell klassische Maklerunternehmen, die sich die Möglichkeiten der Digitalisierung der Vermarktungsschritte zunutze machen. Alternativ werden Leads von Portalen eingesammelt, die diese selbst als Ware weiterverkaufen. Dabei wird ein Lead häufig an mehrere Makler weiterverkauft. Diese Unternehmen haben neben der aktiven und passiven Auftragsakquise eine neue dritte Gruppe geschaffen: Der Einkauf von Aufträgen – auch wenn man dies streng genommen unter aktiver Akquise einordnen müsste, so ist diese Art inzwischen jedoch von großer Bedeutung und folgt ganz eigenen Regeln, sodass die Akquise mit diesem Werk erstmals in drei Segmente eingeteilt wird: aktive Akquise, passive Akquise und Leadeinkauf.

7.1.1 Aktive Auftragsakquise

Die *aktive Auftragsakquisition* ist eine Methode, bei der der Makler auf den Objektanbieter zugeht, um einen Auftrag zu erhalten. Der Makler wird aktiv, er nimmt persönlichen, postalischen oder fernmündlichen Kontakt zum Eigentümer auf. Dabei ist die telefonische Kaltakquise durch das 2009 in Kraft getretene „Gesetz zur Bekämpfung unerlaubter Telefonwerbung und zur Verbesserung des Verbraucherschutzes bei besonderen Vertriebsformen“ nicht mehr zulässig. Es bleiben somit nur der persönliche Kontakt an der Haustür oder der Einsatz von Briefen und Postwurfsendungen übrig.

Die Kontaktaufnahme will geschult und geübt sein, der Makler steht im hohen Wettbewerb zu Mitbewerbern. Das professionelle Einkaufsgespräch bzw. der Einsatz hochwertiger Printprodukte sind unabdingbar. Insbesondere bei der Aufnahme eines persönlichen Kontakts sind Empfehlungen elementar. Das Anrufen aufgrund von Inseraten ist rechtlich nicht zulässig, somit kann der Makler letztendlich nur Kontakt zu Eigentümern aufnehmen, die er aus seinem Umfeld empfohlen bekommen hat.

Diese Art der aktiven Auftragsakquisition war bis 2009 die typische „Feldarbeit“, i. d. R. überwog sie gegenüber der passiven Akquise. Teilweise war sie sogar die ausschließliche Akquisitionsmethode.

7.1.2 Passive Auftragsakquise

Bei der *passiven Auftragsakquisition* ist es der Objektanbieter, der auf den Makler zugeht, um ihm einen Auftrag zu übertragen. Der Makler ist der passive Teil der beiden Vertragspartner. Es gibt viele Fälle, in denen der Objektanbieter den Verkauf nicht selbst durchführen kann, sei es, dass er aus Gründen der Entfernung zum Objekt die notwendigen verkaufsorganisatorischen Maßnahmen wie Objektbesichtigungen und dergleichen nicht selbst besorgen kann, sei es, dass er dazu schlicht keine Zeit hat. Andere wollen sich einfach der Mühe des eigenen Suchens von Interessenten nicht unterziehen. Wieder andere benötigen den Rat und die Assistenz eines Maklers.

In all diesen Fällen haben wir es mit einem „Übertragen“ des Verkaufsgeschehens an den Makler zu tun – eine Fallgestaltung des § 653 BGB. Wer einem gewerbsmäßigen Makler eine solche Geschäftsbesorgung überträgt, muss damit rechnen, dass dieser den Auftrag nur gegen eine Provision im Erfolgsfall ausführt.

Die passive Auftragsakquisition als „Methode“ der Auftragsakquisition zu bezeichnen, scheint auf Anhieb widersprüchlich. Unter Methode versteht man eine Vorgehensweise. Bei der passiven Auftragsakquisition liegt die aktive Initiative jedoch beim Auftraggeber.

Es ist unbestritten, dass Makler Aufträge durch Empfehlungen von früheren Kunden bekommen, die mit der Leistung des Maklers überdurchschnittlich zufrieden waren. Neben der erfolgreichen Erbringung der Hauptleistung sind es zusätzliche Serviceleistungen, kompetente Beratung oder serviceorientierte Betreuung, die zu Empfehlungsaufträgen führen. War die passive Auftragsakquisition früher ein willkommener Nebeneffekt, der nicht einmal zum unternehmerischen Steuerungsbereich gezählt wurde, so hat sich dies in den letzten Jahren, nicht zuletzt durch die neue Gesetzeslage, deutlich verändert.

7.1.3 Vor- und Nachteile der Methoden

Betrachtet man die Methoden der Auftragsakquisition auf ihre Vorteilhaftigkeit, kommt man zu dem eindeutigen Ergebnis, dass die Methode der passiven Auftragsakquisition der aktiven Auftragsakquisition vorzuziehen ist.

1 Bei der aktiven Auftragsakquisition trifft man in der Regel entweder auf einen Verkäufer, der es zunächst einmal selbst versuchen will, der vielleicht schon mit anderen Maklern im Gespräch ist oder der gar schon Makleraufträge an Kollegen erteilt hat. In einem solchen Fall ist zu überlegen, ob es sinnvoll ist, als zweiter oder dritter Makler ebenfalls ins Rennen zu gehen.

Liegt ein Makler-Alleinauftrag an einen anderen Makler vor, sind weitere Akquisitionsbemühungen schon aus Wettbewerbsgründen zu unterlassen.

Der Auftraggeber sieht sich bei der aktiven Auftragsakquisition mit einem Makler konfrontiert, den er nicht kennt und dessen Expertise er ad hoc nicht beurteilen kann. Oft gibt es auch ein abwehrendes Misstrauen gegen Makler, das im Akquiseprozess überwunden und durch *Vertrauen* ersetzt werden muss.

Der Makler, der sich um einen Auftrag zu einem Zeitpunkt bewirbt, zu dem der Auftraggeber bereits eine Reihe von Marktkontakten hatte und bei dem sich bereits Meinungen über einen erzielbaren Preis verfestigt haben, tut sich als ein ihm völlig Unbekannter schwer, den Auftraggeber zur Aufgabe seiner vorgefestigten Meinung zu bewegen. Es wird ihm etwa trotz seiner Preisberatungskompetenz nur schwer gelingen, eine notwendige Umorientierung des Auftraggebers in der Preisfrage zu erreichen.

2 Bei der passiven Auftragsakquisition hat sich der Auftraggeber bereits für die Beauftragung des Maklers entschieden. Eine anderweitige Maklerbindung liegt in der Regel nicht vor.

Bei der passiven Auftragsakquisition ist die Entscheidung für einen bestimmten Makler durch den Verkäufer bereits gleichzusetzen mit einer Vertrauensentscheidung zugunsten des Maklers.

Bei der passiven Auftragsakquisition kommt der Verkäufer auf den Makler oft auch in der Erwartung zu, dass die für ihn noch offenen Fragen, insbesondere die Preisfrage, beantwortet werden. Die *Preisberatungskompetenz des Maklers* hat viel stärkeres Gewicht. Der Auftraggeber ist für eine Beratung offener.

In jedem Maklerbetrieb kann statistisch erfasst werden, wie viele Aufträge auf aktive Akquise, passive Akquise oder auf den Lead-Einkauf entfallen. Eine differenzierte Akquisitionsstatistik verrät viel über die Strategie des Marktzugangs des einzelnen Betriebes. Ein hoher Anteil der Auftragsakquisition nach der passiven Methode beeinflusst zudem den Firmenwert positiv. Der Anteil der passiven Auftragsakquise ist somit eine Messgröße für die Bekanntheit und das Image des Unternehmens. Je höher der Anteil ist, desto höher wird der Unternehmenswert eingeschätzt.

Plant ein Makler Maßnahmen, um den Anteil der passiven Aufträge zu erhöhen, ist es gerechtfertigt, von einer Methode zu sprechen. Der Makler entwickelt eine Geschäftsstrategie, die zu solchen Ergebnissen im Bereich der passiven Auftragsakquisition führt.

Ausgangspunkt ist ein logischer Satz: Es ist nicht möglich, dass jemand versucht, in Kontakt zu einem anderen zu treten, von dessen Existenz er nichts weiß. Bezogen auf den Sektor der Auftragsakquisition ergibt sich die Schlussfolgerung, dass Makler, die unbekannt sind, von potenziellen Auftraggebern nicht angesprochen werden können.

Überlegt sich beispielsweise ein Eigentümer, seine Immobilie zu verkaufen, fallen ihm möglicherweise spontan mehrere Makler ein, die einen bestimmten *positiven Bekanntheitsgrad* haben. Oft verbindet sich der Bekanntheitsgrad mit der Vorstellung einer gewissen Größe und Leistungskraft. Aus dem Kreis dieser ihm bekannten Unternehmen wird er einen Makler auswählen.

Fällt ihm kein Maklerunternehmen ein, weil er sich mit Immobilien und einem möglichen Verkauf nicht beschäftigt hat, wird er im Allgemeinen im Internet recherchieren. Immobilienbüros, die auf den vorderen Plätzen in den Suchmaschinen angezeigt werden, haben durch die Sichtbarkeit einen signifikanten Vorteil.

Alternativ wird er sich in seinem Bekanntenkreis umhören, ob ihm jemand einen guten Makler empfehlen kann. Auch hier werden ihm wieder die jeweils dort bekannten Makleradressen genannt werden. Wenn dies so ist, dann geht es darum, den Zugang zur Erschließung dieser Gruppe von Auftraggebern durch Erhöhung des Bekanntheitsgrades zu ermöglichen. Gezielt steuerbar ist dies vor allem durch zwei Marketingmaßnahmen, für die auch ein Etat zur Verfügung stehen muss.

7.2 Methoden der Offline-Akquise

7.2.1 Imagewerbung

Die erste Maßnahme besteht in regionaler *Imagewerbung*. Klassische Imagewerbung in Printanzeigen ist stark zurückgegangen, am ehesten sieht man es in Kombination mit Immobilienanzeigen. Insbesondere bei hochpreisigen Immobilien wird diese Werbeform gerne angewandt, da durch das angebotene Objekt zugleich die *Spezialisierung* zum Ausdruck kommt. Wer sich auf diesem Weg für hochwertige Villen und Penthäuser empfiehlt, wird als leistungsfähig wahrgenommen und erhält auch Aufträge für kleinere Immobilien. Umgekehrt funktioniert dies nicht, wer nur oder überwiegend für die Vermittlung von Eigentumswohnungen bekannt ist, wird sich schwerer tun, auch Aufträge für Villen und Gutshöfe zu erhalten.

Da sich die Akquise und somit auch die Imagewerbung weitgehend ins Internet verlagert hat, sollte bei der Auswahl des Printmediums auf Reichweite und Qualität geachtet werden. Hier bieten sich sowohl die führenden örtlichen Tageszeitungen als auch überregionale Tageszeitungen an. Neben diesen Publikationen kommen sog. „Out of Home“ Werbeträger in Betracht; hierzu zählen Plakate, Baustellenschilder, Gerüstwerbung oder Bannerwerbung. Auch Kino- und Radio-Werbung eignet sich als Imagewerbung. Bei der Out of Home bzw. Kino- und Radiowerbung muss zwingend eine exakte Zielgruppenanalyse und -definition erfolgen, um Streuverluste soweit wie möglich zu minimieren.

Die Steigerung des Bekanntheitsgrades setzt dabei *Werbekontinuität* voraus. Das einmalige Schalten von Imagewerbung wird nicht den gewünschten Erfolg bringen, vielmehr benötigt man hier einen langen Atem, da sich ein Erfolg erst in der Zukunft einstellen wird. Eine Erfolgsmessung ist schwierig, sie setzt eine aktive Befragung aller Auftraggeber voraus, deren Weg der Kontaktaufnahme, die sog. *Customer Journey*, nicht bekannt ist.

7.2.2 Netzwerk

Die zweite Maßnahme besteht in einem aktiven *Beziehungsmarketing,* das sowohl das physische als auch das virtuelle Umfeld einschließt. Der Aufbau einer Beziehungsstruktur sowie die Pflege der aufgebauten Beziehungen wird als Netzwerken bzw. *Networking* bezeichnet. Der Beziehungsaufbau erfolgt in Richtung auf die *potenziellen Marktteilnehmer* und in Richtung auf *Multiplikatoren*, die ebenfalls in den Geschäftsbereich der Zielgruppen des Maklers involviert sind. Aktive Multiplikatoren sind Personen, die von sich aus ihren Kunden, Mandanten usw. die Einschaltung des Maklers empfehlen.

Sofern der Multiplikator den Makler dem potenziellen Interessenten direkt vorstellt, z. B. auf einer Veranstaltung, erfolgt die Empfehlung über klassische Mund-zu-Mund-Propaganda. Dem Empfänger der Empfehlung steht es frei, mit dem Makler Kontakt aufzunehmen. Bevor Menschen ein Unternehmen kontaktieren, werden sie sich i. d. R. einen ersten Eindruck über die Firmenhomepage verschaffen. Es ist daher absolut notwendig, dass die Homepage den Anforderungen eines modernen aktuellen Internetauftritts erfüllt. Die Firmenhomepage ist Dreh- und Angelpunkt jeder Kontaktaufnahme.

Die Geschäftsgrundlage des Verhältnisses zwischen Makler und einem aktiven Empfehlungsgeber beruht auf Gegenseitigkeit. Der Empfehlungsgeber verspricht sich durch die Weitergabe des Maklerkontakts einen zukünftigen positiven Beitrag. Der Makler wird sich bei dem empfohlenen Interessenten besonders einsetzen. Nicht nur weil er ihn als Kunden gewinnen möchte, sondern auch, um seinen Empfehlungsgeber nicht in die unangenehme Situation zu versetzen, dass die Empfehlung schlecht war.

Beziehungsmarketing ist am einfachsten durch den Aufbau *gesellschaftlicher Beziehungen* innerhalb von Institutionen, Vereinen, Clubs und dergleichen möglich. Eine aktive Mitgliedschaft mit Übernahme von Funktionen ist Voraussetzung dafür, dass der Bekanntheitsgrad innerhalb der Gruppe steigt.

Zielgruppe und gesellschaftliches Umfeld sind zwar nie identisch, das gesellschaftliche Umfeld sollte jedoch auch Mitglieder der definierten Zielgruppe enthalten. Es gilt hier der Grundsatz: Ein Makler, der seine geschäftliche Zukunft sichern will, muss seine gesellschaftlichen Aktivitäten zielgruppengerecht ausrichten.

Ein wichtiger Bestandteil der Netzwerkpolitik ist auch die Mitgliedschaft in einem Maklerverband. Viele Geschäftskontakte kommen über die Mitglieder- bzw. Expertensuche auf den Internetseiten der Verbände zustande.

7.2.3 Kundenzeitung

Image und Akquise-Broschüre sind der Vorläufer der Kundenzeitungen.

Die *Image-Broschüre* dient der Selbstdarstellung des Unternehmens, der Inhalt reicht angefangen von der Firmengeschichte über die Inhaber und das Leistungsspektrum bis hin zu Referenzen und Referenzobjekten.

Die *Akquise-Broschüre* bezieht sich auf die Darstellung der konkreten Maklerleistungen, die im Falle einer Beauftragung erbracht werden und auf die Konditionen, zu denen diese Leistungen erbracht werden. Was das Exposé für den Verkauf, ist der Akquisitionsprospekt für den Einkauf.

Heute kommen Image- und Akquise-Broschüren faktisch nicht mehr vor. Zum einen möchten sich die wenigsten Menschen mit dem Lesen von Werbung beschäftigen und zum anderen sind sehr viele Makler von den meist unhandlichen Broschüren auf handlichere Flyer umgestiegen. Ein weiterer Faktor, der die Broschüren zurückgedrängt hat, ist die Digitalisierung. Somit sind die Inhalte auf die Maklerhomepage gewandert und müssen nicht mehr in Papierform vorgehalten werden.

Die Image- und Akquise-Broschüre wurden durch die Kundenzeitung ersetzt. Diese ist eine Kombination aus Akquise und Imageprospekt, ergänzt um aktuelle Angebote und als dauerhaftes Kundenbindungsinstrument ausgelegt.

Eine gute Kundenzeitung informiert über aktuelle Themen rund um die Immobilie genauso wie über spezielle Fähigkeiten und Kenntnisse des Immobilienbüros. Aktuelle Angebote reichern die Kundenzeitung an. Dabei sollte man darauf achten, dass gerade bei größeren Büros nicht der Eindruck eines Immobilienkatalogs entsteht. Aktuelle und besondere Objekte gehören jedoch auf jeden Fall in die Kundenzeitung hinein.

Die Ausgestaltung wird auch immer von der aktuellen Marktsituation abhängen. Auf Märkten mit hohem Angebot und niedriger Nachfrage werden mehr Angebote präsentiert. Sind nur wenige Objekte am Markt, wird der Fokus auf die Akquise gelegt und es werden eher für Eigentümer nutzenstiftende Themen aufgegriffen. Dies können Marktinformationen, aber auch Sachthemen sein, die sich mit der Bewirtschaftung von Immobilien beschäftigen.

Auf die Frage nach der Produktionsart, ob Print- oder Online-Ausgabe, gibt es kein richtig oder falsch. Wer die Möglichkeit hat, sollte beides anbieten und dem Kunden die Entscheidung überlassen. Printprodukte generieren als haptisches Produkt automatisch ein höheres Vertrauen. Zudem hebt man sich von Mitbewerbern ab, die ihre Kundenzeitung ausschließlich online anbieten.

Umgekehrt ist der Druck und Versand einer Kundenzeitung mit nicht unerheblichen Kosten verbunden und kann in Zeiten sensibler Ressourcenverwendung als umweltschädlich klassifiziert werden. Sofern es eine Printversion gibt, sollte diese immer auch eine Verknüpfung zur Homepage schaffen. Dies kann durch regelmäßige Nennung der Domain oder besser durch die Einbindung von QR-Codes erfolgen, die zu den einzelnen Unterseiten verweisen.

Wer auf eine Online-Kundenzeitung setzt, die als PDF verschickt wird, spart Druck- und Versandkosten, hat bei der Erstellung jedoch prinzipiell den gleichen Aufwand. Der Erstellungsaufwand darf nicht unterschätzt werden. Neben dem zeitlichen Umfang ist auch der finanzielle Mitteleinsatz zu berücksichtigen, der für zugekauften Content einkalkuliert werden muss.

Die Online-Ausgabe hat den Vorteil, dass sich bei jedem Artikel ein weiterführender Link einbauen lässt. Dies ist bei den Objektangeboten besonders vorteilhaft. Auf diese Weise lassen sich auch größere Objektbestände übersichtlich und kundenfreundlich präsentieren.

Die Relation zwischen werblichem und fachlichem Inhalt entscheidet darüber, ob die Kundenzeitung schnell abgelegt wird oder ob sie aufgehoben wird. Ist die Kundenzeitung so aufgebaut, dass in jeder Ausgabe ein Fachthema ausführlich erläutert wird, weckt man nicht nur Interesse an der kommenden Ausgabe, sondern auch den Sammlerinstinkt.

7.2.4 Das Exposé

Das Exposé ist die werblich aufbereitete Zusammenstellung von Daten eines Objektes zur Befriedigung des Informationsbedürfnisses des Interessenten, den ein Makler mit dem Objektangebot ansprechen will. Ursprünglich war das Exposé ein Ausdruck aller wesentlichen Informationen zu einer Immobilie. Inzwischen ist das Printprodukt als Erstinformation durch das *Online-Exposé* (vgl. S. 179) abgelöst worden. Es ist jedoch üblich, dem Kunden die Print-Version bei der Besichtigung zu übergeben.

Das Informationsbedürfnis bezeichnet die Menge und Qualität an Informationen, die zur Lösung einer bestimmten Aufgabe subjektiv gewünscht werden. Damit unterscheidet sich das Informationsbedürfnis vom Informationsbedarf. Unter Informationsbedarf versteht man die Menge und Qualität an Informationen, die zur Lösung einer bestimmten Aufgabe notwendig sind.

Somit besteht die erste Herausforderung bei der Erstellung eines Exposés darin, das subjektive Informationsbedürfnis der Interessenten möglichst gut einzuschätzen. Da das Informationsbedürfnis jedoch individuell unterschiedlich ausfällt, behilft man sich in der Praxis damit, dass die Kennzahlen der Immobilie zu Beginn übersichtlich und strukturiert dargestellt werden und dann eine ausführliche Objekt- und Lagebeschreibung zusammen mit Bildern, Grundrissen und Landkarten folgt. Man unterscheidet zwischen dem *Kurz-Exposé* und dem *Lang-Exposé*.

Früher wurde zwischen Exposés (Beschreibungen für Bestandsobjekte) und Prospekten (Beschreibungen für Neubauprojekte) unterschieden. Dabei ging man davon aus, dass Bestandsobjekte besichtigt werden können, d. h. das angebotene Objekt unterlag der *Besichtigungskontrolle*. Damit bildete das Exposé neben dem Besichtigungsergebnis die zweite Entscheidungsgrundlage. Neubauprojekte sind hingegen Projekte, die in der Planung bzw. in der Erstellung sind. Sie wurden über Verkaufsprospekte vermarktet. Da solch ein Verkaufsprospekt die einzige Entscheidungsgrundlage bildete, wurden daran höhere Anforderungen als an ein Exposé gestellt.

Derjenige, der einen Vertrag über ein erst projektiertes Objekt schloss, musste sich wesentlich stärker auf die Richtigkeit der Angaben im Prospekt und die Realisierungszusagen verlassen können als der Interessent für eine bestehende Immobilie. Dies führte zu einer verstärkten Haftung, der sog. *Prospekthaftung*. In die Prospekthaftung waren alle Personen und Institutionen einbezogen, die im Prospekt mit aufgeführt waren und auf diese Weise eine öffentliche Garantenstellung für die Richtigkeit der Prospektangaben übernahmen.

Im Sprachgebrauch werden Neubauimmobilien heute nicht mehr mittels Verkaufsprospekten, sondern mittels Exposés beworben. Dadurch geht die Prospekthaftung jedoch nicht verloren. Umgekehrt haben die Gerichte die Haftung für Angaben in Exposés praktisch mit der Prospekthaftung gleichgestellt. Zur Richtigkeit von Angaben in Exposés hat der BGH 2019[27] wie folgt geurteilt und damit seine Rechtsauffassung von 2016[28] nochmals bestätigt:

Zu den Eigenschaften, die der Käufer eines Grundstücks nach den öffentlichen Äußerungen des Verkäufers oder seines Gehilfen erwarten darf, zählen auch Angaben in einem Exposé, wobei es keinen Unterschied macht, ob es sich um ein von dem Verkäufer selbst erstelltes Exposé oder um ein Maklerexposé handelt.

Nun stellt sich die Frage nach der Haftung in Exposés. Trifft sie den Verkäufer oder den Makler? Damit hatte sich der BGH 2007[29] zu befassen und

27 BGH, 19.01.2018, V ZR 256/16.

28 BGH, 22.04.2016, V ZR 23/15.

29 BGH, 18.01.2007, III ZR 146/06.

folgendes festgestellt: Grundsätzlich darf ein Makler Informationen vom Verkäufer ungeprüft weitergeben. Allerdings muss der Makler diese Informationen – insbesondere, wenn er diese in das eigene Exposé übernimmt – mit der erforderlichen Sorgfalt einholen. Dies bedeutet, dass er keine Angaben vom Verkäufer übernehmen darf, die er als Experte im Immobilienbereich als falsch, unplausibel oder bedenklich erkennen hätte müssen. Davon abgesehen schuldet der Makler seinem Auftraggeber jedoch grundsätzlich keine Ermittlungen. Im Allgemeinen darf er auf die Richtigkeit der Angaben des Verkäufers vertrauen.

Ein Maklerkunde muss grundsätzlich davon ausgehen, dass die Angaben im Exposé ausschließlich Angaben des Verkäufers sind, sofern keine Umstände vorliegen, die auf eine andere Auslegung hindeuten.

Ein BGH-Urteil aus 2019[30] geht sogar noch einen Schritt weiter. Dort heißt es, ein Exposé ist eine „öffentliche Äußerung". Der Käufer einer Immobilie kann erwarten, dass die im Exposé dargelegten Eigenschaften die vom Verkäufer geschuldete Beschaffenheit des Objekts abbilden. Weicht die Beschaffenheit der Immobilie von diesen Angaben ab, kann hierin ein Recht zum Rücktritt wegen eines Sachmangels begründet sein.

Macht ein Makler, der auch die Kaufverhandlungen führt, im Exposé eigene Angaben, die unrichtig sind, können diese dem Verkäufer zugerechnet werden, da das Maklerexposé eine „öffentliche Äußerung" darstellt.

Exposéfunktionen

A. Informationspflicht

Aus den vorstehenden BGH-Urteilen geht hervor, dass der Makler keine Haftung für die Objektbeschaffenheit zu tragen hat. Aber ist er damit von allen Haftungen befreit?

Im Interesse des Verbraucherschutzes müssen Makler nach der MaBV ihre Interessenten nicht nur rechtzeitig und vollständig, sondern auch „richtig" informieren. Verfehlungen gegen diese *Informationspflicht* sind Ordnungswidrigkeiten, wobei es nicht darauf ankommt, ob und inwieweit sich ein Makler gegenüber Interessenten von einer Haftung befreit hat.

Während das zivile Maklerrecht eine Erkundigungs- bzw. Nachforschungspflicht des Maklers nicht oder nur eingeschränkt kennt – der Makler muss den Auftraggeber nur über alle ihm bekannten entscheidungsrelevanten Umstände des Geschäftes aufklären – bleiben dem Makler eigene Erkundi-

30 BGH, 11.09.2019, V ZR 38/18.

gungen nicht erspart, wenn es darum geht, im Exposé richtige und vollständige Angaben über informationspflichtige Objektmerkmale machen zu können. Darauf hatte auch der BGH in seiner vorgenannten Entscheidung aus 2007, in der er dem Verkäufer die Haftung für die Objektbeschreibung auferlegt, nochmals hingewiesen:

Zwar sei der Makler verpflichtet, seinem Auftraggeber alle Tatsachen, die sich auf die Bedingungen des konkreten Geschäfts beziehen und die für den Willensentschluss seines Vertragspartners wesentlich sein könnten, richtig mitzuteilen. Diese Pflicht beziehe sich aber regelmäßig nur auf solche Umstände, die dem Makler bekannt seien.

Hat ein Makler z. B. Kenntnis, dass der Keller Feuchteschäden und Schimmelprobleme hat oder ist ihm bekannt, dass der Vorbesitzer sich in dem Objekt das Leben genommen hat, so sind dies wesentliche Tatsachen, die für die Kaufentscheidung eine Rolle spielen. Der Makler sollte diese Informationen nicht nur bei der Besichtigung kommunizieren, sondern auch dokumentiert übergeben. Es empfiehlt sich, diese Informationen in das Lang-Exposé zu übernehmen.

Weiterhin haftet der Makler für die Exposé-Inhalte und deren Vollständigkeit. Verwendet er urheberrechtlich geschützte Bilder, Texte, Landkarten usw., so haftet der Makler genauso wie für fehlende Angaben zum Energieausweis.

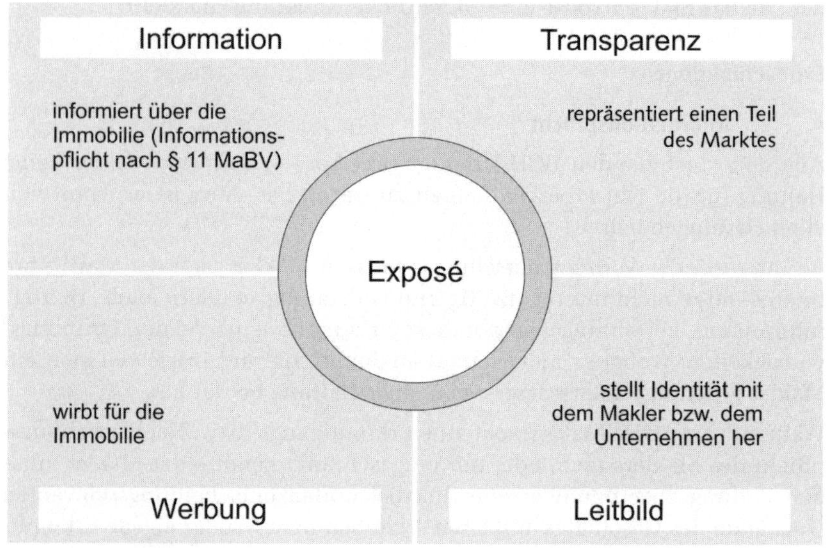

Abb. 2: Exposéfunktionen

Neben der Informationspflicht nach MaBV schreibt man dem Exposé drei weitere Aufgaben zu.

B. Markttransparenz

Da jeder Interessent von einer beliebigen Zahl an Maklern Exposés anfordern bzw. aus dem Internet abrufen kann, tragen alle Makler, die die Interessenten mit Exposés bedienen, dazu bei, dass diese den Markt und seine Möglichkeiten bewusst erkennen. Sie werden mit anderen Worten in die Lage versetzt, ihre Position als Nachfrager auf dem Markt so zu bestimmen, dass ihre Objektwahl in Kenntnis der Möglichkeiten erfolgt, die der Markt bietet. Ihre Entscheidungen werden rational begründbar. Makler tragen also durch Verwendung von Exposés in erheblichem Umfang zur Markttransparenz bei. Man kann von einer Transparenzfunktion oder *Marktinformationsfunktion* des Exposés sprechen.

C. Objektwerbung

Das Exposé ist gemäß seiner Definition ein Mittel der *Objektwerbung*. Die Objektwerbung kann im Konfliktverhältnis zur Informationspflicht stehen. Eine zielgruppenorientierte Werbung richtet sich an bestimmte – vorweg definierte – Gruppen von Zielpersonen, während die MaBV keine Unterschiede hinsichtlich der mithilfe der Informationspflicht zu schützenden Verbraucher kennt. Die Werbung setzt zwangsläufig andere Informationsschwerpunkte als die MaBV. *Werbefunktion* und Sachinformationsfunktion des Exposés stehen also in einem Spannungsverhältnis.

Die MaBV schreibt u. a. vor, dass über die Zahl der Zimmer informiert werden muss. Die Zimmeranzahl ist relevant für Käufer von Einfamilienhäusern und Eigentumswohnungen. Aus dem Blickwinkel eines Investors für ein Miethaus spielt die Zimmeranzahl jedoch nur untergeordnet eine Rolle. Zur Rentabilitätsbeurteilung sind für diesen die Wohn- bzw. Nutzfläche in Relation zu den Erträgen maßgeblich. Unter Berücksichtigung dieser Funktionskonkurrenz beim Exposé lässt sich der Grundsatz aufstellen, dass die Vorschriften der MaBV als Basisinformation zu beachten sind, darüber hinaus aber Informationsgestaltungsfreiheit nach Maßgabe der anzusprechenden Zielgruppen besteht.

D. Imagewerbung

Abschließend ist ein Exposé auch immer eine Visitenkarte für das Maklerunternehmen. Gute Exposés verkaufen nicht nur, sondern zeigen das *Leitbild des Maklers* auf. Jedes Exposé ist das Ergebnis eines umfangreichen Erfassungs- und Rechercheprozesses und dokumentiert somit automatisch die Arbeitsweise des Maklers.

Potenzielle Verkäufer nutzen die Transparenzfunktion von Exposés, um sich einen Überblick über den Wert ihrer Immobilie und den allgemeinen Markt zu machen. Dadurch sind Exposés nicht nur Verkaufs- sondern auch Akquiseinstrumente. Hier punkten die Makler, deren Exposés gute Beschreibungstexte, exzellente Objektfotos und klare Grundrisse enthalten. Bei Online-Exposés können zusätzlich 360°-Touren und Videos integriert werden.

Zudem wirkt ein gutes Exposé mit einem klaren Corporate Design der Verwechslungsgefahr bei Interessenten entgegen, die viele Exposés von unterschiedlichen Maklern anfordern.

7.2.5 Veranstaltungen und Sponsoring

Das Betätigungsfeld der Veranstaltungen und des Sponsorings ist groß und bietet mannigfaltige Möglichkeiten. Grundsätzlich sind Veranstaltungen und Sponsoring zwei getrennte Werbeformen, doch treten sie im Umfeld des Immobilienmaklers oftmals in Kombination auf. Leitgedanke bei diesen Werbeformen ist „Tue Gutes und rede darüber“. Nachstehend fünf Ideen, die als Anregung dienen können.

Neueröffnung, Umzug oder Jubiläum

Beim Umzug in ein neues Büro oder bei der Eröffnung eines neuen Standorts bietet es sich an, die Bestandskunden zu einer kleinen Einweihungsfeier einzuladen. Wem es gelingt, ein paar namhafte Ehrengäste (Bürgermeister, Landrat, Vorsitzender des Stadtmarketings usw.) für ein Grußwort zu gewinnen, hat ein gutes Setting, das die Veranstaltung interessant macht. In der Eröffnungsrede werden Erfolge der Vergangenheit, aktuelle Marktentwicklungen und neue Dienstleistungen, z. B. virtuelle Hausbesichtigungen, aufgegriffen. In entspannter Atmosphäre lassen sich anschließend bestehenden Kontakte weiter vertiefen und, wenn es gut läuft, vielleicht sogar Neugeschäfte anbahnen.

Kinoabend mit Sneak-Preview oder Blockbuster

Es muss nicht immer die Einweihung eines neuen Büros oder ein Jubiläum sein, um Kunden einzuladen. Im Fokus bei Kundenveranstaltungen steht die Kundenbindung und nicht das Unternehmen, somit lassen sich beliebige Anlässe herausgreifen. Es geht darum, dem Kunden ein positives Erlebnis zu bieten, damit dieser dem Maklerunternehmen die Treue hält und zum Empfehlungsgeber wird. Eine gute Möglichkeit, um dies zu erreichen, sind Filmvorführungen. Viele Kinos bieten spezielle Arrangements für Firmenevents an. Es gibt drei Kontaktpunkte: vor dem Film, während der Pause und im Anschluss. Vor dem Hauptfilm kann ein Firmenvideo gezeigt werden, das alle Informationen enthält, die man üblicherweise in einer Rede aufgreifen würde. Zusätzlich kann der Makler die Gäste auch live von der Bühne begrüßen. Diese Veranstaltungen eignen sich sehr gut dazu, die eigene Marke durch Einblendung zu Beginn, in der Pause oder am Schluss zu präsentieren, ohne dass es aufdringlich wirkt. Auch erreicht man damit einen größeren Teilnehmerkreis, da für den Kunden das Erlebnis „Kino“ und nicht das Maklerunternehmen im Vordergrund steht.

Vernissage

Künstler haben ein großes Interesse daran, ihre Arbeiten einem breiten Publikum bekannt zu machen. Wer ein großes Büro hat, kann dort eine Vernissage organisieren und zum Tag der offenen Tür einladen.

Interessanter wird es, wenn Sie ein besonderes Objekt in der Vermarktung haben, das leer steht. Dann kann dort – Zustimmung des Eigentümers vorausgesetzt – eine Vernissage durchgeführt werden. Diese Form der Kundenveranstaltung eignet sich nicht nur zur Kundenbindung, sondern auch exzellent für die Objektvermarktung, gerade wenn es keine Standardimmobilie ist und sich die Vermarktung schwierig gestaltet. Die Teilnehmer sehen die Immobilie und die Exponate des Künstlers. Auch wenn sich bei der Veranstaltung selbst kein Käufer findet, wird i. d. R. im Nachgang viel im Bekanntenkreis der Teilnehmer von solchen Veranstaltungen gesprochen und auf diese Weise der passende Käufer gefunden.

Sponsoring von Sportveranstaltungen

Wer sportbegeistert und vielleicht selbst in einem örtlichen Sportverein aktiv ist, wird diese Verbindung nutzen, um mittels Banden- oder Trikotwerbung sein Unternehmen zu bewerben. Die Steigerung ist Übernahme des Hauptsponsorings der Vereinsmeisterschaft oder die Kreation eines eigenen Wettbewerbs. Es gibt Makler, die seit vielen Jahren erfolgreich einen eigenen Firmen-Cup durchführen. Diese Möglichkeit bietet sich tendenziell bei den jüngeren Leistungsklassen an, da diese weniger im Fokus der Sponsoren stehen. Auch wenn die C-Jugend selbst keine Immobilien kauft oder verkauft, so sind die Eltern bei den Turnieren meistens dabei und somit freut sich der Verein über das Sponsoring und der Makler über positive Berichte im Verein und der örtlichen Presse.

Einzugsparty

Als letztes Beispiel sei hier die Einzugsparty genannt. Nach einer erfolgreichen Vermittlung laden viele Makler im Anschluss des Notartermins Käufer und Verkäufer in ein gutes Restaurant zum Essen ein.

Wurde ein größeres Haus vermittelt, kann der Makler auch anbieten, bei der Organisation der Einweihungsfeier behilflich zu sein und die Kosten zu übernehmen. Auf diese Weise wird einerseits nochmals ein besonders positiver Abschlusspunkt der Vertragsbeziehung gesetzt und zum anderen kann der Makler die Einweihungsparty zugleich als Kundenakquise nutzen. Er kommt mit vielen neuen Personen in Kontakt, die in ähnlichen Lebenssituationen wie der aktuelle Käufer sind.

Natürlich muss das Veranstaltungsbudget in einer vernünftigen Relation zum Provisionserlös stehen und nicht jeder abgeschlossene Auftrag eignet sich für so ein Event. Maßgeblich ist hier auch die persönliche Beziehung, die der Makler zum Käufer aufgebaut hat. Doch wer es schafft, an dem Abend seine Visitenkarten an die Gäste zu verteilen, hat gute Chancen, den nächsten Auftrag aus diesem Umfeld zu generieren.

7.2.6 Farming

Farming ist eine lokale Marketing-Methode. Der Begriff Farming kommt aus dem englischen und bedeutet wörtlich übersetzt Landwirtschaft oder Ackerbau betreiben. Ein Makler, der Farming betreibt, strebt in einem eng abgesteckten Zielgebiet (= Farm) von rund 5.000 Haushalten die Marktführerschaft an. Das Ziel ist es, in diesem kleinen Gebiet einen Marktanteil von über 50 % zu erreichen.

Dazu bedarf es einer enormen Präsenz. Diese lässt sich i. d. R. nur dadurch erreichen, dass der Makler nicht nur sein Büro in dem Gebiet hat, sondern auch dort lebt. Er kennt einen hohen Anteil der Einwohner persönlich, ist kulturell, sportlich und ehrenamtlich in diversen Vereinen engagiert. Er unterhält gute Kontakte zu lokalen Multiplikatoren wie Gastwirten, Bäcker, Metzger usw. Wirtschaftlich reicht sein Netzwerk vom lokalen Steuerberater über Finanzberater bis hin zum Notar. Präsenz bei regionalen Festen und Sportveranstaltungen sind Pflicht, wobei diese auch finanziell mittels Sponsorings unterstützt werden dürfen.

Das Konzept wird häufig nur halbherzig umgesetzt, wenn Makler meinen, es sei ausreichend, wenn man in einem Gebiet zwei bis drei Objekte verkauft hat, dieses nun regelmäßig mit Postwurfsendungen und Flyern über seine Aktivitäten zu informieren. Farming lebt von der Identifikation und Integration des Maklers mit seiner Farm.

7.3 Methoden der Online-Akquise

7.3.1 Homepage

Eigentümer, die den Verkauf ihrer Immobilie über einen Makler abwickeln möchten, verschaffen sich üblicherweise vorab Informationen über das Unternehmen. Dies erfolgt am leichtesten über die *Homepage* des Maklers. Dort will sich der Objektanbieter über den Makler und seine Kompetenzen ein Bild verschaffen, der für ihn später den Auftrag übernehmen soll. Wichtig dabei ist, dass nicht nur die Perspektive der Förderung des Absatzmarktes, sondern auch die des Beschaffungsmarktes eingenommen wird. Dabei ist die Struktur und Gestaltung der Homepage dafür entscheidend, ob ein potenzieller Objektanbieter Kontakt aufnimmt.

Unbekannte Gesprächspartner werden heute vor einer persönlichen Kontaktaufnahme meist „gegoogelt". Nach einer Studie der Gesellschaft für Konsumforschung (GfK) aus dem Jahr 2014 vertrauen Menschen nicht mehr alleine auf ihre Intuition, wenn sie mit einer ihnen noch nicht bekannten Person Kontakt aufnehmen wollen. 78 % recherchieren einen unbekannten Gesprächspartner vorab im Internet. Dabei greifen sie auf soziale Netzwerke und Business-Kontaktplattformen zurück. Im geschäftlichen Bereich steht als erster Schritt der Besuch der Firmenwebsite.

Diese Erkenntnis ist in der Immobilienbranche besonders relevant, da keine standardisierten Produkte verkauft werden, sondern die Dienstleistung des Maklers. Ist ein potenzieller Kunde nach einem kurzen Blick auf die Firmenhomepage skeptisch, wird eine weitergehende Überprüfung der *Online-Reputation* gar nicht erst erfolgen. Der nächste Makler ist nur einen Mausklick entfernt. Die Basiszutaten für eine gute Homepage sind Design, Technik und Inhalt.

Design: Eine Firmenwebsite sollte hell, freundlich und übersichtlich gestaltet sein. Die ersten beiden Kriterien erfüllen die meisten Websites. Beim Punkt Übersichtlichkeit sieht es hingegen schon anders aus. Dennoch sind die meisten Seiten glücklicherweise so strukturiert, dass auch ein erstmaliger Besucher sich orientieren kann.

Alle Seiten sollten von einem durchgängigen *Corporate-Design* geprägt sein. Dabei ist auf eine einheitliche unaufdringliche Farbkombination, ein durchschaubarer Gestaltungsrahmen sowie logische Gliederungsebenen zu achten. Die Startseite dient der Grundnavigation. Ein für das Unternehmen stehendes Stadt- oder Immobilienbildmotiv ist in Verbindung mit der Corporate Identity durchaus nützlich. Die Navigation der Startseite muss einen schnellen Zugriff auf *Firmenporträt* (Kompetenzseite), *Objektangebotsseite, Referenzseite, Netzwerkseite* (Partner und Links), auf die Seite für die *Präsentation der Leistungen*, auf die Seite für die Kontaktaufnahme und auf das Impressum ermöglichen. Die Schrift muss problemlos (ohne Vergrößerungsglas) lesbar sein. Sie darf jedoch auch nicht aufdringlich groß sein. Keine der Seiten darf mit ziellosen Informationen überfüttert werden.

Technik: Die Technik der Homepage entscheidet nicht nur über die Seitengeschwindigkeit, sondern auch darüber, wie gut die Seite mit Suchmaschinen kommuniziert und welche Seitenkennzahlen bereitgestellt werden. Zudem ist sie dafür verantwortlich, dass die Navigation fehlerfrei ist oder die Seite ohne Probleme auf unterschiedlichen Endgeräten angezeigt wird. Es empfiehlt sich, die gesamte Technik an eine Internetagentur auszugliedern.

Inhalt: Technik und Gestaltung sind notwendige, aber keine hinreichenden Voraussetzungen für eine gute Seite, den wichtigsten Part nimmt der Inhalt ein. Nachdem der Fokus zumeist auf der Kundenakquise liegt, sind die Vorteile und Nutzen für Eigentümer herauszustellen. Abgerundet wird die Seite durch die Vorstellung des Maklers und seines Teams. Ein Kunde möchte schließlich wissen, von wem er betreut wird und welche Kompetenzen diese Person hat.

Beim Inhalt ist darauf zu achten, dass die Kernbotschaften die Kunden auch erreichen. Hier ist weniger Text mehr. Die Kontaktaufnahmemöglichkeit muss von jeder Seite aus schnell erreichbar sein.

Damit ist die Basis geschaffen. Dies reicht jedoch noch nicht für eine erfolgreiche Seite aus. Mit den nachfolgenden drei Elementen setzen Sie sich positiv vom Wettbewerb ab.

Einkaufsorientierung vs. Verkaufsorientierung

In den meisten deutschen Metropolregionen hat sich nach der Finanzkrise 2008/2009 ein Anbietermarkt entwickelt, d. h. die Nachfrage übersteigt das Angebot und der Anbieter ist in der besseren Verhandlungsposition. Dabei ist der Anbieter nicht nur gegenüber dem Käufer oder dem Mieter, sondern auch gegenüber dem Makler in einer starken Verhandlungsposition.

Theoretisch wird jeder Anbietermarkt einmal zusammenbrechen, denn auf Anbietermärkten lassen sich hohe Margen erzielen, was neue Konkurrenten anzieht. Dadurch vergrößert sich das Angebot so lange, bis es wieder im Gleichgewicht ist oder gar in einen Nachfragemarkt umschlägt. Da Wohnungen jedoch nicht in beliebiger Menge produziert werden können, ist bis auf Weiteres mit einer latenten Wohnungsknappheit zu rechnen. Die Homepage sollte daher gezielt Verkäufer oder Vermieter ansprechen. Diese Personen müssen in Anbietermärkten zuerst adressiert werden.

Das „einzigartige Verkaufsversprechen"

Gute Unternehmen haben ein einzigartiges Verkaufsversprechen bzw. Alleinstellungsmerkmal. Das Alleinstellungsmerkmal, in der Literatur häufig als USP = Unique Selling Proposition bezeichnet, bezieht sich ursprünglich auf ein zu verkaufendes Produkt. Doch lassen sich die grundsätzlichen Überlegungen zum USP auch auf Personen und Dienstleistungen übertragen.

Ein USP für einen Makler könnten dessen Kommunikationsfähigkeit, Mediationserfahrung oder Zusatzleistungen sein, mittels derer er sich vom Wettbewerb abheben kann. Gegenüber potenziellen unbekannten Kunden werden Alleinstellungsmerkmale am besten über Referenzen und Auszeichnungen dokumentiert. Auszeichnungen von Fachverlagen oder Branchenunternehmen können auch kritisch gesehen werden, da sie teilweise gegen Zahlung einer Gebühr vergeben werden.

Referenzen

Menschen möchten nicht überredet, sondern überzeugt werden. Somit ist es wenig zutragend, die eigenen Leistungen zu loben. Vielmehr sind die Leistungen darzustellen und durch Referenzschreiben zu belegen. Das aktive Einsammeln von Statements zufriedener Kunden ist dazu unerlässlich. Ein perfektes Empfehlungsschreiben nennt den konkreten Vorgang (Verkauf meiner Eigentumswohnung), das positive Element (die stets freundliche und kompetente Beratung hat mich beeindruckt) und den Referenzgeber (Max Muster aus Berlin – nicht Herr M. aus B.). Steht dann noch ein Datum auf dem Schreiben und ist es vielleicht sogar unterschrieben, steigt die Vertrauensbasis nochmals.

7.3.2 Online-Exposé

Für das Online-Exposé gelten die Aussagen der Printversion analog. Der Unterschied besteht in der Einbindung von Multimedia-Elementen, die die Informationsmöglichkeiten des Print-Exposés enorm steigern.

Üblich ist heute die Einbindung von Videos und 360°-Touren. Gemäß dem Motto „Ein Bild sagt mehr als tausend Worte" stellt ein Video ein Vielfaches an Informationen gegenüber eines einzelnen Bildes bereit. Der Interessent erlebt die Immobilie von außen, sieht, wie sich die Eingangstür öffnet und erlebt das Betreten des Hauses praktisch so, als ob er selbst eintreten würde. Neben den Bildinformationen, die visuell wahrgenommen werden, kann die Szene mit Toninformationen ergänzt werden. Moderne System-Kameras mit guten Weitwinkelobjektiven sind technisch so ausgereift, dass sie für Objektvideos vollkommen ausreichend sind. Limitierungen können bei schlechten Lichtverhältnissen auftreten. Selbst mit der aktuellen Generation der Premium-Smartphones lassen sich dank Bildstabilisierung und starken Bildprozessoren eindrucksvolle Immobilienvideos erstellen.

Statt Videos werden oftmals auch 360°-Rundgänge angeboten. Dabei werden einzelne Zimmer mit einer sog. 360°-Kamera aufgenommen. Die Kamera nimmt das gesamte Zimmer inklusive Decke und Fußboden auf. Der Betrachter kann das Bild beliebig drehen. Dadurch entsteht der Eindruck, man würde selbst in der Mitte des Raumes stehen, wobei man diese Ansicht um die eigene Achse drehen sowie nach oben und unten neigen kann. Der Vorteil gegenüber eines Videos ist, dass der Betrachter selbst bestimmt, was er sich wie lange ansieht.

Es gibt auch 360°-Videos, die Film und 360°-Tour kombinieren. Zudem gibt es bei Online-Exposés praktisch keine Beschränkung bzgl. der Menge an Fotos, Kartenansichten und weitergehenden Informationen.

7.3.3 Social-Media-Kanäle

Social-Media-Netzwerke sind bei den meisten Maklerunternehmen inzwischen fester Bestandteil der Kundenkommunikation. Sie kommen sowohl zur Akquise als auch im Vertrieb zum Einsatz. Die einzelnen Netzwerke haben unterschiedliche Schwerpunkte, dementsprechend sind sie für einzelne Aufgabenstellungen unterschiedlich gut geeignet. Eines eint sie jedoch alle: Mit ihrer Hilfe kann man die eigene Internetseite bekannter machen und stärken.

Die Netzwerke lassen sich in drei Gruppen einteilen: Aktivitätsnetzwerke, Businesskontaktnetzwerke sowie Foto- und Videonetzwerke. Zur Gruppe der Aktivitätsnetzwerke gehören u. a. Facebook und Twitter. Bei den Kontaktnetzwerken dominieren Xing und LinkedIn, es gibt aber auch auf die Immobilienbranche spezialisierte Netzwerke wie Konii. Hier finden sich ausschließlich Kontakte aus der Immobilienwirtschaft. Bei den Foto- und Videonetzwerken sind Instagram, Pinterest und YouTube die bekanntesten Kanäle.

Tabelle 6: Übersicht Social-Media-Kanäle

Schwerpunkte sowie Chancen und Risiken unterschiedlicher Netzwerke		
Aktivitäts- und Kommunikationsnetzwerke	Businesskontaktnetzwerke	Foto-/Videonetzwerke
z. B. Facebook, Twitter, WhatsApp	z. B. Xing, LinkedIn, Konii	z. B. YouTube, TikTok, Instagram, Pinterest
+ Kommunikation + Kundenbindung + Akquise - Shitstorm	+ Informationen + Empfehlungen + Kontaktdaten - Interaktion	+ Kaltakquise + Interaktion - Kontaktpflege

Wie schon unter Kap. 7.2.2 beschrieben, ist es sinnvoll, sich mit möglichst vielen Personen, die als Kunde infrage kommen, zu vernetzen. Theoretisch lässt sich zu jedem Menschen auf der Welt über nur sieben Kontakte eine Verbindung herstellen. Diesbezüglich bieten die Business-Kontaktnetzwerke sog. Kontaktpfade an, die dabei helfen, auch zu fremden Personen einen Kontakt aufzubauen. Dies kann im B2B-Bereich sehr hilfreich sein. Für die Kommunikation und Werbung gegenüber Endkunden sind die Aktivitäts- und Kommunikationsnetzwerke oder auch die Foto- und Videonetzwerke besser geeignet.

Eine Fanpage bei Facebook oder ein Kanal auf YouTube sind eigenständige Internetauftritte, daher muss bei jedem Netzwerk, das zum Einsatz kommt, auch ein vollständiges Impressum hinterlegt bzw. verlinkt werden.

Social-Media-Kanäle benötigen regelmäßige Pflege. Schon ein einzelner Kanal benötigt – wenn man ihn regelmäßig aktiv bespielt – keine unerheblichen Ressourcen. Der Aufwand besteht dabei weniger im Posten von Beiträgen, sondern vielmehr in der Erstellung der Inhalte (Content-Produktion). Wer jedoch aufgrund einer regelmäßigen Kundenzeitung oder aktiven Pressearbeit regelmäßig neue Inhalte zur Verfügung hat, kann diese auch zentral über Social-Media-Planungstools ausspielen. Diese Tools verwalten alle Inhalte an einem zentralen Ort und können diese voll automatisiert in alle gängigen Netzwerke einspielen. Dadurch erspart man sich das aufwendige Kopieren und online-Stellen der Inhalte in jedes einzelne Portal.

Neben den aktiven Netzwerken (Kontakthalten und Kontakte ausbauen) sind es vor allem die Werbemöglichkeiten der Social-Media-Kanäle, die diese so interessant machen. Keine anderen Werbekanäle lassen sich so zielgruppenspezifisch ansteuern wie die sozialen Netzwerke. Dies wird im nächsten Kapitel betrachtet.

7.3.4 Online-Werbung

Bevor es Online-Werbung gab, musste man sich zwischen Massenwerbung und personalisierten Werbemaßnahmen entscheiden. Mittels Massenwerbung lassen sich sehr einfach sehr viele Menschen erreichen. Typische Medien für Massenwerbung sind Plakat-, Rundfunk- oder Fernsehwerbung. Auch bei Massenwerbung werden Zielgruppen definiert, es liegt jedoch in den Medien selbst begründet, dass hierbei relativ hohe Streuverluste entstehen. Das Gegenteil von Massenwerbung ist Einzelwerbung, also die direkte Werbung. Typischer Vertreter ist der Serienbrief, der an ausgewählte Empfänger versendet wird. Dies setzt jedoch voraus, dass man über entsprechende Adressen verfügt. Damit kann man eine Einzelperson gezielt ansprechen, doch man erreicht auch nur einen überschaubaren Personenkreis.

Das Online-Marketing versucht, die schwer zu vereinbarenden Gegensätze von Massen- und Einzelwerbung der Offline-Welt aufzulösen.

Einerseits lassen sich über das Internet sehr viele Menschen in extrem kurzer Zeit erreichen. Andererseits kann die Werbung themenbezogen an Zielseiten ausgerichtet und so platziert werden, dass sie nur dem relevanten Nutzerkreis angezeigt wird. Man spricht von *Zielgruppenwerbung* (= Targeted Advertising). Auf diese Weise werden Streuverluste auf ein Minimum reduziert. Im Idealfall nimmt der Nutzer die Werbung nicht als Werbung, sondern als wertvolle Information wahr.

Tracking – Voraussetzung für personalisierte Werbung

Wer im Internet unterwegs ist, hinterlässt permanent Spuren. Webseiten überwachen und analysieren das Nutzerverhalten. Je länger das Surfverhalten gemessen (= getrackt) wird, desto exakter kann der Nutzer kategorisiert werden, um ihm anschließend zielgerichtete Werbung auszuspielen. Neben dem Auslesen von Cookies gibt es weitere Tracking-Methoden. Ziel ist es, den Browser eindeutig zu identifizieren, also eine Art Fingerabdruck des Browsers zu erzeugen. Dies geschieht u. a. durch das Auslesen installierter Schriftarten, Lesezeichen oder Plug-ins. Über die IP-Adresse kann der Nutzer auch geografisch eingeordnet werden. Die Summe der Daten führt zu einem eindeutigen Nutzerprofil, das stetig wächst und immer genauere Rückschlüsse auf die Person und deren Interessen zulässt.

Dieses stetige Datensammeln geschieht vor dem Hintergrund, dass ein Websitebesucher ein potenzieller Kunde ist und man diese Person daher zukünftig mittels Online-Werbung erreichen möchte. Besucht jemand einen Online-Shop und schaut sich dort eine bestimmte Uhr an, dann speichert der Online-Shop diese Information in einem sog. Cookie im Browser des Nutzers. Diese kleine Textdatei enthält u. a. das aufgerufene Produkt mit Datum und Uhrzeit. Besuchen diese Person den Online-Shop ein paar Tage später wieder, so erkennt die Seite aufgrund des Cookies die Person wieder und zeigt ihr die Uhr sowie weitere ähnliche Uhren an. Auf ein Maklerbüro übertragen könnte man sich folgende Funktion vorstellen: Ein Interessent, der nach Eigentumswohnungen gesucht hat, erhält beim nächsten Besuch gleich den Hinweis auf neue Eigentumswohnungen. Parallel könnte ein Hinweis erscheinen, dass er sich jetzt in die Kundendatenbank eintragen kann und dann automatisch passende Angebote erhält. Das Gleiche funktioniert auch auf der Einkaufsseite bei der Leadgenerierung. Interessiert sich ein Besucher auf der Seite für Marktdaten, so kann man ihm eine Checkliste zum Immobilienverkauf anbieten.

Was ist Targeting?

Doch werden Kunden erreicht, die noch gar nicht auf der Maklerhomepage waren? Das Zauberwort nennt sich Targeting. Unter Targeting, häufig auch als Targeted Advertising bezeichnet, versteht man die Ansprache von einem spezifischen Personenkreis (= *Zielgruppe*) im Online-Marketing. Je klarer die Zielgruppe abgegrenzt ist, desto besser kann diese angesprochen werden und umso erfolgreicher fällt die Werbekampagne aus. Zum einen kann die Werbebotschaft exakt auf die Zielgruppe ausgerichtet werden, zum anderen werden durch Targeting Streuverluste reduziert und die Werbung in dem Moment angezeigt, in dem die Zielgruppe für die Werbebotschaft empfänglich ist. Zielgruppen können durch viele Merkmale bestimmt werden, z. B. nach Geschlecht, nach Alter, nach der Region oder dem Einkommen. Im Online-Marketing werden verschiedene Targeting-Methoden unterschieden.

Methoden zur Zielgruppenauswahl

1. **Content-Targeting**

   Content-Targeting bedeutet, dass die Werbung in einem passenden (Inhalts-)Umfeld geschaltet wird. Hierbei sind keine weiteren Informationen über den Nutzer erforderlich. Man geht davon aus, dass jemand, der nach Immobilien sucht, auch Interesse an einer Finanzierung oder einem Umzugsservice hat. Dies ist der Grund, warum sich Werbung solcher Anbieter sehr häufig in Immobilienportalen findet.

2. **Semantisches Targeting**

   Differenziert man das Content-Marketing weiter, selektiert man die Zielgruppe nicht über den Besuch einer Homepage, sondern nach deren

Unterseiten, den sog. Landingpages. In diesem Fall spricht man von semantischem Targeting. Im obigen Beispiel würde die Werbung zu Hypothekendarlehen nur Nutzern angezeigt, die nach Kaufimmobilien suchen. Mietwohnungsinteressenten erhalten hingegen Werbung für einen Ratenkredit, mit dem sie einen Umzug oder neue Wohnungseinrichtungsgegenstände finanzieren können. Content- und semantisches Targeting ermöglichen daher nur Werbung auf den Seiten, auf denen sich der Nutzer gerade befindet.

3. **Soziodemografisches Targeting**

   Dieses funktioniert ähnlich dem semantischen Targeting, doch stammt das zur Zielgruppe passende Werbeumfeld aus der Marktforschung und leitet sich nicht direkt aus dem Inhalt der Website ab. So könnte man 1-Zimmer-Appartements in Studentenforen bewerben oder Ferienhäuser in den Bergen auf Bergsport-Blogs.

4. **Regionales Targeting**

   Wird Werbung länder- oder regionalbezogen ausgespielt, spricht man von regionalem Targeting. Diese Werbeform ist insbesondere für die Immobilienbranche relevant, da über 80 % der Immobilieninteressenten aus einem Umkreis von 20 km stammen.

5. **Keyword-Targeting**

   Anhand eines Keywords wird passende Online-Werbung angezeigt, diese Zielgruppenselektion wird von Suchmaschinen bei Suchanfragen eingesetzt. Dabei werden mehrere Schlüsselwörter bzw. Wortkombinationen festgelegt, die als Trigger zum Anzeigen einer Google Ads-Anzeige führen.

6. **Re-Targeting**

   Beim Re-Targeting (manchmal auch als Re-Marketing bezeichnet) versucht man, einen Homepagebesucher im Internet zu (ver-)folgen und ihn mit der eigenen Marke bzw. Produkten erneut in Kontakt zu bringen. Das Re-Targeting basiert auf dem technischen Targeting, d. h. hier ist die Wiedererkennung eines Besuchers über Cookies oder dem Fingerabdruck des Browsers Voraussetzung.

Hat sich ein Unternehmen einem Werbenetzwerk wie z. B. dem Google Display Netzwerk (GDN) angeschlossen, kann es Cookie- bzw. Fingerprint-Informationen des jeweiligen Kundenbrowsers an das Werbenetzwerk weitergeben. Surft dann dieser Nutzer eine Seite des Werbenetzwerkes an, so wird er wiedererkannt und das werbende Unternehmen erhält die Möglichkeit, einen Werbebanner auf der aufgerufenen Seite zu ersteigern. Dieser

Vorgang passiert in Echtzeit und wird Real-Time-Bidding genannt. In Millisekunden wird innerhalb des Werbenetzwerks der Werbeplatz anhand der voreingestellten Parameter unter den teilnehmenden Unternehmen versteigert. Bieten mehrere Unternehmen auf den gleichen Werbeplatz, so erhält das Unternehmen den Zuschlag, das den höchsten Gebotsbetrag voreingestellt hat. Dieser Vorgang ist vergleichbar mit der Ausspielung von Adwords-Anzeigen.

Praxisbeispiele

Google Adwords: Nutzung von Google Adwords, um das eigene Unternehmen oder eine Dienstleistung bekannt zu machen. Dabei wird i. d. R. eine Kombination aus Keyword-Targeting und regionalem Targeting eingesetzt. Eine typische Keyword-Kombination könnte „Eigentumswohnung + Stadt" sein.

Facebook Ads: Facebook kennt als Social Media Netzwerk seine Nutzer noch besser als Google. Daher lassen sich hier verschiedene Targeting-Arten miteinander kombinieren. Facebook ist ein sehr guter Kanal für die Bewerbung von neuen Immobilienangeboten. Das Objekt wird dabei auf der Fanpage gepostet und anschließend wird das Posting beworben. Dabei kann die Zielgruppe beispielsweise nach Alter, Ort und Einkommen selektiert werden. Dieser ausgewählte Personenkreis sieht dann das Posting als Werbung in seiner Timeline.

Das System funktioniert ebenso zur Leadgenerierung. Dabei wird keine Immobilie beworben, sondern z. B. ein Artikel zur Immobilienbewertung oder eine Checkliste. Der Interessent wird über das Posting auf eine Landingpage geleitet, auf der er sich registrieren kann, wenn er den beworbenen Inhalt downloaden möchte.

Werbung mittels Facebook Ads ist leicht zu erlernen und man kann bereits mit kleinen Geldbeträgen gute Resonanz erzielen. Durch das Testen mit kleinen Beträgen sammelt man Erfahrung und kann dann das Werbebudget den gewünschten Anforderungen entsprechend langsam hochfahren.

7.3.5 Lead-Einkauf und Lead-Generierung

Die Nachfrage nach Wohnraum übersteigt in vielen Regionen das Angebot deutlich. Wer in diesen Zeiten auf einen gut eingeführten Markennamen oder ein erfolgreiches Empfehlungsmarketing zurückgreifen kann, hat einen signifikanten Wettbewerbsvorteil.

Doch welche Möglichkeiten gibt es, wenn man noch nicht so etabliert ist, das eigene Netzwerk noch nicht so groß und das Marketingbudget entsprechend kleiner ist? Wer heute in den sozialen Netzwerken unterwegs ist, gewinnt schnell den Eindruck, dass Kundenakquise das Einfachste auf der Welt sei. Unzählige Anbieter offerieren Kundengewinnungssysteme, die eine schnelle Lösung des Problems versprechen. Immer wieder ist dabei der Begriff „Leadgenerierung" zu lesen – mit dieser Technik würden andere Makler bereits nennenswerte Umsätze generieren. Kann das funktionieren oder ist es vielleicht doch besser, gleich Kundenkontakte (Leads) einzukaufen?

Im Folgenden soll daher die Frage erörtert werden, ob der *Lead-Einkauf* oder die *Lead-Generierung* die bessere Variante ist. Zuerst gilt es zu definieren, was man unter „Lead" versteht. Allgemein ist ein Lead ein Geschäftskontakt, der Interesse an Ihrem Unternehmen bzw. Ihrer Dienstleistungen hat. Ein Lead besteht aus personenbezogenen Daten und enthält im einfachsten Fall Name, E-Mail-Adresse sowie eine kontextbezogene Information. Diese kontextbezogene Information ist dabei das Interesse, z. B. Kaufinteressent, Mietinteressent oder potenzieller Verkäufer. Abhängig davon, wie bekannt der Kontakt und wie weit diese Person im Prozess der Auftragsvergabe vorangeschritten ist, unterscheidet man verschiedene Lead-Qualitäten:

- **Allgemeiner Lead**: Person, von der wir personenbezogene Daten und (ein) Interesse kennen, z. B. ein Eigentümer in unserem Vertriebsgebiet.
- **Marketing Qualified Lead (MQL)**: Person, die unserer Zielgruppe angehört und ein Problem hat, das wir lösen können, z. B. ein Eigentümer, der den Wert seiner Immobilie ermitteln möchte.
- **Sales Accepted Lead (SAL)**: Person, die über das reine Interesse hinaus weitere Kriterien erfüllt, die sie zu einem attraktiven Kunden macht, z. B. ein Eigentümer, der den Wert seiner Immobilie ermitteln und diese verkaufen möchte.
- **Sales Qualified Lead (SQL)**: Der SQL ist der qualitativ hochwertigste Kundenkontakt. Neben den Kriterien des SAL kommt hinzu, dass er sich sichtbar in der Entscheidungsphase befindet. Dies wäre somit ein Eigentümer, der den Wert seiner Immobilie ermitteln und diese verkaufen möchte sowie auf der Suche nach einem Makler ist.

Anhand dieser vier Stufen wird schnell ersichtlich, dass der Wert eines Leads stark schwanken kann und mit jeder Qualifizierungsstufe steigt.

Der Kauf bzw. Verkauf einer Immobilie ist für die meisten Menschen ein seltener – oftmals sogar einmaliger – Vorgang, da Immobilien normalerweise das wertvollste Gut sind, das Menschen erwerben bzw. verkaufen. Erfahrungswerte über den Ablauf und auch Kenntnisse zur Bewertung einer Immobilie fehlen i. d. R. somit. Andererseits ist das Thema Wohnen zusammen mit der Entwicklung der Marktpreise in den Medien omnipräsent.

Unabhängig davon, ob ein potenzieller Verkäufer seine Immobilie selbst vermarkten möchte oder einen Makler beauftragt, er wird versuchen, sich ein Mindestmaß an Wissen anzueignen. Genau an dieser Stelle setzen Leadportale bzw. Leadgenerierungssysteme an. Der Interessent gelangt über die Google-Suche auf diese Internetseiten und findet hier die gewünschten Informationen in Form von Preisspiegeln, Checklisten und Ratgebern.

Diese Seiten sind im Allgemeinen technisch sehr gut gemacht und bieten quantitativ und qualitativ hochwertige Inhalte an. Abgerundet wird das Angebot durch eine kostenfreie Wertindikation der Immobilie. Der Kunde zahlt an dieser Stelle mit seinen Kontaktdaten. Jeder Interessent, der seine Daten eingibt, wird somit zum Marketing Qualified Lead (MQL). Häufig werden diese Leads zum Kauf angeboten. Es gibt jedoch auch Anbieter, die den Kontakt telefonisch nachqualifizieren. Damit werden Personen, die nur den Wert ermitteln, jedoch nicht verkaufen wollten, herausgefiltert. Damit steigt der Kontakt vom MQL zum Sales Accepted Lead (SQL). Da durch diesen Prozess über 75 % der Kontakte aussortiert werden, ist ein SQL entsprechend teurer. Nur ganz wenige Anbieter gehen jetzt noch weiter und stellen die Frage, ob der Kunde wünscht, dass sich ein Makler mit ihm in Verbindung setzt und machen ggf. auch gleich einen Termin aus. Bei diesen Personen befinden wir uns in der vierten Stufe, den sog. Sales Qualified Leads. Hier erfolgt die Bezahlung i. d. R. über einen anteiligen Provisionssatz in Höhe bis 50 % der erzielten Courtage.

Beim Leadeinkauf kommt es also ganz wesentlich auf die Qualifizierungsstufe an. Die Gesamtkosten, die aufgewendet werden müssen, um tatsächlich einen Lead in einen Auftrag zu verwandeln, bestehen nicht nur aus den Kosten für den Leadeinkauf, sondern auch aus den Kosten für die Gespräche und Termine bei der Auftragsannahme.

In einer aktuellen Mitgliederbefragung beim IVD Süd gaben die Teilnehmer an, für einen Auftrag im Schnitt zehn Leads einkaufen zu müssen. Dies bedeutet, dass neun Leads komplett bearbeitet werden, die am Ende jedoch nicht zu einem Auftrag führen. Unter Berücksichtigung einer Vollkostenkalkulation und Einbeziehung der neun nicht erfolgreichen Leads kostet ein Auftrag in den Metropolregionen München und Stuttgart 5.000 bis 7.000 €.

Vorteile beim Leadeinkauf:

- Leads sind schnell verfügbar
- Kein langfristiges Start-Investment
- Anzahl der Leads kann frei bestimmt werden
- Je nach Vertrag monatliche Änderungen möglich
- Gute Leads sind vorqualifiziert (SAL)

Nachteile beim Leadeinkauf:

- Hohe Kosten je Lead (100 bis 800 €)
- Leads werden häufig an drei Anbieter verkauft
- Bis auf SQL ist immer noch erheblicher Akquiseaufwand erforderlich
- DSGVO-Konformität beachten
- Langfristige Abhängigkeit

Dem Leadeinkauf steht die eigene Leadgenerierung gegenüber. In diesem Fall betreibt der Makler auf seiner Homepage ein eigenes System bestehend aus hochwertigem Content (Ratgeber, Checklisten, Preisspiegel usw.) sowie einem Tool zur Immobilienbewertung, das die Adressen generiert. Dabei sind folgende Kosten zu berücksichtigen:

- Kosten für Erstellung und Pflege des Contents.
- Kosten für das Bewertungstool. Häufig werden Laufzeitverträge mit einem festen monatlichen Betrag angeboten. Es gibt aber auch Systeme, die nach der Anzahl der bewerteten Objekte abrechnen. Erwartet man eine hohe Nutzerzahl, dann sind Flatrate-Modelle mit einer fixen Monatsgebühr attraktiver.
- Kosten für die Bewerbung dieser Landingpages. Je besser der Content ist, desto besser stehen die Chancen, dass Google die Seiten auf den vorderen Rängen anzeigt. In Großstädten und Ballungsräumen konkurrieren inzwischen jedoch sehr viele Lead-Portale und Makler, sodass es dort schwierig ist, vorne gelistet zu werden. Daher ist es erforderlich, die Seiten mittels Google Ads oder Facebook Ads zu bewerben. Um tatsächlich eine gewisse Sichtbarkeit und Resonanz mit den Werbeanzeigen zu erzielen, sind 1.000 € mtl. als Minimalbudget anzusehen.

Die Ausgaben lassen sich in zwei Bereiche teilen: Kosten, die dem Markenauftritt und der eigenen Maklerhomepage zugerechnet werden können und Werbekosten, um mehr Besucher auf die Seite zu ziehen. Damit wird schnell ersichtlich, dass der erste Teil langfristig dem eigenen Unternehmen zugute kommt. Der zweite Teil für die Werbeausgaben kann nach Bedarf skaliert werden. Aus diesem Grund bietet die eigene Leadgenerierung gegenüber dem Leadeinkauf erhebliche Vorteile.

Dies spiegelt sich auch in dem Ergebnis der oben genannten Mitgliederbefragung wider. Nur knapp 10 % gaben an, Leads einzukaufen, wohingegen über 40 % der Mitglieder bereits auf die digitale Kundenakquise setzen. Dabei muss man sich nicht zwingend selbst mit den Inhalten und der Technik beschäftigen, sondern kann auch bei der Leadgenerierung auf fertige Module und Dienstleistungen zurückgreifen. Jedoch sollte man darauf achten, die Inhalte nicht nur zu mieten, sondern den Content zu kaufen. Dann bleiben die Inhalte auch bei einem Anbieterwechsel weiterhin verfügbar.

Das nachstehende Kapitel geht detailliert auf die Content-Erstellung ein.

7.3.6 Content-Marketing

Klassische Werbung unter dem Motto „Wir verkaufen auch Ihre Immobilie" erreicht potenzielle Verkäufer nicht mehr. Dabei ist dies kein spezifisches Problem der Immobilienbranche, sondern ein allgemeiner Trend, der aus der täglichen Flut an Werbung resultiert. Nach Schätzungen der Werbeindustrie sind wir heute täglich zwischen 10.000 und 13.000 Werbebotschaften ausgesetzt. In den 80er-Jahren lag die Anzahl der täglichen Werbebotschaften noch unter 1.000 pro Tag. Fachleute gehen davon aus, dass nach 3.000 bis 5.000 Werbebotschaften die sog. Werbeblindheit einsetzt und weitere Werbebotschaften vom Konsumenten nicht mehr wahrgenommen werden.

Auf der anderen Seite steigt der Bedarf an Informationen und Wissen in einer digitalen vernetzten Welt kontinuierlich an. Was also liegt näher, als diesen Informationsbedarf mit Werbung zu kombinieren. Firmen können durch die Bereitstellung von hochwertigen und nützlichen Informationen nicht nur neue Kunden gewinnen, sondern sogar neue Zielgruppen erschließen. Diese Form der Werbung, bei der der Kunde von sich aus auf ein Unternehmen zugeht, wird als Content Marketing bezeichnet. Die Informationen müssen dem potenziellen Kunden jedoch einen echten Mehrwert bieten, sonst springt der Kunde ab und klickt auf die nächste Internetseite.

Wie bei anderen Marketingmaßnahmen lassen sich auch beim Content Marketing verschiedene Phasen unterscheiden, die sich in Planung, Produktion, Distribution und Monitoring unterteilen lassen.

Planungsphase

In der Planungsphase werden das Ziel sowie die Zielgruppe festgelegt. Beim Ziel Immobilienakquise besteht die Zielgruppe somit aus Immobilienbesitzern. Die Zielgruppe lässt sich nochmals unterteilen in Eigentümer mit kurzfristigem Veränderungsbedarf und Eigentümer, die aktuell keinen Veränderungsbedarf ihrer Wohnsituation haben. Auf lange Sicht wird aber auch die zweite Gruppe am Verkäufermarkt auftreten und es lohnt sich, diese Kunden mit dem eigenen Unternehmen frühzeitig bekannt zu machen.

Nach der Ziel- und Zielgruppendefinition werden Themen selektiert, die für die Zielgruppe relevant sind. Diese Themen sind möglichst genau auf einzelne Zielgruppen und deren Lebenssituation abzustimmen.

Betrachtet man die erste Zielgruppe mit kurzfristigem Veränderungsbedarf der Wohnsituation, können folgende Gründe eine Rolle spielen:

- Änderung der Haushaltsgröße (Scheidung, Tod, Nachwuchs)
- Räumliche Veränderung (Wohnortswechsel – beruflich, privat)
- Finanzielle Gründe

Daraus lassen sich folgende Themen für diese Zielgruppe ableiten:

- Immobilienwert / Preisfindung
- Abwicklung / Verkaufsprozess
- Vorteile und Nachteile, die Immobilie mit oder ohne Makler zu vermarkten

Die zweite Zielgruppe, die Verkäufer von morgen, denkt heute noch nicht an den Verkauf, sie beschäftigt sich mit der Bewirtschaftung und Unterhaltung ihrer Immobilie. Beispiele für relevante Themen für diese Zielgruppe sind:

- Wert-/Substanzerhalt
- Renovierung / Modernisierung
- Wartung, Pflege
- Gebäudetechnik (Komfort, Sicherheit)

Produktionsphase

In der Produktionsphase gilt es, aus den relevanten Themen Inhalte zu entwickeln, die für die Zielgruppen einen echten Nutzen und Mehrwert bieten.

Dies könnte ein Artikel mit Informationen zum Immobilienmarkt sein, in dem der Leser erfährt, wie die allgemeine Marktsituation ist und welche Faktoren wesentlichen Einfluss auf den Wert von Immobilien haben.

Alle Artikel sollten regelmäßig überprüft und ggf. aktualisiert werden. Wer eine Informationsserie plant, sollte sich zudem einen Redaktionsplan erstellen. Aus dem Redaktionsplan ergeben sich nicht nur die Themen mit Unterthemen, sondern man kann die Artikel auch jahreszeitlich angepasst planen. Ein Artikel über die Schneeräumpflichten würde im Sommer keinen Nutzen stiften.

Bei der Erstellung der Artikel ist nicht nur auf den Inhalt zu achten, sondern auch darauf, wie der Inhalt aufbereitet wird. Dabei sind die gängigen Optimierungen für Suchmaschinen, wie Keywords, Formatierungen, Verständlichkeit, Gliederungselemente usw., zu berücksichtigen. Infografiken und Bilder werten die Texte auf, indem sie dem Leser die Erfassung der Inhalte erleichtern. Dies wiederum wird auch von Suchmaschinen honoriert.

Distributionsphase

In dieser Phase geht es um die Ausspielung (Publishing) der Inhalte. Dies erfolgt i. d. R. auf eigenen Seiten, den sog. Landingpages. Dabei wird für jedes Thema eine eigene Landingpage erstellt, damit die Zielgruppe die Informationen leicht auffinden kann.

Die Landingpages haben neben dem Inhalt immer auch eine Interaktionsmöglichkeit. Mit diesen Seiten sollen nicht nur die Informationen an den Kunden gegeben, sondern auch eine Bindung zum Kunden aufgebaut werden. Dazu bieten sich Kontaktformulare an, mit denen der Kunde einen Newsletter abonnieren sowie einen Marktbericht oder eine Checkliste herunterladen kann. Im Akquisebereich kommt an dieser Stelle häufig ein Onlinebewertungssystem zum Einsatz, in das der Kunde seine Kontakt- und Immobiliendaten eingibt und automatisch eine Wertindikation seiner Immobilie erhält. Im Gegenzug zur kostenfreien Wertermittlung erhält der Makler einen hochwertigen Kundenkontakt. Am Markt gibt es eine Vielzahl unterschiedlicher Anbieter für solch eine automatisierte Wertermittlung.

Damit Interessenten nicht nur über Suchmaschinen auf diese Landingpages kommen, sollten die Seiten zusätzlich auf den Social-Media-Kanälen verlinkt und beworben werden. Bei der Erstellung der Landingpages ist es sinnvoll, auf die Einbindung von Trackingelementen zu achten, damit die Quelle des Kunden und die Qualität der Artikel analysiert werden.

Monitoring

Die vierte Phase beschäftigt sich mit der fortlaufenden Optimierung und Auswertung der Artikel. Auch bestehende Texte benötigen Aufmerksamkeit. Es kann vorkommen, dass ein Text, der in der Vergangenheit gut gefunden und viel angeklickt wurde, auf einmal kaum noch aufgerufen wird. Dies kann sowohl am Inhalt liegen, der evtl. nicht mehr relevant ist, als auch an Veränderungen im Suchmaschinenalgorithmus.

Zum Monitoring gehört auch, dass die unternehmensinternen Prozesse hinter den Kontaktformularen gut sind. Dabei geht es nicht nur um die Einhaltung rechtlicher Vorschriften, die sich beispielsweise aus der DSGVO ergeben, sondern auch um zeitnahe Kontaktaufnahme.

Content Marketing ist eine gute Werbemöglichkeit, da sie nutzerzentriert ist. Zudem ist Content Marketing relativ kostengünstig und kann durch Social Media Netzwerke verstärkt werden. Der Hauptvorteil ist jedoch, dass der Kunde zum Makler kommt und diese Werbeform nicht als lästig, sondern als sinnvollen Mehrwert wahrnimmt. Wie man die Inhalte weiter optimiert, ist im nachstehenden Kapitel beschrieben.

7.3.7 Snackable Content und Storytelling

Inhalte, die nutzenstiftend für die Zielgruppe sind, sind die Voraussetzung, dass die Seite gefunden und aufgerufen wird. Um die Kunden für sich zu gewinnen, kann man mit der Technik des Storytellings die Artikel weiter optimieren und so die Kontaktaufnahme durch den Kunden forcieren. Der Wettbewerb in der Immobilienbranche hat in den letzten Jahren rapide zugenommen. Zum einen treten durch die Digitalisierung neue Player auf den Markt, zum anderen hat sich die Branche in den letzten Jahren zunehmend professioneller aufgestellt.

Inzwischen gibt es viele sehr gute Maklerhomepages – reiner Inhalt ist nicht mehr ausreichend, um vorne dabei zu sein, es kommt auch auf die Art der Kommunikation an. Mittels Storytelling werden Informationen in eine leicht erfassbare, teilweise auch unterhaltsame Art aufbereitet. Werden die Informationen dann noch in eine leicht konsumierbare Form (=Snackable Content) gebracht, hebt man sich vom Wettbewerb positiv ab.

Elemente einer guten Geschichte

Im Einkaufsgespräch neigen viele Makler dazu, ihre Dienstleistungen und Services einfach aufzuzählen. Das ist gut gemeint, wirkt auf den Verkäufer jedoch schnell ermüdend. Auch kann der Verkäufer die Qualität aufgrund der reinen Aufzählung nicht beurteilen. Werden die Services und Alleinstellungsmerkmale jedoch in kleine spannende Geschichten verpackt, wecken diese Emotionen und stellen eine persönliche Beziehung zum Kunden her.

In den Geschichten nimmt der Makler üblicherweise die Rolle des Mentors und der Kunde die Rolle des Helden ein, der ein Problem oder einen Konflikt lösen muss. Durch die Dienstleistung des Maklers wird der Kunde in die Lage versetzt, seine Aufgabe zu lösen. Je schwieriger die Aufgabe ist und je emotionaler deren Lösung beschrieben wird, desto stärker wird der Zuhörer in die Geschichte involviert. Bleibt der Spannungsbogen bis zum Schluss der Geschichte erhalten, steigt die Wahrscheinlichkeit, dass sich der Kunde mit dem Protagonisten der Geschichte identifiziert und die Geschichte zusätzlich noch weitererzählt.

Die Entwicklung einer guten Geschichte

Storytelling benötigt wie jede andere Marketingmaßnahme ein klares Kommunikationsziel und eine Zielgruppe. Zuerst wird das Ziel der Geschichte festgelegt, z. B.: Leadgenerierung, Markenbekanntheit steigern oder Immobilien verkaufen. Danach wird die Zielgruppe definiert. Je präziser die Zielgruppe festgelegt wird, desto besser können die Inhalte aufbereitet werden. Für Immobiliendienstleister können beispielsweise folgende Zielgruppen interessant sein: Eigentümer, Vermieter oder Kaufinteressenten.

Die Art der Geschichte ist abhängig vom Ziel und der Zielgruppe. Besonders gut eignen sich Referenzberichte. Dies sind Tatsachenberichte, die von den Erfahrungen bestehender Kunden handeln.

Beim Aufbau der Geschichte ist die Kausalität zu beachten, d. h. es muss eine klare, gut aufgebaute Handlungskette vorhanden sein.

Snackable Content und die technische Umsetzung

Egal wie spannend eine Geschichte ist, sie konkurriert stets mit anderen Werbemaßnahmen. Damit möglichst viele Kunden die Story aufnehmen, empfiehlt es sich, sie über sog. Snackable Content Elemente zu verbreiten. Snackable Content ist das Fastfood des Online-Marketings: leicht konsumierbare Inhalte, die nur eine geringe Aufmerksamkeitsspanne benötigen und sich daher sehr gut für Social-Media-Kanäle eignen. Beispiele für Snackable Content Bausteine sind: kurze Checklisten, Instagram-Storys, Infografiken, Podcasts oder kurze Erklärvideos.

Die wichtigsten Kommunikationskanäle für Geschichten sind Kundenzeitungen, Newsletter, Homepages, Blogs und soziale Netzwerke. Im Printbereich kommen Texte und Bilder zum Einsatz, online stehen zusätzlich Videos und Tonelemente zur Verfügung. Dabei entscheiden Ziel, Zielgruppe und die Art der Geschichte über die Auswahl des jeweiligen Kanals und Kommunikationselements.

Für die Viralität eines Beitrags sind die formalen Kriterien der Suchmaschinenoptimierung zu beachten: Optimieren Sie die Inhalte nicht nur für ihre Zielgruppe, sondern auch immer für Google etc., d. h. Texte mit kurzen verständlichen Sätzen sowie klarer Gliederung mittels Zwischenüberschriften, Absätzen und Bullet Points. Dann werden Sie von Suchmaschinen besser bewertet als komplexe, schwer lesbare Dokumente.

Je nach Medium kann der Leser unterschiedlich stark in die Geschichte einbezogen werden. Das Kundenmagazin hat nur den Leserbrief/die E-Mail als Rückkanal. Inhalte in den sozialen Netzwerken können hingegen kommentiert, gelikt und geteilt werden, was die Viralität deutlich erhöht.

Sie haben einen Grund, eine Geschichte zu erzählen? Dann probieren Sie Storytelling in kleinen Häppchen ruhig einmal aus. Durch die Interaktion mit Ihren Kunden macht diese Werbeform nicht nur Spaß, sondern ist auch wesentlich erfolgreicher als monotones Aufzählen und Beschreiben einzelner Dienstleistungen.

7.3.8 Newsletter-Marketing

E-Mails sind immer noch eine der stärksten Marketing- und Akquisemedien in der Immobilienwirtschaft. Die Möglichkeiten des Mediums werden jedoch vielfach unterschätzt. Dabei lassen sich professionelle E-Mail-Kampagnen einfach aufbauen und dadurch neue Kundenpotenziale erschließen.

E-Mail-Adressen rechtssicher generieren

Die Datenschutzgrundverordnung (DSGVO) hat Unternehmen sensibilisiert, nur noch an solche Empfänger E-Mails zu versenden, die eine Einwilligung zum Erhalt erteilt haben. Damit ist der Kauf von E-Mail-Adressen bzw. das ungefragte Einsammeln von Adressdaten ausgeschlossen. Unternehmer sind gehalten, ein interessantes Angebot zu unterbreiten, für das sich Empfänger freiwillig anmelden. Damit niemand beliebige Adressen für einen Newsletter anmelden kann, schreibt der Gesetzgeber das sog. *Double-Opt-In-Verfahren* vor. Ein Interessent meldet sich für einen Newsletter an und erhält eine Mail mit Bestätigungslink. Erst wenn er diesen anklickt – somit also bestätigt, dass er zukünftig E-Mails erhalten möchte –, wird die Adresse in den E-Mailverteiler übernommen.

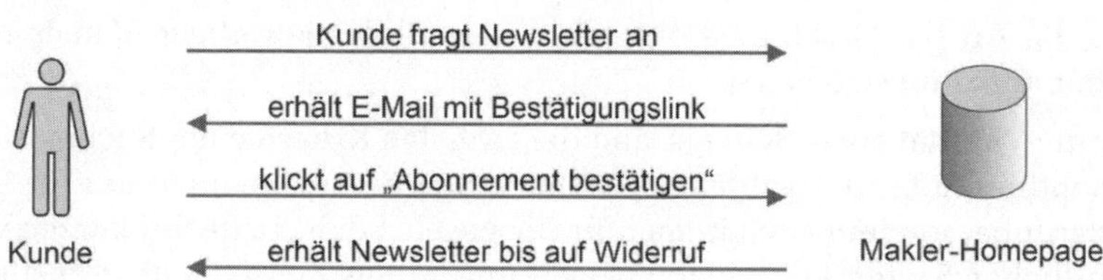

Abb. 3: Schema zum Double-Opt-In-Verfahren

Zielgruppenspezifische und wirksame Texte erstellen

Bietet man auf jeder Landingpage die Möglichkeit, sich in den Newsletterverteiler einzutragen, können die E-Mail-Adressen nach Eigentümern, Miet- und Kaufinteressenten unterscheiden werden. Beim Newsletterversand ist darauf zu achten, inhaltlich bestmöglich die Bedürfnisse der Zielgruppen zu treffen. Auch hier gelten die gleichen Regeln wie beim Content-Marketing: Die Texte müssen interessant, informativ und nützlich sein – sie sollten definitiv keine reinen Werbebotschaften enthalten. Sonst tragen sich die Empfänger genauso schnell wieder aus dem Newsletter aus, wie sie sich eingetragen haben.

Format, Layout und Design entscheiden über den Kampagnenerfolg

Sind Zielgruppe und Inhalt festgelegt, geht es an die praktische Umsetzung. Die Betreffzeile entscheidet maßgeblich über den Erfolg eines Newsletters. Im Idealfall ist es eine griffige, Neugierde weckende Betreffzeile, die nicht länger als 80 Zeichen ist und den Schlüsselbegriff in den ersten Wörtern enthält. Auch ein Newsletter muss responsiv aufgebaut sein, damit er auf allen Geräten optimal dargestellt wird, und sollte im Corporate Design des Unternehmens gestaltet sein. Analog zur Homepage ist auf eine klare Gliederung mit Absätzen, Zwischenüberschriften und Grafiken zu achten.

Technische Umsetzung leicht gemacht – mit Newsletter-Tools

Es gibt eine Vielzahl von Newsletter-Anbietern. Diese Online-Tools managen die Adressverwaltung wie automatische An- und Abmeldung. Sie ersetzen jedoch nicht eine klassische CRM-Software, sondern sind als Ergänzung zu einer Makler- bzw. Verwalter-Software zu verstehen, sofern die verwendete CRM-Software selbst keine Newsletterverwaltung mit anbietet.

Weiterhin bieten diese Tools eine umfangreiche Auswahl an gut designten (responsiven) E-Mail-Vorlagen für Texte, Fotos, Tabellen etc. Somit lassen sich schnell und leicht optisch ansprechende Newsletter erstellen. Dazu gehören auch Vorlagen für An- und Abmeldeformulare zur Einbindung auf der eigenen Webseite, die das Double-Opt-In-Verfahren berücksichtigen. Darüber hinaus stellen diese Tools umfangreiche Statistiken zu den Newsletter-Kampagnen sowie zusätzliche Funktionen wie Autoresponder zur Verfügung. Autoresponder können nicht nur auf eingehende E-Mails reagieren, sondern auch anlassbezogen, z. B. bei Geburtstagen, eine E-Mail versenden.

Erhebung, Auswertung und Interpretation wichtiger Kennzahlen

Beim E-Mail-Marketing lässt sich der Erfolg direkt messen. Newsletter-Tools zeigen Statistiken zur Zustellbarkeit, Öffnungsrate, Klicks oder Abmeldungen. Auch einzelne Artikel im Newsletter lassen sich detailliert tracken.

Abb. 4: Reduktion der E-Mailempfänger

Aus der vorstehenden Grafik wird gut ersichtlich, dass die Gesamtanzahl aller E-Mail-Adressen von Stufe zu Stufe abnimmt. Adressen, die keinen gültigen Aufbau haben (es fehlt z. B. das @-Zeichen, es ist ein Leerzeichen enthalten oder die Adresse hat eine ungültige Endung), können vom E-Mailserver nicht ausgeliefert werden.

Von den versendeten Adressen kommen wiederum nicht alle beim Empfänger an. Die Anzahl der ausgelieferten Mails wird mit der sog. Zustellrate gemessen. Dieser Wert ergibt sich aus der Gesamtmenge der Empfänger abzüglich des Anteils der fehlgeschlagenen Zustellungen.

Nicht jeder Empfänger, der die Mail erhält, öffnet sie auch. Ist die Betreffzeile uninteressant für den Empfänger, landet der Newsletter oftmals gleich im Papierkorb. Die Öffnungsrate ist das Verhältnis aller Empfänger zu den Empfängern, die die E-Mail geöffnet haben.

Im nächsten Schritt wird gemessen, wie viele Empfänger einen Link in der Mail anklicken. Dieser Anteil wird mit der Klickrate bezeichnet. Nun gelangt der Interessent auf eine Landingpage, die für ihn interessante Informationen bereithält. War der Newsletter beispielsweise für Eigentümer konzipiert, könnte auf der Landingpage das Angebot für eine kostenfreie Wertindikation der eigenen Immobilie angeboten werden. Erst wenn der Interessent an dieser Stelle ein Produkt bestellt oder eine Dienstleistung beauftragt, wird der letzte Schritt der Kette – die Aktion – ausgelöst.

8. Auftragskalkulation und Benchmarking

Die nachfolgenden Ausführungen zur Kalkulation von Makleraufträgen und Berechnung von Kennzahlen erscheinen auf den ersten Blick sehr theoretisch, doch sind es wichtige Daten, die jeder Unternehmer über seinen Betrieb wissen sollte, um ihn langfristig erfolgreich zu führen. Die Kennzahlen bilden die Basis zum Vergleich einzelner Unternehmenssparten.

Die Auftragskalkulation mit ihren Kennzahlen und Statistiken ist die Basis, um das eigene Unternehmen mit anderen Unternehmen zu vergleichen. Der 1975 vom RDM eingeführte „Betriebsvergleich" war ein exzellentes Instrument, um das eigene Unternehmen mit anderen Firmen zu vergleichen (= benchmarken). Allerdings wurde der Betriebsvergleich 2012 zuletzt durchgeführt, da die Teilnehmerzahlen stark zurück gegangen waren. Mit den Ausführungen in diesem Kapitel erhalten Makler das Rüstzeug, um ihr Unternehmen wenigstens im Rahmen von ERFA-Gruppen[31] zu vergleichen.

Die *RDM-Betriebsvergleiche*, die seit 1975 im Auftrag des Rings Deutscher Makler vom Institut für Handelsforschung an der Universität Köln durchgeführt wurden, waren über viele Jahrzehnte eine solide Basis, um das eigene Unternehmen zu benchmarken. Sie wurden auch nach der Verschmelzung des Rings Deutscher Makler (RDM) mit dem Verband Deutscher Makler (VDM) zum *Immobilienverband Deutschland (IVD)* weitergeführt. Der Betriebsvergleich wurde in der Folgezeit in die *IVD-Kennzahlenanalyse* umbenannt und 2012 eingestellt. Das Zahlenmaterial, das sich fast über vier Jahrzehnte erstreckt, ist auch heute noch für die Analyse von Langfristtrends interessant.

Am Betriebsvergleich nahmen im Schnitt etwa 300 bis 350 Verbandsmitglieder teil. Hinsichtlich der ermittelten Trends waren die getroffenen Feststellungen repräsentativ. Die Teilnahmequote sank nach 2010 kontinuierlich, 2012 wurde die letzte Kennzahlenanalyse erstellt.

Folgende Daten wurden in dem Betriebsvergleich erhoben:

- Zahl der beschäftigten Personen einschließlich Inhaber
- Geschäftsräume in m^2
- Aufgliederung des Umsatzes
- Nettoumsatz (Umsatz-Provisionsschmälerungen)

31 ERFA steht für Erfahrungsaustausch.

- Kosten nach Gewinn- und Verlustrechnung
- Kalkulatorische Kosten (Unternehmerlohn und Eigenkapitalzins)
- Steuerliches Ergebnis
- Betriebswirtschaftliches Ergebnis

Die Berichte des Betriebsvergleichs lieferten einen Gesamtüberblick sowie Detailinformationen nach folgendem Raster:

Betriebe, bei denen der Provisionsumsatz für die Kaufvertragsvermittlung zu mehr als 50 % überwog, Betriebe mit einem Überwiegen des Provisionsumsatzes aus Mietvertragsvermittlung, Betriebe mit einem Überwiegen der Vergütungen für Hausverwaltungen und schließlich Betriebe, bei denen entweder keines dieser Geschäftsfelder oder ein anderes Geschäftsfeld dominierte.

Unterschieden wurde ferner nach Umsatzgrößenklassen und Personengrößenklassen. Auch gab es Sonderauswertungen nach Bundesländern.

8.1 Die Erfolgsanalyse im Maklergeschäft

In den Wirtschaftswissenschaften gibt es verschiedene *Erfolgsbegriffe*, etwa den einkommensbezogenen, der sich auf das finanzielle Ergebnis eines Unternehmens bezieht oder den funktionsbezogenen, der von diesem Unternehmereinkommen kalkulatorische Kostenbestandteile wie den Unternehmerlohn, den Eigenkapitalzins oder versicherbare Risiken abzieht.

Auch für den Maklerbetrieb gelten die Grundsätze der Erfolgsrechnung und des betrieblichen Rechnungswesens. Bei der „Erfolgsanalyse" eines Maklerunternehmens muss man jedoch von dem maklertypischen Erfolgsbegriff ausgehen. Der Makler erbringt seine Leistungen auf Erfolgsbasis. Er bearbeitet Makleraufträge, wird aber nur dann für seinen Kosten- und Zeiteinsatz bezahlt, wenn diese Bearbeitung zum „Erfolg" für den Auftraggeber führt. Der Erfolg ist identisch mit dem Zustandekommen von wirksamen Verträgen. Dieser Erfolgseintritt beim Auftraggeber ist zugleich maßgeblich für den betriebswirtschaftlichen Erfolg des Maklers.

Die Erfolgsanalyse des Maklers basiert auf der Auswertung der betriebswirtschaftlichen Kennzahlen der einzelnen Makleraufträge. Die wichtigsten Kennzahlen sind nachstehend aufgeführt:

- Anzahl der Aufträge
- Durchschnittlicher Verkaufspreis je Objekt

- Fixkosten + variable Kosten
- Vereinbarter Provisionssatz + Aufwendungsersatz
- Vertragslaufzeit
- Abschlussquote

8.1.1 Die Erfolgswahrscheinlichkeit

Sind die vorstehenden Daten für jeden einzelnen Auftrag der Vergangenheit bekannt, so lässt sich das Erfolgsniveau eines Maklerbetriebes, einer Maklerabteilung oder eines Leistungsbereichs (Makleraktivitäten innerhalb eines bestimmten Marktsegments) oder auch einer Maklergruppe bzw. der ganzen Maklerbranche ermitteln und damit Erkenntnisgrundlagen für weitere Analysen, Kalkulationen oder unternehmerische Entscheidungen schaffen. Das *Erfolgsniveau* drückt sich aus in einer Größe, die man *Erfolgswahrscheinlichkeit (Ew)* nennt.

Das Verfahren ist relativ einfach. Jeder Makler mit vollständigen Aufzeichnungen ist in der Lage, die Analysen durchzuführen. Bei einer *Totalanalyse* wird der prozentuale Anteil der zum Erfolg geführten Aufträge in den vergangenen Zeiträumen in Relation zu allen in diesen Zeiträumen bearbeiteten Aufträgen ermittelt. Man erhält auf diese Weise einen Prozentsatz, der durch *Trendfortschreibung* eine Prognose der betrieblichen Erfolgswahrscheinlichkeit zulässt.

Hatte ein Makler in einem bestimmten Zeitraum 30 Aufträge bearbeitet und davon 25 zum Erfolg (also zum Vertragsabschluss) geführt, lag die Erfolgswahrscheinlichkeit bei rund 83 %.

Die Erfolgswahrscheinlichkeit ist maßgeblich von den *Auftragsbearbeitungskonditionen* wie Auftragsart, Vertragslaufzeit, Provisionssatz und Vereinbarung zum Aufwendungsersatz abhängig.

8.1.2 Zeitbestimmung bei der Erfolgsanalyse

Erfolgswahrscheinlichkeiten ändern sich im Zeitverlauf, daher ist es sinnvoll, einen Zeitbezug herzustellen. Es gibt zwei Möglichkeiten, den Zeitraum zu bestimmen, auf den sich die ex post ermittelte Erfolgswahrscheinlichkeit bezieht. Einmal kann der Zeitraum durch die Anzahl der Geschäftsjahre bestimmt werden. Dabei kann man sowohl einzelne Kalenderjahre betrachten, z. B. 2020 wurden 40 Aufträge bearbeitet und 32 davon erfolgreich abgeschlossen (Erfolgswahrscheinlichkeit = 75 %). Es können aber auch Zeiträume erfasst werden, z. B. 2015-2020. Sinnvoll sind Zeitraumbetrachtungen immer dann, wenn man Sondereffekte einzelner Jahre eliminieren möchte, um die Auswirkungen einer strukturellen Veränderung (Personalausbau oder Aufbau eines zusätzlichen Standorts) zu messen. Liegen die einzelnen Jahresdaten über einen langen Zeitraum vor, so sind sie für langfristige Analysen, etwa zum Zweck der *Unternehmensbewertung,* sehr hilfreich.

Alternativ zur Bildung des Verhältnisses von allen vorhandenen zu allen abgeschlossen Aufträgen in einem Zeitraum kann man auch nur Aufträge zählen, die in dem zu beobachteten Zeitraum neu hereingenommen worden sind. Diese Zahl wird ins Verhältnis gesetzt zu allen erfolgreich abgeschlossen Aufträgen aus dem Beobachtungszeitraum. Diese Vorgehensweise ist genauer als die vorstehende. Der Nachteil ist, dass man die Auswertung erst vornehmen kann, wenn auch der letzte Auftrag aus dem Zeitraum entweder positiv oder negativ abgeschlossen wurde. Die Weiterbearbeitung von bereits vorher erteilten Aufträgen bleibt außer Betracht. Diese Methode der *Zeitbestimmung* führt deshalb zu einem aussagekräftigeren Ergebnis, da die Summe der erfolgreichen Aufträge und nicht erfolgreicher Aufträge immer die der zu beobachteten Grundgesamtheit ist. Die Methode ist allerdings in der Durchführung, sofern die Auswertung nicht automatisch über eine Maklersoftware erfolgt, etwas aufwendiger.

Sind die softwareseitigen Voraussetzungen gegeben, ist auch eine fortlaufende sog. *gleitende Erfolgsanalyse* möglich. Dann lassen sich die Erfolgswahrscheinlichkeit bzw. die Erfolgsquoten auch monatlich oder quartalsweise berechnen, um Rückschlüsse auf Marktveränderungen ziehen zu können.

8.1.3 Total- und Partialanalysen

Für ein *Benchmarking* des eigenen Unternehmens mit anderen Betrieben ist eine *Totalanalyse* wegen der unterschiedlichen Tätigkeitsgewichte nur bedingt aussagekräftig. Zum einen bedarf es generell erst einmal Vergleichsdaten, zum anderen müssten die Unternehmen, mit denen man sich vergleichen möchte, identische Tätigkeitsschwerpunkte haben. Bei einer Totalanalyse wird unterschiedslos der Wohnungsvermittlungsfall ebenso einbezogen wie der Fall einer Kaufvertragsvermittlung eines Lagergebäudes. Totalanalysen eignen sich daher mehr zur Ermittlung von *Branchendurchschnitten.* Für Analysezwecke des Einzelbetriebs ist es ratsam, *Partialanalysen* durchzuführen. Sie lassen vor allem auch innerbetriebliche Vergleiche zu.

Bei den Partialanalysen unterscheidet man zwischen folgenden Merkmalen:

- **objekttypenbezogen**

  z. B. Mietwohnungen, Baugrundstücke
- **größenklassenbezogen**

  z. B. Preise bis/über 500.000 Euro
- **vertragsartenbezogen**

  z. B. Miet- oder Kaufverträge
- **abteilungsbezogen**

  z. B. Wohnimmobilien, Gewerbeimmobilien
- **gebietsbezogen**

  z. B. Stadt (Hauptort), Umland (Nebenorte)
- **standortbezogen**

  z. B. Zentrale, Niederlassungen

Diese Merkmale können, soweit sinnvoll, beliebig miteinander kombiniert werden, z. B. alle Alleinaufträge für Wohnimmobilien in verschiedenen Preisklassen. Die Partialanalyse gibt also spezielle Auskünfte auf Fragen nach der Erfolgseffizienz bei verschiedenen Objekttypen, Auftragsarten, Preisklassen der Objekte usw.

Bei kleineren Betrieben, die in einer Geschäftsperiode nur wenige Aufträge bearbeiten und bei denen die Aufträge außerdem noch unterschiedliche Objekttypen und Vertragsarten betreffen, sind Partialanalysen allerdings nur wenig aussagekräftig, weil die Zuverlässigkeit jeder statistisch ermittelten Wahrscheinlichkeit mit der geringer werdenden Zahl der Fälle abnimmt.

Von größerer Bedeutung könnte die Erfolgsanalyse als einheitliches Analyseverfahren für die Gesamtheit aller Maklerbetriebe einer Maklerkooperation bzw. eines Maklerverbunds sein, zumal diese weitgehend nach einheitlichen Regeln Aufträge hereinnehmen und bearbeiten. Nachfolgend erfolgt eine visualisierte Zusammenfassung zum Thema Erfolgsanalyse.

Tabelle 7: Übersicht Total- und Partialanalyse

Totalanalyse	Partialanalyse
Ziel: Ermittlung der betrieblichen Erfolgsquote **aller** bearbeiteten Aufträge	Ziel: Ermittlung der betrieblichen Erfolgsquote der bearbeiteten Aufträge eines **bestimmten** Merkmalstypus

- Verhältnis der Abschlüsse in einem bestimmten Zeitraum zu allen in diesem Zeitraum bearbeiteten Aufträgen oder
- Verhältnis der Abschlüsse aus Aufträgen, die in einem bestimmten Zeitraum akquiriert wurden, zu allen bearbeiteten Aufträgen, die in diesem Zeitraum akquiriert wurden oder
- Gleitendes Verhältnis der erfolgreich abgewickelten zu allen bearbeiteten Aufträgen ab einem bestimmten Zeitpunkt

8.1.4 Der Erfolgsquotient

Zur Beurteilung der Qualität der akquirierten Aufträge spielt eine Kennzahl eine besondere Rolle. Es handelt sich um den *Erfolgsquotienten*, auch als *Erfolgsquote* bezeichnet.

Der Erfolgsquotient (Eq) leitet sich direkt aus der betrieblichen Erfolgswahrscheinlichkeit (Ew) ab und ergibt sich aus der Formel:

$$Eq = Ew / 100$$

Einer *Erfolgswahrscheinlichkeit* (Ew) von z. B. 80 % entspricht somit ein Erfolgsquotient (Eq) von 0,8.

Ist der Erfolgsquotient Ergebnis einer Partialanalyse, kann er zusammen mit anderen Parametern als Anhaltspunkt für die Festlegung des Budgets dienen, das für die Bearbeitung bestimmter Aufträge bzw. der Aufträge bestimmter Objekttypen zur Verfügung gestellt wird. Eine Totalanalyse ist für Budgetvorgaben nicht geeignet.

Da nicht jeder bearbeitete Auftrag aufgrund des Erfolgsprinzips und des Prinzips der Entscheidungsfreiheit des Auftraggebers zum Erfolg führt, aber dennoch variable Kosten verursacht, ist ein *Deckungsbeitrag* einzuplanen. Es handelt sich hierbei um einen negativen Deckungsbeitrag.

Da am Anfang nicht feststeht, welcher Auftrag schließlich zu einem Vertragsabschluss für den Auftraggeber führt, können die Einzelbudgets pro Auftrag nicht eindeutig gewichtet werden. Man muss also das Kostenbudget, das sich auf alle in einer Periode hereingenommenen gleichartigen Aufträge derselben Objekttypen bezieht, nach Maßgabe der erwarteten Provisionserträge aufteilen. Dies geht nur auf der Grundlage eines (meist aus vergangenen Geschäftsperioden abzuleitenden) durch Erfolgsquotienten bestimmten, flexiblen *Budgetrahmens*.

Für die *Einzelbudgetierung* gewinnt deshalb der Erfolgsquotient erhebliche Bedeutung. Der Zusammenhang soll an folgendem Beispiel dargestellt werden:

Ein Makler nimmt den Makler-Alleinauftrag herein, eine Eigentumswohnung zu vermitteln. Der Erfolgseintritt lässt ein Provisionsergebnis von 20.000 € erwarten. Es wird unterstellt, dass grundsätzlich alle Makleraufträge, die bearbeitet werden, mit einer Erfolgs- und damit einer Provisionserwartung verbunden werden, sonst würden sie nicht bearbeitet.

Multipliziert man diesen „erwarteten" Provisionserlös mit dem Erfolgsquotienten, erhält man die *kalkulatorische Provision* und damit den Kostenrahmen, innerhalb dessen sich die Maßnahmen der Auftragsbearbeitung und der Deckungsbeitrag für die Fixkosten bewegen müssen, wenn nicht von vornherein ein Beitrag zu einem negativen Betriebsergebnis gewissermaßen bewusst in Kauf genommen werden soll.

Bei einem Erfolgsquotienten von 0,8 liegt das Budgetmaximum im Beispielsfall bei 16.000 € (20.000 € x 0,8). Der Differenzbetrag von 4.000 € dient im Erfolgsfall der Deckung der Budgets für die Bearbeitung der Aufträge, die nicht zum Erfolg führen. Das bedeutet gleichzeitig, dass im Nichterfolgsfall das Einzelbudget aus der Differenz zwischen den Kostenbudgets erfolgreich abgewickelter Aufträge und den tatsächlichen Provisionseinnahmen abgedeckt werden.

Das tatsächliche *Betriebsergebnis* ist schließlich die Summe der Salden zwischen den Ersparnissen in den zur Verfügung gestellten Einzelbudgets und deren Überschreitungen. Überwiegen die Ersparnisse die Überschreitungen, ist das Betriebsergebnis positiv.

Zur Vereinfachung wird unterstellt, dass ein höherer erwarteter Provisionserlös mit einem linear höheren Auftragsbearbeitungsbudget einhergeht.

8.1.5 Analyse des Nichterfolgs

Im Rahmen des Controllings interessieren vor allem die Fälle, bei denen der Erfolg ausblieb. Der *Nichterfolg* resultiert im Wesentlichen aus den maklertypischen Risiken, die sich aus der Wirksamkeit des *Erfolgsprinzips*, des *Prinzips der Entscheidungsfreiheit* des Auftraggebers und den damit verbundenen *Rechtsrisiken* ergeben, die sich aus einem opportunistischen Verhalten von Auftraggebern, aber auch aus internen Auftragsbearbeitungsfehlern ergeben. Wir wollen – dem Erfolgsquotienten entsprechend – den quotalen Anteil aller Nichterfolgsfälle an allen bearbeiteten Aufträgen als

Rq bezeichnen. Dabei handelt es sich um die Summe der quotalen Anteile aus den verschiedenen Ursachengruppen.

Daraus leitet sich die Formel ab:

$$Eq + Rq = 1$$

Die Summe „1" steht für alle bearbeiteten Aufträge. Das Gesamtrisiko Rq setzt sich aus verschiedenen Risikobereichen (rq^1, rq^2, rq^3 … rq^n) zusammen.

Bei der Analyse des Misserfolgs ist zwischen Risiken, die vom Makler beeinflussbar sind und solchen, die er nicht beeinflussen kann, zu unterscheiden. Die Ursache für den Nichterfolg liegt fast immer in einem der vier nachstehenden Gründe.

Überhöht angesetzter Verkaufspreis

Diese Ursache liegt im Einflussbereich des Maklers. Sofern der angesetzte Preis für den Makler erkennbar überhöht war, brauchte der Auftrag, wenn der Auftraggeber nicht zu überzeugen war, nicht angenommen zu werden. War dies nicht erkennbar, muss man sich mit den Akquisiteuren beschäftigen, die die Aufträge akquiriert haben und versuchen, evtl. durch Schulungsmaßnahmen in Sachen Marktanalyse Abhilfe zu schaffen.

Auftraggeber akzeptiert keinen Interessenten

Die Ursache ist grundsätzlich nicht auszuschließen. Die Auswirkungen des Prinzips der Entscheidungsfreiheit des Auftraggebers kann nicht durch Vertragsbedingungen wirksam eliminiert werden. Sollte der Rahmen für Aufwendungsersatzvereinbarungen noch nicht ausgeschöpft sein, könnten auf diesem Feld die Auswirkungen noch begrenzt werden.

Auftragskündigung aufgrund Bearbeitungsfehler

Hier liegt die Ursache beim Makler. Sofern der Auftraggeber den Kündigungsgrund nennt, ist dieser zu analysieren und wenn erforderlich durch Änderungen der Vorgaben beim Geschäftsablaufprozess oder durch andere Maßnahmen zu eliminieren.

Auftraggeber verkauft selbst

Hier ist zu prüfen, ob mehr auf qualifizierte Alleinaufträge gesetzt werden sollte. Der Provisionsverlust durch Selbstverkauf wäre dann weitgehend vermieden. Andere Steuerungsmöglichkeiten gibt es nicht.

8.2 Die Auftragskalkulation

Die Kalkulation betriebswirtschaftlicher Kennzahlen eines Maklerbüros ist mit einer deutlich größeren Volatilität behaftet als in den meisten anderen Branchen. Dies liegt daran, dass für jeden angenommen Auftrag Kosten anfallen, auch wenn dieser später nicht realisiert wird und die Erfolgswahrscheinlichkeiten für einen positiven Abschluss nur geschätzt werden können. Zudem kann bei gleichen Ausgangsbedingungen die Bearbeitung zweier Maklerauftäge zu höchst unterschiedlichen Kosten führen. Im Nichterfolgsfall müssen die eingesetzten Kosten über Provisionserlöse aus anderen erfolgreich abgewickelten Geschäften getragen werden.

Das Verhältnis der erfolgreich abgewickelten zu den erfolglos bearbeiteten Aufträgen, also die Erfolgswahrscheinlichkeit, ist eine Variable, die verschiedenen Markteinflüssen unterliegt. Sie kann sich sowohl im Zeitablauf als auch von Objekttyp zu Objekttyp, von *Vertragsart* zu Vertragsart oder Objektgrößenklasse zu Objektgrößenklasse verändern.

Schließlich wirken sich Faktoren wie die Laufzeit des Maklervertrages, Alleinauftragsbindung, vereinbarter Provisionssatz und Aufwendungsersatz auf sie aus. In diesem Kapitel wird der *Einfluss der Maklervertragskonditionen* auf den Erfolgseintritt untersucht.

8.2.1 Auftragslaufzeit

Es leuchtet unmittelbar ein, dass die Erfolgswahrscheinlichkeit abhängig ist von der zur Bearbeitung eines Auftrags eingeräumten Zeit. Ist die Zeit zu kurz bemessen, ist es für Makler kaum möglich, den Markt für das Objekt voll zu erschließen. Jeder zusätzliche Monat *Laufzeit* erhöht die Chance auf einen positiven Abschluss, da auch jeden Monat neue Interessenten auf den Markt kommen.

Die mit länger werdender Auftragslaufzeit einhergehende Erhöhung der Erfolgswahrscheinlichkeit verläuft aber nicht linear, sonst würde nach Ablauf einer bestimmten Zeit die Erfolgswahrscheinlichkeit automatisch in den tatsächlichen Erfolgseintritt umschlagen. Die Erhöhung der Auftragslaufzeit führt vielmehr zu einer degressiv verlaufenden Erhöhung der Erfolgswahrscheinlichkeit. Man könnte das ökonomische Ertragsgesetz analog anwenden. Jeder zusätzliche Bearbeitungstag führt trotz konstant bleibender Leistung zu einem sinkenden *Effizienzzuwachs.*

Die nachstehende Grafik veranschaulicht den Zusammenhang zwischen Auftragslaufzeit und Erfolgswahrscheinlichkeit. Die Kurve ist fiktiv und kann je nach Immobilientyp und Region variieren.

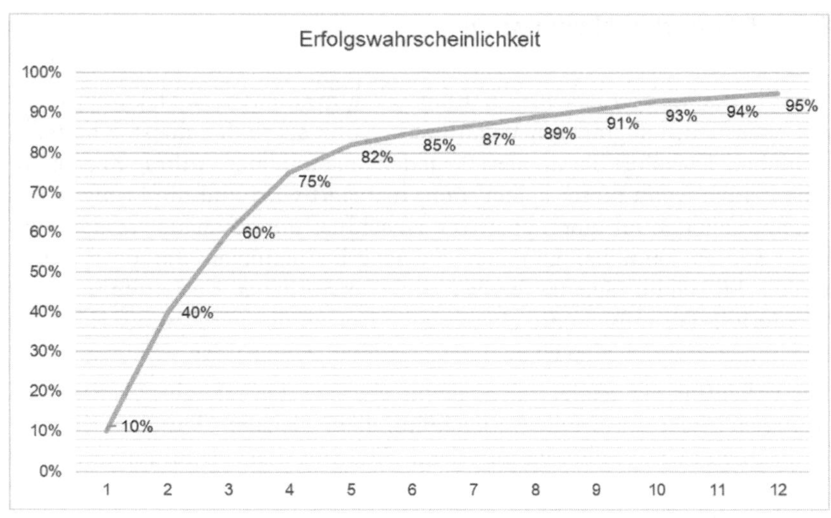

Abb. 5: Erfolgswahrscheinlichkeit in Abhängigkeit zur Laufzeit

8.2.2 Alleinauftragsbindung

Hat eine Erfolgsanalyse ergeben, dass die Erfolgswahrscheinlichkeit eines Maklerbetriebes bei den Alleinaufträgen eines bestimmten Objekttyps bei 80 % liegt, führt jeder Auftrag, der eine geringere *Auftraggeberbindung* vorsieht, zu einer Verringerung der Erfolgswahrscheinlichkeit.

Schaltet der Auftraggeber einen weiteren Makler ein, teilen sich beide Makler, zusammen mit dem auch noch als eigenständigen Verkäufer tätigen Auftraggeber, die Erfolgswahrscheinlichkeit. Bei einem Makler, der bei Alleinaufträgen mit einer Laufzeit von 120 Arbeitstagen mit einer durchschnittlichen Erfolgswahrscheinlichkeit von 70 % rechnet (die Eigenaktivitäten des Verkäufers sind hierin bereits berücksichtigt), beträgt bei gleichzeitiger Einschaltung eines weiteren Maklers, der gleich gut ist, die Erfolgswahrscheinlichkeit nur noch 35 %.

Hätte er bei einem Alleinauftrag über ein Objekt, das ein Provisionsergebnis im Erfolgsfall von 20.000 € erwarten lässt, ein Budget von 10.000 € zur Verfügung, verringerte es sich in diesem Fall auf 5.000 € (Eq = 0,35!). In Wirklichkeit müsste es wegen der konkurrierenden Tätigkeit des Auftraggebers noch weiter reduziert werden. Berücksichtigt man dann noch die Notwendigkeit, einen Deckungsbeitrag für die Fixkosten erwirtschaften zu müssen, reduziert sich das Budget nochmals.

8.2.3 Kalkulationsbeispiel

Die nachfolgenden Ausführungen dienen dazu, die Zusammenhänge von Auftragsdaten auf das betriebswirtschaftliche Ergebnis eines Maklerbetriebes zu verdeutlichen.

Das Kalkulationsmodell basiert auf den betriebsstatistischen Ausgangsdaten eines fiktiven Maklerbetriebs. Diese führen zu einem rechnerischen Ergebnis, das für ein Geschäftsjahr dargestellt wird. Im Szenario 1 wird ein durchschnittlicher Provisionssatz von 5 % angenommen, im Szenario 2 beträgt er hingegen nur 4 %.

Tabelle 8: Kalkulationsbeispiel

Vorgaben	Szenario 1		Szenario 2	
Geplanter Jahresumsatz		300.000 €		300.000 €
Durchschnittlicher Verkaufspreis je Auftrag		400.000 €		400.000 €
Durchschnittlicher Provisionssatz		5 %		4 %
Durchschnittliche Provision je Auftrag, Erfolgswahrscheinlichkeit (Ew) 100 %	100 %	20.000 €	100 %	16.000 €
Jahresumsatz, Ew 100	100 %	375.000 €	100 %	375.000 €
Auftragslaufzeit von 3 Monaten, Ew 80 %				
Durchschnittliche Provision je Auftrag	80 %	16.000 €	80 %	12.800 €
Geplanter Jahresumsatz	80 %	300.000 €	80 %	300.000 €
Auftragslaufzeit von 6 Monaten, Ew 85 %				
Durchschnittliche Provision je Auftrag	85 %	17.000 €	85 %	13.600 €
Jahresumsatz	85 %	318.750 €	85 %	318.750 €
Konkurrierende Makler, Ew 40 %				
Durchschnittliche Provision je Auftrag	40 %	6.400 €	40 %	6.400 €
Jahresumsatz	40 %	120.000 €	40 %	153.600 €
Erforderliche Aufträge für Planumsatz		18,8		23,4
Aufträge		19,0		23

Tabelle 8: Kalkulationsbeispiel

Vorgaben	Szenario 1		Szenario 2	
Fixkosten		120.000 €		120.000 €
anteilige Fixkosten je Auftrag		6.316 €		5.217 €
Variable Kosten: 30 % vom Umsatz		4.800 €		3.840 €
kalkulatorische Provision je Auftrag		16.000 €		12.800 €
– variable Kosten		- 4.800 €		- 3.840 €
– Fixkosten		- 6.316 €		- 5.217 €
Deckungsbeitrag je Auftrag		4.884 €		3.743 €
Jahresergebnis				
Auftragslaufzeit von 3 Monaten (80 % Ew)		92.800 €		86.080 €
Auftragslaufzeit von 6 Monaten (85 % Ew)		111.800 €		104.480 €
Konkurrierende Makler bei allen Aufträgen (40 % Ew)		- 59.200 €		- 61.120 €
Konkurrierende Makler bei 20 % der Aufträge (40 % Ew)		62.400 €		56.640 €

Die Basis einer Auftragskalkulation zur Beurteilung der Frage, ob die Übernahme eines Auftrages wirtschaftlich sinnvoll ist oder nicht, bilden die im Rahmen einer (Partial-)Analyse ermittelten statistischen Daten, dazu zählen:

- Der ermittelte Erfolgsquotient
- Der tatsächlich erzielte durchschnittliche Provisionssatz
- Die durchschnittlichen Auftragsbearbeitungskosten (variable Kosten) in Prozent der Provisionserlöse, die als Budgetgröße dienen
- Der Deckungsbeitrag je Auftrag
- Die durchschnittliche Auftragsbearbeitungsdauer in Monaten

In unserem Beispiel plant das Maklerunternehmen einen Jahresumsatz von 300.000 €. Aus der Partialanalyse haben sich für Verkaufsaufträge folgende Werte ergeben: Der Makler kann im Durchschnitt einen Provisionssatz in Höhe von 5 % (Szenario 1) vereinbaren, dabei liegt der durchschnittliche Verkaufspreis seiner Objekte bei 400.000 €. Ferner wird davon ausgegangen, dass seine Fixkosten für Büro, Fahrzeug, Technik und Personal mtl. 10.000 € betragen, somit im Jahr bei 120.000 € liegen. Zudem kann er bei einer Auftragslaufzeit von drei Monaten 80 % seiner Aufträge erfolgreich abschließen. Vereinbart er eine Laufzeit von sechs Monaten, so beträgt seine positive Abschlussrate 85 %. Die variablen Kosten betragen im Durchschnitt 30 % des Provisionsumsatzes.

8.2.4 Änderung der Erfolgswahrscheinlichkeit

Um den gewünschten Jahresumsatz in Höhe von 300.000 € zu erzielen, benötigt der Makler bei einem Erfolgsquotienten von 0,8 insgesamt 19 Aufträge. Die 19 Aufträge müssen somit die Fixkosten in Höhe von 120.000 € sowie die anteiligen variablen Kosten decken. Aus der Tabelle ergibt sich ein Jahresergebnis von rund 93.000 €. Dieses beinhaltet den kalkulatorischen Unternehmerlohn.

Schafft es der Makler, alle Aufträge mit sechs Monaten Laufzeit abzuschließen, so steigt die Erfolgswahrscheinlichkeit von 80 auf 85 % und das Jahresergebnis steigt auf knapp 112.000 €. Damit wird sichtbar, dass die Erfolgswahrscheinlichkeit einen wesentlichen Einfluss auf das Jahresergebnis hat.

Betrachten wir das Szenario 2, sind bis auf die Durchschnittsprovision alle Annahmen gleich. Kann der Makler aufgrund veränderter Marktbedingungen nur noch 4 % Provision im Durchschnitt durchsetzen, so muss er 23,4 Aufträge akquirieren, um seinen Planumsatz von 300.000 € zu erreichen. Der Rückgang der Provision von 5 % auf 4 % ist ein Minus von 20 % und muss somit analog mit einem höheren Auftragsvolumen (+ 25 %) aufgefangen werden.

8.2.5 Konkurrierende Makler

Dem Beispiel wurden einfache Alleinaufträge (also mit Selbstverkaufsrecht des Eigentümers) zugrunde gelegt. Lässt man nun diese Bedingung fallen und unterstellt, der Auftraggeber dürfte zwei miteinander konkurrierende Makler einschalten, dann halbiert sich, wenn beide Makler gleich gut sind, der Erfolgsquotient (von 0,8 auf 0,4). In diesem Fall wird das Betriebsergebnis negativ und weist einen Verlust in Höhe von rund 60.000 € aus.

Die Bearbeitung eines solchen Auftrages und eine Objektwerbung ist sinnlos – und zwar für beide Makler. Der hereingenommene Auftrag würde in der Schublade verschwinden. Nur wenn zufällig ein Interessent auftaucht, für den das Objekt passen könnte, würde man es ihm anbieten. Auch wenn nur wenige Aufträge mit einem allgemeinen Auftrag hereingenommen werden, ändert sich nichts daran, dass jeder dieser Aufträge negativ bleibt. Akquiriert der Makler 80 % seiner Aufträge im Alleinauftrag und 20 % mit allgemeinem Auftrag, so sinkt das Jahresergebnis von rund 93.000 € auf rund 62.000 € in Szenario 1.

8.2.6 Die Wirkung des Gemeinschaftsgeschäfts

Ausgegangen wird von der Feststellung, dass das gesamte Geschäftsvolumen zweier ständiger Gemeinschaftsgeschäftspartner gleich oder höher sein muss als die Summe der Geschäftsvolumina beider Makler, wenn sie keine *Gemeinschaftsgeschäfte* abwickeln würden. Diese Feststellung resultiert aus der Logik der Geschäftsabläufe.

Wenn die Partner trotz vereinbarter Gemeinschaftsgeschäfte keines davon erfolgreich durchführen, ändert sich nichts. Je größer aber der Anteil der Gemeinschaftsgeschäfte wird, desto größer wird auch die Wahrscheinlichkeit, dass ein Teil der Gemeinschaftsgeschäfte reine Zusatzgeschäfte sind, die als Eigengeschäfte nicht zustande kommen würden. Der Anteil der Nichterfolgsfälle würde sich also reduzieren. Es spricht daher vieles für ein entsprechend erhöhtes Geschäftsvolumen. Würden z. B. statt 20 Geschäfte im Jahr 24 Geschäfte erfolgreich abgewickelt, führte dies zu einer Verringerung des Fixkostenbetrages von 6.000 € auf rund 5.000 € pro Geschäft. Der Deckungsbeitrag je Auftrag würde sich um den eingesparten Fixkostenanteil erhöhen.

In allen Fällen, in denen ein Gemeinschaftsgeschäft zwischen zwei Maklern erfolgreich abgewickelt wird, verkürzt sich in der Regel aber auch die Auftragsbearbeitungsdauer. Ohne den Interessenten bzw. das Objekt des Kollegen müsste der Auftrag weiterbearbeitet werden. Die Verkürzung der Auftragsbearbeitungsdauer führt zumindest zu einer Verringerung der Auftragsbearbeitungskosten, also des variablen Kostenfaktors, mit der Folge von Einsparungen im Kostenbudget.

Tabelle 9: Kalkulationsbeispiel, Gemeinschaftsgeschäfte

Aufträge	20,0	24
Fixkosten	120.000 €	120.000 €
anteilige Fixkosten je Auftrag	6.000 €	5.000 €
Variable Kosten: 30 % vom Umsatz	4.800 €	4.800 €
kalkulatorische Provision je Auftrag	16.000 €	16.000 €
– variable Kosten	- 4.800 €	- 4.800 €
– Fixkosten	- 6.000 €	- 5.000 €
Deckungsbeitrag je Auftrag	5.200 €	6.200 €

9. Marktrisiken

Marktrisiken schlagen sich in der Entwicklung der Umsätze und der Betriebsergebnisse nieder. Hier spielen einerseits die strukturelle Änderung der Immobilienlandschaft sowie andererseits die konjunkturbedingten Einflüsse eine große Rolle.

9.1 Konkurrenzrisiken

Das Marktrisiko des Maklergeschäftes besteht vor allem in der sich ständig ändernden Konkurrenzlandschaft. Dies zeigt ein Blick in die Vergangenheit. Die Zahlen hierfür liefert der IVD-Betriebsvergleich.

9.1.1 Verschiebungen in den Geschäftsbereichen

Auch Maklerunternehmen müssen sich kontinuierlich wandeln und sich an wechselnde Rahmenbedingungen anpassen, wenn sie erfolgreich bleiben möchten. Langfristig führt dies zu erheblichen Veränderungen in den einzelnen Geschäftsbereichen. Betrachtet man die Langfristtrends der *Geschäftsbereiche* aus den alten RDM-Betriebsvergleichen, ist ein Rückgang bei der Sparte „Kaufvertragsvermittlung" am gesamten Geschäftsvolumen zu verzeichnen. 1975 betrug der durchschnittliche Umsatzanteil aus dem Kaufvertragsvermittlungsgeschäft rund 65 %. 2010 lag der Umsatzanteil nur noch bei 48 %. Der Anteil der Mietvertragsvermittlung ging im gleichen Zeitraum von 15 % auf 12 % zurück.

Aufgefangen wurde der Rückgang im Maklergeschäft durch eine Ausweitung des Geschäftsanteils bei der Hausverwaltung (Anstieg von 14 % auf 29 %) und der sonstigen selbstständigen Leistungsbereiche, insbesondere Betreuung und Bewertung (von 6 % auf 11 %).

Durch die Einführung des sog. Bestellerprinzips im Mietmarkt 2015 ist der Anteil der Mietvertragsvermittlung nochmals deutlich zurückgegangen.

Die *Betriebsgröße* hat einen beträchtlichen Einfluss auf die Entwicklung der betriebswirtschaftlichen Ergebnisse. Der logisch kleinste Betrieb umfasste früher wegen der erforderlichen Organisationsstruktur (Innendienst/Außendienst) zwei Personen. Mittels Outsourcing sowie des Einsatzes moderner Informations- und Kommunikationstechnik sind heute auch Einzelpersonen-Unternehmen möglich. Diese Ein- bis Zweipersonenbetriebe erwirtschaften häufig negative Betriebsergebnisse, die sie nur durch Zugeständnisse im Bereich des Unternehmerlohnes auffangen können.

Der IVD Bundesverband hat 2021 zusammen mit dem Forsa-Institut eine Strukturanalyse seiner Verbandsmitglieder durchgeführt, in der auch explizit die Herausforderungen der Branche mit abgefragt wurden. Bei der Untersuchung wurden rund 1800 Unternehmen befragt.

Unternehmensgröße

Ein Viertel der Mitglieder arbeitet alleine ohne Angestellte. Etwa die Hälfte haben bis zu vier Mitarbeiter. Damit bestehen rund drei Viertel aller Mitgliedsunternehmen aus maximal fünf Personen. Rund 20 % der Unternehmen beschäftigen zwischen fünf und 19 Personen und nur 5 % haben mehr als 20 Mitarbeiter.

Unternehmensgründer

75 % der Mitglieder haben ihr Unternehmen selbst gegründet und blicken auf eine langjährige Markterfahrung zurück. So können über 85 % mehr als zehn Jahre Berufserfahrung vorweisen. 53 % der Mitglieder gaben an, eine dezidierte immobilienwirtschaftliche Ausbildung zu haben (Immobilienkaufmann, Immobilienfachwirt oder immobilienwirtschaftliches Studium). Etwa ein Drittel der Mitglieder hat einen Studienabschluss. Fast 90 % der Mitglieder sind mit ihrer Berufswahl sehr zufrieden und würden aus aktueller Sicht nochmals ihren Beruf ergreifen.

Tätigkeitsschwerpunkte

85 % der Mitglieder makeln, 27 % verwalten und 12 % sind als Gutachter tätig. Zudem geben 10 % der Mitglieder an, weitere Tätigkeitschwerpunkte wie Projektentwicklung zu haben (Mehrfachnennungen möglich). Von den Mitgliedern, die makeln, sind praktisch alle (97 %) am Wohnimmobilienmarkt tätig. 29 % vermitteln Gewerbeimmobilien und 21 % beschäftigen sich mit Investment-Immobilien (Mehrfachnennungen möglich).

9.1.2 Entwicklung des Wettbewerbs

Der größte Wettbewerber am Markt ist die Gruppe der privaten Anbieter, diese nehmen keine Maklerleistungen bzw. nur Teilleistungen in Anspruch.

Der Markt der Immobilienmakler ist sehr stark zersplittert, auch wenn in den letzten 20 Jahren deutliche Konzentrationsprozesse zu beobachten waren und sind. Zum einen steigt die Organisationsquote aufgrund kostenfreier Varianten zum Zusammenschluss. Es ist auch eine Tendenz zu größeren Gebilden mit mehr Mitarbeitern zu erkennen. Klassische inhabergeführte Unternehmen sind heute nicht mehr automatisch nur an einem Standort mit wenigen Mitarbeitern anzutreffen, sondern haben in der Spitze bis rund ein Dutzend Standorte mit weit über 100 Mitarbeitern.

Vollkommen losgelöst von anderen Marktteilnehmern ist heute kaum noch ein Makler tätig. Die Mehrheit der Makler sucht den Austausch zu Kollegen und hat sich demzufolge unterschiedlichen Organisationsformen angeschlossen. Die erste Stufe ist dabei die Vernetzung über verschiedene Social-Media-Kanäle mit anderen Kollegen, wie z. B. die Facebook-Gruppen „*Maklerdiskussion*“ oder kostenfreie Mitgliedschaften verschiedener Organisationen.

Es folgen regionale Maklerverbünde und Börsen. Neben diesen kleineren Organisationsformen gibt es bundesweite Zusammenschlüsse speziell für den Markt der Gewerbe- und Anlage-Immobilien, wie den Deutschen Anlage-Immobilien Verbund (DAVE) oder das Netzwerk Deutsche Immobilien-Partner (DIP).

Die nächste Ebene bilden große wirtschaftliche Netzwerke, die als Franchisesystem organisiert sind. Dazu gehören beispielsweise Engel & Völkers, RE/MAX oder von Poll Immobilien. Im Gegensatz zu den regionalen Zusammenschlüssen, die eng zusammenarbeiten, haben die Franchisesysteme das Ziel einer bundesweiten Abdeckung, ohne jedoch lokal im Wettbewerb zu stehen. Hier wird i. d. R. ein Gebietsschutz vergeben.

Neben den überregional agierenden Franchise-Ketten gibt es eine weitere Gruppe von Maklern: die sog. Banken-Makler. *Banken und Bausparkassen* treten etwa seit Mitte der 1980er-Jahre als Makler auf. Diese Gruppe verfügt häufig über bessere Marktzugangsbedingungen als Einzelmakler. Außerdem sind Immobilienbesitzer von einer bestimmten Größenordnung in ihre *Netzwerke* eingebunden, die eine kontinuierliche Betreuung der Privatkunden in Vermögensfragen zum Gegenstand haben. Sie können gezielt ihre Bankkunden ansprechen und in Immobilienfragen beraten.

Daneben gibt es Wettbewerber, die Markttransaktionen fördern, ohne damit einen selbstständigen Erwerbszweck zu verfolgen, wie die bayerischen Industrie- und Handelskammern mit ihrem Standortportal, das mit den kommunalen Wirtschaftsförderungsämtern zusammenarbeitet und Standortberatungen durchführt. Die Vermittlungs- bzw. Objektnachweisleistung ist dabei eine Nebenleistung, die im Interesse der Investitionsförderung mit erbracht wird.

Die oberste Organisationsstufe bilden die Berufsverbände. Hier finden sich Unternehmen aus allen zuvor genannten Organisationsformen. Neben den nationalen Verbänden wie dem IVD gibt es auch europäische und internationale Verbände wie FIABCI (Fédération Internationale des Administrateurs de Biens Conseils et Agent Immobiliers).

9.1.3 Berufliche Herausforderungen

Betrachtet man alleine die Sparte der Makler, so sind ein Drittel der Meinung, dass die zunehmenden gesetzlichen Regulierungen die größte Herausforderung darstellen, dicht darauf folgt die Problematik der Objektakquise. Das zweite Problem hängt an zwei Faktoren: Zum einen übersteigt die Nachfrage in den meisten Regionen das Angebot, zum anderen haben findige PropTechs die Akquise als eigenständigen Geschäftszweig entdeckt. Dabei werden potenzielle Verkäufer kontaktiert und deren Adressen an Makler verkauft, vgl. 7.3.5 Lead-Einkauf und Lead-Generierung, S. 185.

Die nachstehende Tabelle zeigt die Ergebnisse auf die offen gestellte Frage, d. h. ohne Antwortvorgaben, nach den derzeit größten Herausforderungen bei der Ausübung des jeweiligen Berufs.

Tabelle 10: Berufliche Herausforderungen[32]

Berufliche Herausforderungen*	Makler	Verwalter	Sachverständige
Zunahme staatlicher Regulierungen und gesetzliche Vorgaben	33 %	36 %	32 %
Erschwerte Akquise neuer Objekte	28 %	10 %	20 %
Zunehmende Bürokratie	10 %	7 %	12 %
Digitalisierung	10 %	10 %	10 %
Preisentwicklungen auf dem Markt	9 %	7 %	13 %
Zunahme an Wettbewerbern	10 %	3 %	13 %
Schlechtes Image des Berufs bzw. der Branche	7 %	4 %	8 %
Mitarbeiter-/Fachkräftemangel	6 %	11 %	5 %
Kundenverhalten	5 %	8 %	5 %

* Mehrfachnennungen möglich, daher Summe > 100 %.

32 Quelle: Forsa, IVD Mitgliederstrukturanalyse 2021.

Die Frage wurde leicht abgewandelt „Wie groß schätzen sie die Herausforderungen der Immobilienbranche?“ und nochmals mit Antwortvorgaben gestellt. Dabei wurden folgende Werte ermittelt:

Tabelle 11: Branchenbezogene Herausforderungen[33]

Branchenbezogene Herausforderungen	Makler in %
Zunehmende gesetzliche Anforderungen und Regulierungen	84 %
Größere Konkurrenz durch nicht qualifizierte Mitbewerber	46 %
Zunehmende Digitalisierung	40 %
Unsicherheiten aufgrund der Corona-Krise	33 %
Knappes Angebot an Immobilien zum Verkauf	83 %
Zunehmende Zahl von Privatverkäufern	57 %
Steigende Zahl von Hybridmaklern	54 %
Knappes Angebot an Mietwohnungen	36 %

9.2 Konjunkturelle Markteinflussfaktoren

Das Maklergeschäft ist überaus konjunkturanfällig. Dies ergibt sich durch einen Blick auf die Entwicklung der Umsätze, die die Veränderungen in den Proportionen von Angebot und Nachfrage widerspiegeln. Da der überwiegende Teil der Umsätze auf dem regionalen Immobilienmarkt stattfindet, werden sie durch *regionale Einflüsse* zusätzlich geprägt.

Die Betrachtung des Marktgeschehens auf dem überregionalen Immobilienmarkt, auf dem hauptsächlich und zunehmend die unter portfoliotheoretischen Aspekten agierenden Investmentgesellschaften zu finden sind, sei hier ausgeklammert.

Angebot und Nachfrage

Am Immobilienmarkt sind zunächst zwei Marktbereiche zu unterscheiden: der Neubaumarkt und der Markt für Bestandsimmobilien. Beim Neubaumarkt wird der Preis vom Anbieter – in der Regel von Bauträgern und Projektentwicklern – kalkuliert. Die primäre *Preisbestimmungskompetenz* liegt beim Anbieter. Sind die kalkulierten *Festpreise* nicht erzielbar, scheitert die Preiskalkulation an den Marktgegebenheiten. Die Preisbestimmungskompetenz geht auf die Nachfrager über. Der Anbieter erzielt dann nur noch den Preis,

33 Quelle: Forsa, IVD Mitgliederstrukturanalyse 2021.

den die meistbietenden Nachfrager zu bezahlen bereit sind. Liegen die möglichen Verkaufspreise höher als die Grundstücks- und Baukosten, werden sich die Anbieter zusätzlich am Markt orientieren, um ihre Marge zu erhöhen.

Beim Markt für Bestandsimmobilien liegt die Preisbestimmungskompetenz stets bei der Nachfrage. Der Anbieter einer Immobilie geht mangels Kalkulationsgrundlage mit einem *Preisvorschlag* auf den Markt. Dieser orientiert sich entweder an den Angebotspreisen vergleichbarer Immobilien aus dem Internet oder an Onlinebewertungen.

Wird ein Angebotspreis im Bestandsmarkt zu hoch angesetzt, ist die Gefahr eines Absinkens des Immobilienwertes höher als im Neubaumarkt. Der Anbieter muss sich sukzessive innerhalb des ihm zur Verfügung stehenden Veräußerungszeitraumes der Marktrealität – sprich der Nachfrage – annähern. Diese erkennt in der Regel die schleichenden Preisangebotskorrekturen. Die Nachfrageseite spekuliert einerseits auf noch weiter fallende Preise oder traut sich andererseits nicht mehr an das Objekt heran, da sie verdeckte Mängel vermutet, wenn Objekte sehr lange am Markt sind. Das angebotene Objekt erleidet einen Imageverlust. Die Spekulation auf weiter sinkende Preise zusammen mit dem Imageverlust führen dazu, dass der Anbieter den sonst möglichen Marktpreis nicht mehr erzielen kann. Dieser Tatbestand hat in der Vergangenheit auch schon zu Schadensersatzansprüchen gegen Makler wegen falscher Preisberatung (zu hoher Preisansatz) geführt.

Ein weiterer Unterschied zwischen Neubau und Bestandsimmobilien liegt in der Verkaufsmotivation. Das Angebot an Bestandsimmobilien ist überwiegend nicht *marktinduziert*, d. h. die *Veräußerungsmotive* entstehen marktunabhängig. Es handelt sich um Umzugsnotwendigkeiten, Vermögensauseinandersetzungen in Erb- und Scheidungsfällen, Zwangslagen, steuerliche Rücksichten usw., Vorgänge also, bei denen die aktuelle Marktverfassung weitgehend unbeachtet bleibt. Eine Reaktion der Anbieter auf dem Markt für Bestandsimmobilien auf steigende bzw. sinkende Marktchancen ist bei selbst genutztem Wohnraum faktisch nicht gegeben. Auch Personen, die einige wenige Kapitalanlageobjekte besitzen, werden kaum auf sich ändernde Marktbedingungen reagieren. Somit verhält sich das Angebot, was die Angebotsmenge angeht, strukturbedingt unelastisch. Im Gegensatz zur Angebotsmenge beruht die Nachfrage auf Marktbestimmungsgrößen, wie Bevölkerungsbewegung (Wanderungssalden) bei Wohnimmobilien bzw. durch Unternehmensgründungen bzw. -erweiterungen bei Gewerbeimmobilien. Diese Faktoren ergeben den Bedarf. Die Nachfrage tritt am Markt auf, wenn der Bedarf und die Finanzkraft Marktentscheidungen ermöglichen. Die Finanzkraft ist abhängig von Vermögen und Einkommen. Überschreitet das in der effektiven Nachfrage zum Ausdruck kommende Volumen das gegebene, nicht marktinduzierte Angebotsvolumen, regt dies die Neubautätigkeit an.

Somit besteht die Angebotsseite auf dem regionalen Immobilienmarkt aus dem dominanten Basismarkt für Bestandsimmobilien, der auf Nachfrageänderungen nicht reagiert, und aus dem durch Nachfrageänderungen induzierten Neubaumarkt. Dieser hinkt dem Bestandsimmobilienmarkt naturgemäß hinterher.

Wenn sich das Angebot aus zwei verschiedenen *Elastizitätsgruppen* zusammensetzt, führt dies dazu, dass der elastische Teil auf Nachfrageänderungen überproportional, wenn auch mit großen Zeitverzögerungen reagiert. Natürlich werden durch ein Übermaß bzw. Unterdeckung an Baufertigstellungen die Preise auf dem Bestandsimmobilienmarkt beeinflusst. Dort findet aber keine Mengenanpassung statt.

9.2.1 Bevölkerungsentwicklung

Der Immobilienmarkt unterliegt einer Reihe von Einflüssen, die dazu führen, dass das Maklergeschäft einem hohen Konjunkturrisiko ausgesetzt ist. Die langfristigen Trends der Vergangenheit ließen den Eindruck entstehen, mit Immobilieneigentum seien automatisch Wertzuwächse verbunden. Das Wachstum der Volkswirtschaft spiegelte sich jedenfalls im Bereich der Wohnimmobilien in der Zunahme der *Eigentümerquote,* der Zunahme der Wohnfläche pro Bewohner, aber auch durch zunehmende *Qualitätsansprüche* an das Wohnen wider.

Die Bevölkerungsprognosen gehen bis 2030 nur von geringen Veränderungen aus. Dabei wird voraussichtlich 2025 ein Peak erreicht, von dem aus es bis 2030 in etwa wieder auf das Bevölkerungsniveau von 2020 zurückgeht. Ursächlich für die Bevölkerungsentwicklung sind Zu- und Abwanderung sowie die Geburten- und Sterberaten.

Für die Wohnungsmärkte ist zudem die Binnenwanderung ein wesentlicher Faktor. Dabei war in der letzten Dekade zum einen die Abwanderung von ländliche in urbane Gebiete relevant, wobei die süddeutschen Metropolregionen überproportionale Zuwächse zu verzeichnen hatten.

Neben der Bevölkerungszahl ist die Bevölkerungszusammensetzung für die Nachfrage entscheidend. Deutschland befindet sich inmitten eines demografischen Wandels – die Bevölkerung altert. Das bedeutet, dass die Anzahl der älteren Menschen in Relation zur Anzahl jüngerer Menschen ansteigt. Dies ist vor allem für die Rentenkassen dramatisch, wenn immer weniger Erwerbstätige immer mehr Rentner versorgen müssen. Aber auch für die

Immobilienmärkte ist die Bevölkerungsstruktur relevant. Dabei geht es nicht nur um die Nachfrage, sondern auch um die Ausgestaltung der Immobilien, Stichwort Barrierefreiheit.

9.2.2 Haushaltsgröße und Wohnfläche

Neben der Bevölkerungsentwicklung haben die Haushaltsgröße und die Wohnfläche erheblichen Einfluss auf die Entwicklungen am Immobilienmarkt.

Die Anzahl der erforderlichen Wohnungen wird durch die Anzahl der Haushalte determiniert. Dabei ist folgendes zu beobachten: Die Anzahl der Haushalte wächst schneller als die Anzahl der Bevölkerung. Dies bedeutet, dass die Anzahl Personen pro Haushalt abnimmt. Das Statistische Bundesamt weist die Entwicklung wie folgt aus:

Tabelle 12: Entwicklung der Haushalte

Jahr	Haushalte in Tsd.	1-Personen-Haushalte	2-Personen-Haushalte	3-Personen-Haushalte	4-Personen-Haushalte	5 und mehr-Personen-Haushalte
2019	41 506	42,3 %	33,2 %	11,9 %	9,1 %	3,5 %
2010	40 301	40,2 %	34,2 %	12,6 %	9,5 %	3,4 %
2000	38 124	36,1 %	33,4 %	14,7 %	11,5 %	4,4 %
1991	35 256	33,6 %	30,8 %	17,1 %	13,5 %	5,0 %

Die Anzahl der Haushalte soll nach Angaben des Statistischen Bundesamts bis 2040 auf 42,63 Mio. ansteigen, wobei die Anzahl der Haushalte mit einer Person dann bei 19,30 Mio. liegen soll. Damit würde die Anzahl der Einpersonenhaushalte 2040 bei über 45 % liegen.

Nicht nur die Anzahl der Haushalte ist in den letzten Jahrzehnten gestiegen, sondern auch die Wohnfläche je Person. Von 1990 bis 2010 ist die Wohnfläche pro Kopf von rund 10 qm auf 45 qm angestiegen. Im Jahr 2020 liegt der Flächenverbrauch laut Statista bei 47,4 qm. Was auf den ersten Blick nicht dramatisch erscheint, bedeutet jedoch eine Vergrößerung des Wohnungsbestands von über 26 % in ganz Deutschland. Es liegt auf der Hand, dass steigender Flächenverbrauch bei gleichbleibender Einwohnerzahl nur durch Neubautätigkeit realisiert werden kann. Da die Einwohnerzahl im gleichen Zeitraum, d. h. von 1990 bis 2020, von 79,75 Mio. Menschen auf 83,16 Mio. gestiegen ist – dies entspricht einer Steigerung von rund 4 % –, mussten somit über 30 % der aktuellen Gesamtfläche aller Wohnungen in den letzten 30

Jahren errichtet werden. Mit steigender Wohnraumgröße geht ein steigender Energieverbrauch einher, da jeder Quadratmeter auch beheizt werden muss.

Auch wenn sich die Zunahme des Flächenverbrauchs in den letzten Jahren abgeschwächt hat, ist nicht davon auszugehen, dass es zu einer Trendumkehr kommen wird.

9.2.3 Einkommen und Inflation

Beim Wohnimmobilienmarkt sind die Haushalte die Nachfrageeinheiten. Sie haben unterschiedliche Größen und hinter ihnen stehen unterschiedliche Einkommensgrößen. Die Einkommensstruktur verleiht dieser Nachfrage eine qualitative Komponente. *Einkommensänderungen* führen zu qualitativen Verschiebungen innerhalb der Nachfrage.

Ausgehend von der Faustregel, dass man nur 30 % des verfügbaren monatlichen Einkommens in die Miete investieren sollte, fragen einkommensstärkere Haushalte meist auch Wohnungen mit einem höheren Mietzins nach. Steigen die Einkommen über einen längeren Zeitraum stärker als die Mieten, so gibt es für die Mieter die Möglichkeit, in eine Wohnung umzuziehen, die eine bessere Lage, Ausstattung oder Größe als die bisherige Wohnung bzw. eine Kombination aus diesen drei Kriterien bietet.

Von 1991 bis 2019 ist das durchschnittliche Haushaltsnettoeinkommen über alle Haushaltsgrößen von 2.167 € auf 4.734 € gestiegen, was einer Steigerung von 218 % entspricht.

Tabelle 13: Entwicklung des Haushaltsnettoeinkommens[34]

Jahr	1991	2000	2010	2019
Einkommen	2.167 €	2.633 €	2.922 €	4.734 €

Die Entwicklung der Einkommen ist immer im Zusammenhang mit der *Inflation* zu betrachten. Werden die Einkommen nicht der Inflation angepasst, so führt dies bei positiven Inflationsraten zu Kaufkraftverlusten, man spricht dann von sinkenden Reallöhnen.

In der nachstehenden Grafik ist der Verbraucherpreisindex 1991 = 100 gesetzt. Die Indexlinie steigt von 100 im Jahr 1991 auf 164,2 im März 2021. Die Inflationsrate ist auf der rechten Seite in Prozent angegeben und wird durch die Balken grafisch dargestellt. 1992 betrug die Inflationsrate knapp über 5 %,

34 Quelle: Statistisches Bundesamt.

der höchste Wert im Betrachtungszeitraum. Die durchschnittliche Inflationsrate von 1992 bis März 2021 beträgt knapp 1,7 %. Damit sind die Löhne in den letzten vier Jahrzehnten stärker gestiegen als die Inflationsrate.

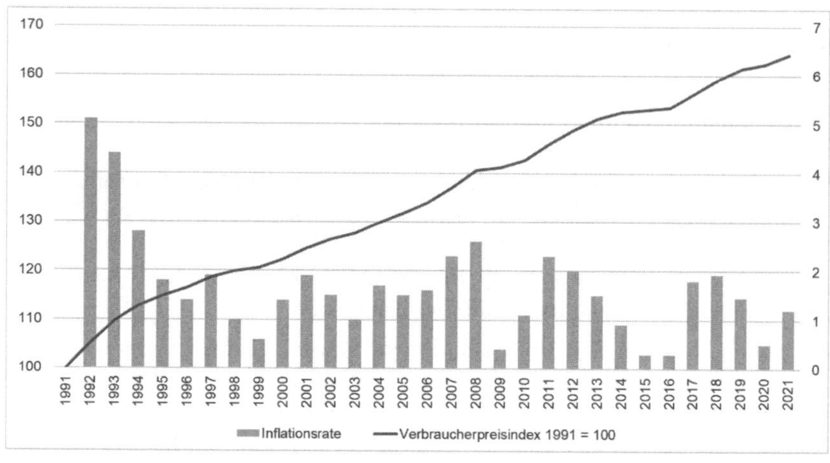

Abb. 6: Inflation und Verbraucherpreisindex[35]

9.2.4 Zinsentwicklung

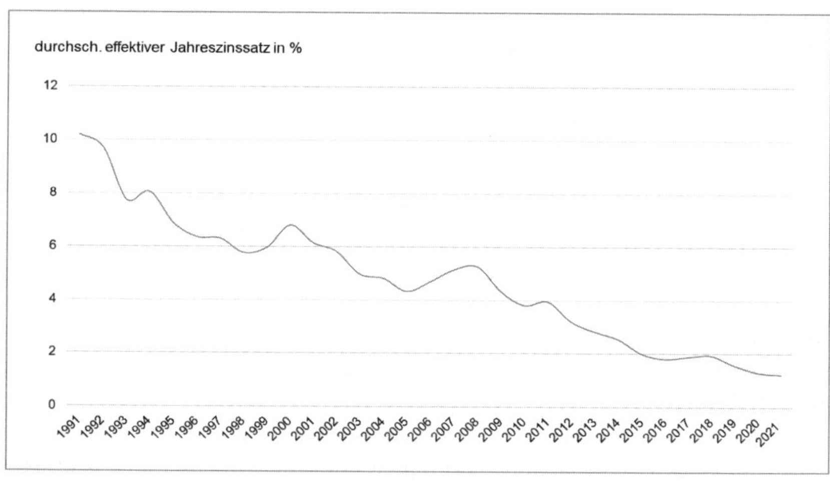

Abb. 7: Zinsentwicklung für Immobilienkredite[36]

35 Quelle: Statistisches Bundesamt.

36 Quelle: Deutsche Bundesbank (Gleitzinssatz).

Die *Zinsentwicklung* in den letzten vier Jahrzehnten ist im Trend durchgehend fallend. Lagen die effektiven Zinssätze für Wohnbaukredite 1991 noch bei durchschnittlich 10,2 %, so sind sie bis März 2021 auf 1,2 % gesunken.

Für Immobilienkäufer ist damit die Zinsbelastung erheblich zurückgegangen, dies hat die Nachfrage nach Wohnimmobilien befeuert. Die geringe Zinslast – 2015 lag der effektive Durchschnittszins erstmalig bei 2,0 % – ermöglichte es auch Mietern mit geringeren Einkommen, Wohneigentum zu bilden. Allerdings ist der Zinsvorteil gerade in Großstädten durch stark gestiegene Immobilienpreise aufgezehrt worden.

9.2.5 Erschwinglichkeitsindex

Die vorstehenden Parameter wie Bevölkerungs-, Einkommens- oder Zinsentwicklung haben alle einen Einfluss auf die Preisentwicklung am Immobilienmarkt.

Sie stehen jedoch auch untereinander in Beziehung und können nicht alleine betrachtet werden. Wenn Einkommen und Immobilienpreise im Gleichschritt steigen, dann werden Immobilien zwar nominal teuer, jedoch hätte dies keinen Einfluss auf das Kaufverhalten, da die Einkommen im gleichen Maße mitsteigen. Ein geeigneter Indikator für die Nachfrage ist der sog. *Erschwinglichkeitsindex*. Dieser Index setzt die Immobilienpreise in Relation zu Einkommen, Zinsen und Fördergeldern wie z. B. dem Baukindergeld.

Der Erschwinglichkeitsindex 2020/21 des IVD Bundesverbands kommt zu dem Ergebnis, dass es trotz steigender Immobilienpreise noch viele Regionen gibt, in denen die Erschwinglichkeit von Wohneigentum für den Durchschnittsverdiener auf dem gleichen Niveau wie 2010 liegt. In den Metropolregionen und Großstädten ist die Erschwinglichkeit jedoch zurückgegangen. Dadurch sind Immobilien in ländlichen Gebieten, kleineren Städten und Umlandgemeinden für Personen mit durchschnittlichen Einkommen attraktiver geworden.

9.2.6 Bautätigkeit

Immobilienmärkte zeichnen sich durch lange Konjunkturzyklen aus. Dies liegt weniger daran, dass sie den allgemeinen konjunkturellen Änderungen folgen, sondern vielmehr am Wesen des Produktes selbst. Von der Planung über die Erstellung bis zur Übergabe ist der Produktionszyklus ungleich länger als auf anderen Produktmärkten. Betrachtet man die Entwicklung des Immobilienmarktes der vergangenen Dekaden, sieht man, dass nach dem konjunkturellen Hoch kurz vor Mitte der 90er-Jahre eine überlange Phase der *Stagnation* folgte, obwohl die Finanzierungskonditionen sehr günstig waren.

Der den Bestandsimmobilienmarkt begleitende Neubaumarkt ging fast zwei Jahrzehnte zurück. So sind die *Baugenehmigungen* und *Baufertigstellungen* nach ihrem Hoch 1993 bis nach dem Ende der durch die Lehman-Brothers-Pleite ausgelösten Finanzkrise bis 2008 rückläufig. Erst danach steigen sie wieder moderat an, sind jedoch trotz der aktuell starken Nachfrage weiterhin weit von ihren Spitzenwerten Mitte der 90er-Jahre entfernt.

Während nach Feststellungen des Statistischen Bundesamtes 1995 noch rund 525.000 Wohnungen in neuerrichteten Wohngebäuden fertiggestellt wurden, ist die Zahl bis 2009 auf rund 137.000 Wohnungen zurückgegangen. 2019 lag die Zahl fertiggestellter Wohnungen bei rund 257.000 Einheiten.

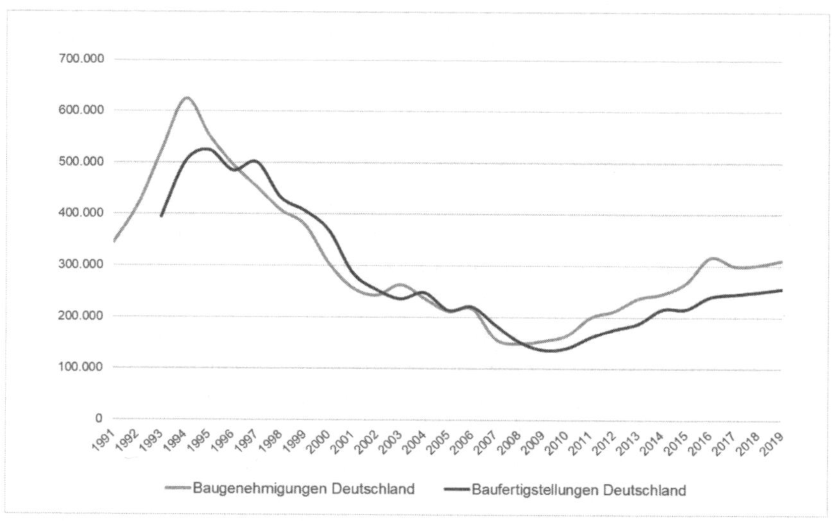

Abb. 8: Baugenehmigungen und Baufertigstellungen[37] von Wohneinheiten in neuerrichteten Wohngebäuden in Deutschland

9.2.7 Immobilienumsätze

Der Verlauf der Immobilienumsätze ist von den Baugenehmigungen und Baufertigstellungen losgelöst, der Umsatz mit Neubauimmobilien im Ver-

37 Quelle: Statistisches Bundesamt.

gleich zum Bestandsimmobilienmarkt relativ klein. Die Immobilienumsätze steigen seit 2010 stark an. Dies liegt nicht nur an der steigenden Bautätigkeit, sondern auch an den steigenden Umsatzvolumina im Bestand sowie insbesondere an den steigenden Immobilienpreisen in der letzten Dekade.

2001 und 2008 gab es zwei kleinere Peaks, deren weitere Aufwärtsbewegung durch das Platzen der Dot.com-Blase bzw. durch die Lehman-Brothers-Pleite und deren Folgen gestoppt wurden. Von 1991 bis 2005 betrug der Umsatz rund 137 Mrd. € im Durchschnitt. In den Jahren 2006 bis 2020 ist der Mittelwert auf 208 Mrd. € gestiegen, im Jahr 2020 erreichte der Umsatz mit rund 311 Mrd. € eine neue Rekordmarke.

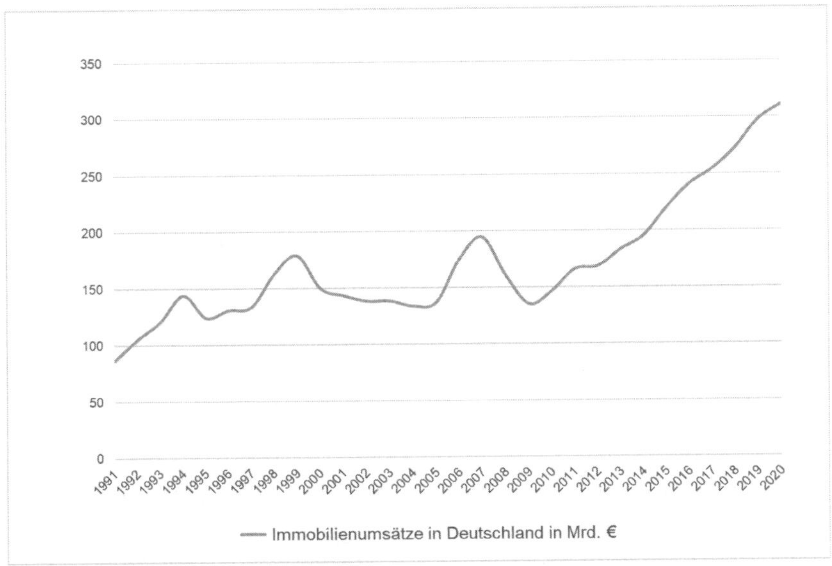

Abb. 9: Immobilienumsätze in Deutschland[38]

38 Quelle: IVD Institut, München.

10. Aus- und Weiterbildung für Makler

10.1 Ausbildung zum/zur Immobilienkaufmann/-kauffrau

Das duale *Berufsbildungssystem* in Deutschland ist auf dieser Welt einmalig und wird auch im Ausland durchwegs anerkannt. Wer in einem komplexen *Ausbildungsberuf s*eine Abschlussprüfung mit guten Noten bestanden hat, braucht sich nicht hinter einem *Bachelor-Abschluss* zu verstecken. Es ist deshalb innerhalb der Immobilienwirtschaft wichtig, das Bewusstsein wachzuhalten, dass es in der Immobilienwirtschaft auf der Ebene der beruflichen *Ausbildung* ein Niveau gibt, das im nicht akademischen Bereich eine hohe Anerkennung genießt. Ausdruck für die Qualität der Ausbildung sind einerseits die zu vermittelnden Ausbildungsinhalte, aber auch die Lehrgrundlagen. Betrachtet man z. B. den Inhalt der für die Berufsausbildung konzipierten „Speziellen Betriebswirtschaftslehre der Immobilienwirtschaft“ von Murfeld[39] und die Tatsache, dass dieses Lehrbuch auch eine vielfältige Bezugsgrundlage für akademische Studiengänge in der Immobilienwirtschaft darstellt, zeigt sich deutlich, welcher Stellenwert der beruflichen Ausbildung zukommt.

10.1.1 Entwicklung des Berufsbildes

Einen Ausbildungsberuf für Immobilienmakler, der ausschließlich die Ausbildungsbelange von Maklerunternehmen abdeckt, gibt es nicht. Obwohl innerhalb der Immobilienwirtschaft ein ganzes Bündel von Leistungsbereichen versammelt ist, kam es in der Vergangenheit nie zu einer *Ausdifferenzierung der Berufsbilder*, wie dies in anderen Branchen zu beobachten war. Durch die Breite des Ausbildungsspektrums soll die Durchlässigkeit auf der horizontalen Ebene gewährleistet werden. Wer in der Immobilienwirtschaft seine Ausbildung absolviert hat, sollte in allen Feldern der Branche eingesetzt werden können. Zudem sichert das gemeinsame Berufsbild eine einheitliche Sprachregelung und Verständigungsbasis ab. Der Kaufmann/die Kauffrau in der Grundstücks- und Wohnungswirtschaft wurde aus diesen Gründen als Monoberuf konzipiert.

Die überaus breit angelegte Qualifizierung nach dem *Ausbildungsrahmenplan* und dem Rahmenlehrplan stellen sowohl an die Auszubildenden als

---

39 Murfeld, Egon: „Spezielle Betriebswirtschaftslehre der Immobilienwirtschaft“, 8. Auflage, Hamburg 2018.

auch an die ausbildenden Betriebe und deren Ausbilder hohe fachliche Anforderungen. Das schränkt naturgemäß die Zahl der Unternehmen ein, die in der Lage sind, dieses breite Feld ausbildungstechnisch voll abzudecken. Das Erstaunliche dabei ist, dass trotzdem die Zahl der Auszubildenden gegenüber den Ausbildungszahlen in den anderen Ausbildungsberufen konstant stark zugenommen hat.

Nach dem dualen System gibt es in der Berufsausbildung eine Aufgabenteilung zwischen Betrieb und Berufsschule. Die *Berufsschule* begleitet auf der Grundlage eines Rahmenlehrplanes durch Vermittlung wesentlicher Grundlagenkenntnisse die *betriebliche Ausbildung.* Die Regelungen über die Ausbildung durch die Berufsschule fällt in den Kompetenzbereich der Bundesländer, diejenigen über die betriebliche Ausbildung in den Kompetenzbereich des Bundes.

Grundlage für die betriebliche Ausbildung in einem anerkannten Ausbildungsberuf ist das *Berufsbildungsgesetz,* das durch das Gesetz zur Reform der beruflichen Bildung vom 23.03.2005 novelliert wurde und in der novellierten Fassung zum 01.04.2005 in Kraft trat. Es enthält Vorschriften über die Anforderungen, die an *Ausbildungsbetriebe* und *Ausbilder* zu stellen sind. „Ausbildende" (Ausbildungsbetriebe) müssen persönlich geeignet sein und einen Ausbilder beschäftigen, der persönlich und fachlich für die Ausbildung geeignet ist. Die persönliche Eignung ist in der Regel gegeben. Die *fachliche Eignung* bezieht sich einerseits auf die berufs- und arbeitspädagogischen Fähigkeiten der Ausbilder und andererseits auf die Fertigkeiten, Kenntnisse und Fähigkeiten, die in der Ausbildung zu vermitteln sind.

Zugelassen sind auch solche Ausbildungsbetriebe, die nicht das ganze Ausbildungsspektrum abdecken können, wenn die fehlenden Ausbildungsteile „durch Ausbildungsmaßnahmen außerhalb der Ausbildungsstätte", z. B. durch einen kooperierenden Ausbildungsbetrieb oder durch Seminare vermittelt werden können. Dies ist vor allem für Maklerbetriebe wichtig, wenn sie außer der Maklertätigkeit keine weiteren Geschäftsfelder abdecken können.

Wer ausbildet, muss mit dem Auszubildenden einen *Ausbildungsvertrag* abschließen. Das Vertragsformular stellen die Industrie- und Handelskammern zu Verfügung. Die Probezeit darf höchstens vier Monate betragen. Der Auszubildende erhält eine „angemessene" monatliche Vergütung. Dem Vertrag ist der betriebliche Ausbildungsplan (sachliche und zeitliche Gliederung der Ausbildung) beizufügen.

10.1.2 Ausbildungsverordnung

Seit dem 01.08.2006 ist die *Verordnung über die Berufsausbildung zum Immobilienkaufmann/zur Immobilienkauffrau* in Kraft. Damit wurde Abschied genommen von der veralteten Bezeichnung „Kaufmann/Kauffrau in der Grundstücks- und Wohnungswirtschaft“ und vom einstigen „Monoberuf“, mit dem versucht wurde, den Auszubildenden das gesamte Spektrum der für eine erfolgreiche Ausübung des Berufes erforderlichen Fertigkeiten, Kenntnisse und Fähigkeiten zu vermitteln. Die aktuelle Ausbildungsverordnung sieht eine zeitliche Zweiteilung vor. Die ersten zwei Drittel der Ausbildungszeit sind der Grundausbildung gewidmet. Im letzten Drittel findet eine Spezialisierung statt. Dabei werden Lerninhalte vertieft, die in der Grundausbildung vermittelt werden. Von den fünf *Wahlpflichtqualifikationen* muss sich der Auszubildende für zwei entscheiden.

Nach dem amtlichen *Ausbildungsprofil* sollen Immobilienkaufleute in der Lage sein:

- Immobilien zu bewirtschaften
- Immobilien zu erwerben, zu veräußern und zu vermitteln
- Wohnungs- und Teileigentum zu begründen und zu verwalten
- Immobilienbezogene Dienstleistungen zu entwickeln
- Neubaumaßnahmen und Maßnahmen zur Modernisierung und Sanierung von Immobilien zu planen und zu steuern
- Unternehmens- und kundenbezogene Finanzierungskonzepte zu entwickeln
- Kunden zu beraten
- Den Immobilienmarkt zu analysieren und Marketingkonzepte umzusetzen
- Das technische Gebäudemanagement zu organisieren und zu steuern

Immobilienkaufleute können in allen Geschäftsbereichen der Immobilienwirtschaft eingesetzt werden.

An der *Ausbildungszeit* von drei Jahren wurde festgehalten, die allerdings durch die IHK auf Antrag des Auszubildenden und des Ausbildungsunternehmens gekürzt werden kann, wenn dadurch die Erreichung des Ausbildungsziels nicht gefährdet wird.

Da theoretische Grundlagen im Betrieb meist nicht handlungsorientiert umgesetzt werden können, greift für die Kenntnisvermittlung unterstützend der Fachkundeunterricht an der Berufsschule ein. Es gibt einen den neuen Ausbildungsinhalten entsprechenden Rahmenlehrplan, der von der Kultusministerkonferenz im Januar 2006 verabschiedet wurde. Daneben kann der Ausbildungserfolg auch durch den Besuch von geeigneten Seminaren gefördert werden.

Das allein genügt häufig nicht. Die im Ausbildungsrahmenplan dargestellten Ausbildungsinhalte sind Mindestinhalte. Ein Ausbildungsbetrieb kann mehr, darf aber nicht weniger Fertigkeiten, Kenntnisse und Fähigkeiten vermitteln. Deshalb hat das Berufsbildungsgesetz die Möglichkeit zu einer *Ausbildung im Verbund* geschaffen. Dies ist vor allem für kleinere und spezialisiertere Ausbildungsunternehmen sehr wichtig. Zwei (oder drei) Betriebe können sich die betriebliche Ausbildung teilen, wobei bei dem Unternehmen, mit dem der Ausbildungsvertrag geschlossen wird, die Ausbildungsverantwortung verbleibt.

Kooperationsverhältnisse bieten sich an zwischen größeren Hausverwaltungsunternehmen, die sich auch mit Gebäudemodernisierung oder Revitalisierungsmaßnahmen befassen („Bauen im Bestand"), und einer Verwaltung, die sich ebenfalls mit der Wohnungseigentumsverwaltung befasst. Eine Verwaltung, die auch Miethäuser verwaltet, kann einen Ausbildungsverbund mit einem Wohnungseigentumsverwalter und einem Bauträger bilden usw.

10.1.3 Ausbildungsrahmenplan

Der *Ausbildungsrahmenplan* ist eine inhaltliche Vorgabe für jeden betrieblichen Ausbildungsplan. Von der sachlichen und zeitlichen Gliederung des Ausbildungsrahmenplans kann abgewichen werden. Der Rahmenplan wurde entwickelt aus dem Ausbildungsberufsbild, das für die beiden ersten Ausbildungsjahre folgende Teile desselben umfasst:

1 **Der Ausbildungsbetrieb:**
   - Stellung, Rechtsform und Struktur
   - Berufsbildung, arbeits-, sozial- und tarifrechtliche Vorschriften
   - Sicherheit und Gesundheitsschutz bei der Arbeit
   - Umweltschutz
   - Personalwirtschaft

2 **Organisation, Information und Kommunikation:**
   - Arbeitsorganisation
   - Informations- und Kommunikationssysteme
   - Teamarbeit und Kooperation
   - Anwenden einer Fremdsprache bei Fachaufgaben

3 **Kaufmännische Steuerung und Kontrolle:**
- Betriebliches Rechnungswesen
- Controlling
- Steuern und Versicherungen

4 **Marktorientierung:**
- Kundenorientierte Kommunikation
- Entwicklungsstrategien, Marketing

5 **Immobilienbewirtschaftung:**
- Vermietung
- Pflege des Immobilienbestandes
- Grundlagen des Wohnungseigentums
- Verwaltung gewerblicher Objekte

6 **Erwerb, Veräußerung und Vermittlung von Immobilien**

7 **Begleitung von Bauvorhaben:**
- Baumaßnahmen
- Finanzierung

Bei den fünf Wahlpflichtqualifikationen, von denen zwei gewählt werden müssen, handelt es sich um:

1 *Steuerung und Kontrolle im Unternehmen,* das vertiefte Einblicke in die Unternehmensstrukturen und das Rechnungswesen vermittelt.

2 *Gebäudemanagement,* für das sich vor allem Auszubildende in professionell geführten Betrieben mit Schwerpunkt Mietobjektverwaltung entscheiden können. In der Grundausbildung werden bereits Qualifikationen aus dem Bereich der Immobilienbewirtschaftung einschließlich der Verwaltung von Gewerbeimmobilien vermittelt.

3 *Maklergeschäft,* das auf Lerninhalte aufbaut, die bereits in der Grundausbildung vermittelt werden (Erwerb, Veräußerung und Vermittlung von Immobilien).

4 *Bauprojektmanagement,* der Ausbildungssektor, den vornehmlich Bauträger und Projektentwickler abdecken können, die ebenfalls auf Lerninhalte der Grundausbildung aufbauen (Begleitung von Bauvorhaben).

5 *Wohnungseigentumsverwaltung.* Auch hier sind die Grundlagen des Wohnungseigentums bereits Gegenstand der Grundausbildung.

Der Auszubildende muss sich bereits zu Beginn der Ausbildung für zwei der fünf Wahlpflichtbereiche entscheiden. Für einen Wahlpflichtbereich ist als Richtwert ein Zeitfenster von vier Monaten vorgegeben.

Der Ausbildungsrahmenplan kann bei den Industrie- und Handelskammern im Internet abgerufen werden.

10.2 Die akademische Ausbildung

Neben der klassischen Ausbildung gibt es laut studycheck.de derzeit 57 *immobilienwirtschaftliche Studiengänge,* überwiegend an Technischen Hochschulen. Die Zahl der *Lehrstühle für Immobilienökonomie* bzw. *Immobilienmanagement* hatte in den letzten zwei Dekaden kontinuierlich zugenommen.

In der Zunahme an Lehrstühlen und Studiengängen spiegelt sich auch die zunehmende Professionalisierung der Branche seit dem Jahrtausendwechsel wider. Angeboten werden rein immobilienwirtschaftliche Studiengänge sowie betriebswirtschaftliche Studiengänge mit immobilienwirtschaftlichen Studienschwerpunkten. In den Studiengängen werden allgemeine wirtschaftliche und mathematisch-statistische Inhalte genauso gelehrt wie Immobilienrecht, Immobilienmarketing oder Projektplanung.

Seit Langem gibt es renommierte Universitätsinstitute, in deren Forschungsfokus auch immobilienwirtschaftliche Fragestellungen stehen. So wurde beispielsweise das Institut für Wohnungsrecht und Wohnungswirtschaft an der Universität Köln bereits 1950 gegründet.

Eine gewisse Vorreiterrolle spielte die *Hochschule für Wirtschaft und Umwelt in Nürtingen-Geislingen,* die heute im Rating weit oben angesiedelt ist. Mittlerweile gibt es an vielen Hochschulen immobilienwirtschaftliche Studiengänge oder zumindest die Möglichkeit, schwerpunktmäßig immobilienwirtschaftliche Fächer zu belegen.

Hinzu kommen *Berufsakademien.* Auch diese besitzen akademischen Status. Die Besonderheit der Ausbildung an einer Berufsakademie ist die enge Verzahnung der Studierenden mit jeweils einem Betrieb oder einer Stelle der öffentlichen Verwaltung. Es handelt sich zugleich um ein duales Ausbildungssystem. Das Studium findet hälftig an der Akademie und im Unternehmen statt.

Die beiden nachstehenden Anbieter werden aufgrund ihrer Relevanz in der Branche sowie der Möglichkeit, die Studiengänge auch berufsbegleitend zu absolvieren, separat vorgestellt.

IRE|BS

Das seit 2003 an der EBS (*European Business School*) angesiedelte Institut für Immobilienwirtschaft ist nach seiner Trennung von der EBS im Oktober 2006 in die wirtschaftswissenschaftliche Fakultät der *Universität Regensburg* eingegliedert worden. Es firmiert jetzt unter IRE|BS *International Real Estate Business School.*

Das immobilienwirtschaftliche Lehrangebot an der Universität Regensburg wird von derzeit zehn Lehrstühlen sowie 15 Honorar- und Gastprofessuren getragen. Seit 2008 kann dort der Grad eines „Master of Real Estate" erworben werden.

CRES

Im Jahr 2008 wurde das *Center for Real Estate Studies* (CRES) in Freiburg durch die Deutsche Immobilien Akademie gegründet. 2010 wurde es durch die *Steinbeis-Hochschule Berlin* übernommen. Heute hat es seinen Sitz in Freiburg und arbeitet als Steinbeis-Transfer-Institut.

Dies bedeutet, dass die Vergabe der akademischen Grade durch die Steinbeis-Hochschule Berlin erfolgt. Am CRES sind sowohl duale als auch berufsbegleitende Studienprogramme möglich. Es werden die Grade *Bachelor of Arts (B.A.) in Real Estate* und *Master of Arts (M.A.) in Real Estate* vergeben.

Die Steinbeis-Hochschule ist die größte deutsche Privatuniversität und besitzt das Promotionsrecht. Die Besonderheit dieses Angebots besteht darin, dass Absolventen der Kontaktstudiengänge der DIA (Deutsche Immobilien-Akademie, näheres in Kapitel 10.3), die nicht über das Abitur verfügen, durch ein spezielles Programm die nachträgliche Erreichung des Bachelor-Abschlusses ermöglicht wird.

10.3 Fort- und Weiterbildung

Die erste immobilienwirtschaftliche Fortbildungsstätte in Deutschland wurde 1972 in Kooperation des RDM mit der *Verwaltungs- und Wirtschafts-Akademie (VWA) Freiburg* eingerichtet. Das war der Startpunkt für eine rasante Entwicklung. Zunächst gab es nach einem erfolgreich absolvierten viersemestrigen Studium nach bestandener Prüfung eine Urkunde mit der Bezeichnung „Immobilienwirt VWA-Freiburg". Daraus entwickelte sich in Zusammenarbeit mit einzelnen Industrie- und Handelskammern ein Abschluss als *Fachwirt der Grundstücks- und Wohnungswirtschaft.* 1989 erfolgte die Verabschiedung dieses beruflichen Fortbildungskonzeptes im Wege einer Verordnung durch das Bundeswirtschaftsministerium. Ab 1999 wurde es sukzessive durch den *Immobilienfachwirt IHK* ersetzt.

1995 wurde die *Deutsche Immobilien-Akademie (DIA)* an der Universität Freiburg in der Rechtsform einer gemeinnützigen GmbH gegründet. Gesellschafter sind die VWA Freiburg und der Immobilienverband Deutschland (IVD). Die Deutsche Immobilien Akademie ist ein Institut an der Albert-Ludwigs-Universität Freiburg; seit 1997 besteht mit dieser ein Kooperationsvertrag.

Die 1991 gegründete private *Europäische Immobilien Akademie Saarbrücken e. V.* ist ein eingetragener Verein. Offiziell handelt es sich um die Europäische Immobilien Akademie, eine Fachschule des IVD. Es handelt sich außerdem um eine im Sinne des saarländischen Privatschulgesetzes staatlich anerkannte Ergänzungsschule. Damit ist der IVD nicht nur Gesellschafter der Deutschen Immobilien Akademie (DIA), sondern auch der Europäischen Immobilien Akademie (EIA). Die Tatsache, dass der IVD gleich an zwei Akademien beteiligt ist, liegt an der Gründungsgeschichte. Die DIA wurde vom Vorgängerverband RDM, die EIA vom Vorgängerverband VDM gegründet.

Der Fokus der DIA liegt heute auf den akkreditierten Studiengängen, während die EIA sich stärker auf die Zertifikatslehrgänge fokussiert.

10.4 Zertifizierungen

Der Begriff Zertifizierung stammt von den lateinischen Begriffen „certe“ (= bestimmt, gewiss, sicher) und „facere“ (= machen, schaffen) ab. Man bezeichnet damit ein Verfahren, das sicherstellt, dass bestimmte Anforderungen eingehalten und nachgewiesen werden. Zertifizierungen werden von unabhängigen Zertifizierungsstellen i. d. R. zeitlich befristet für einen bestimmten Bereich vergeben. Man unterscheidet zwischen der Zertifizierung von Dienstleistungen, Systemen, Personen und Unternehmen. Im Maklerbereich trifft man sowohl Personen- als auch Unternehmenszertifizierungen an.

Vertrauen ist ein Schlagwort, das beim *Verbraucher* mehr denn je an Geltung gewinnt. Bestätigt eine unabhängige Zertifizierungsstelle die Fachkompetenz durch eine Prüfung und durch eine fortlaufende Überwachung der zertifizierten Person oder Gesellschaft, schafft das beim Kunden Vertrauen. Damit hebt sich der Einzelne eindeutig von der Konkurrenz ab und verschafft sich und seinem Unternehmen so Wettbewerbsvorteile.

10.4.1 Zertifizierter Immobilienmakler DIN EN 15733

Die bekannteste Maklerzertifizierung ist die Zertifizierung nach DIN EN 15733. Die Norm wurde nach europaweit gültigen Vorgaben gestaltet und trat 2010 in Kraft. Mit der Norm wollte man Verbrauchern die Suche nach einem qualifizierten Makler erleichtern. Insbesondere in Deutschland erweist sich die Auswahl eines Maklers oft als schwierig, da die Berufszulassung nicht an eine fachliche Qualifikation gebunden ist. Die DIN EN 15733 schließt diese Lücke. Neben der fachlichen Mindestqualifikation, die dem Immobilienfachwirt entspricht, müssen Immobilienmakler bestimmte Verhaltensregeln und einen Moralkodex einhalten, wenn sie sich zertifizieren lassen wollen. Beispielsweise fordert die Norm, dass ein Makler vom Verkäufer Nachweise über das Eigentumsrecht und die Bebauungssituation sowie zu negativen Einschränkungen einholen und dem Kaufinteressenten auch bekannte Objektmängel darlegen muss. Der Verkäufer profitiert von der Pflicht zertifizierter Makler, maßgebliche Informationen zur Zahlungsfähigkeit des potenziellen Käufers weitergeben zu müssen.

Neben der fachlichen Expertise fordert die Norm die Einhaltung eines Moralkodex. Nach diesem verpflichtet sich ein Makler, die Interessen der Auftraggeber zu schützen, zu berücksichtigen und jede Diskriminierung zu vermeiden. Vertritt der Makler nur eine Partei, so soll er der Gegenseite empfehlen, sich gleichfalls Rat eines unabhängigen Experten zu holen, wenn dies dem Zustandekommen des Geschäfts förderlich ist. Übersteigt ein Geschäft die Kompetenz bzw. Fähigkeiten des Maklers, so hat er den Auftrag abzulehnen. Auch bei der Zusammenstellung der Informationen für den Vertragsabschluss hat ein zertifizierter Makler präzise auf Details zu achten. Irreführende oder realitätsferne Versprechungen sind zu unterlassen. Weiterhin verpflichtet sich ein zertifizierter Makler, alle seine Mitarbeiter über den Moralkodex zu informieren und zu selbigem zu verpflichten.

Ein weiteres Argument für potenzielle Auftraggeber sind die Pflicht zur Unterhaltung einer Betriebshaftpflichtversicherung und die Möglichkeiten der Beschwerdeführung. Zertifizierte Immobilienmakler müssen ein schriftliches Beschwerdesystem etablieren; damit wird sichergestellt, dass eventuelle Beschwerden zügig bearbeitet werden können.

Die Norm ist grundsätzlich freiwillig, eine gesetzliche Verpflichtung, ihren Vorgaben nachzukommen, besteht nicht. Der Immobilienverband IVD geht jedoch davon aus, dass die Zertifizierung nach DIN EN 15733 weiter an Gewicht gewinnt, da Immobilienmakler damit den Erwerb wichtiger beruflicher Kompetenzen wie Marktkenntnisse, Akquise- und Marketingtechniken, Vermessungs- und Bewertungsverfahren oder Finanzierungs-Transaktions-Know-how dokumentieren können.

Die Zertifizierung wird derzeit allein durch die DIA Consulting AG in Freiburg durchgeführt. Die Einrichtung der Zertifizierungsstelle bei der DIA Consulting AG erfolgte auf der Grundlage der EU-Dienstleistungsrichtlinie 2005/26/EU, die Akkreditierung erfolgte durch die Deutsche Akkreditierungsstelle GmbH (DAKKs). Die Zertifizierung nach DIN EN 15733 ist beim Deutschen Akkreditierungsrat registriert und somit anerkannt. Die angebotene Personenzertifizierung geht konform mit der internationalen Norm für Personenzertifizierung EN ISO/IEC 17024 für die Immobilien- und Finanzwirtschaft. Die Zertifizierungsstelle *DIAZert* der DIA Consulting AG ist Deutschlands führende anerkannte Zertifizierungsstelle in der Immobilienwirtschaft.

Zulassungsvoraussetzung für die Zertifizierung ist eine entsprechende Ausbildung, beispielsweise zum Immobilienfachwirt (IHK). Zusätzlich muss der Makler in den zurückliegenden vier Jahren mindestens drei Jahre lang eine immobilienbezogene Tätigkeit ausgeübt haben, davon mindestens zwei Jahre in der Immobilienvermittlung. Die Zertifizierung ist zeitlich auf drei Jahre befristet, die Re-Zertifizierung verlangt somit die regelmäßige Weiterbildung. Für den Kunden bedeutet die Zertifizierung ein hohes Maß an Sicherheit, dem Makler sichert sie einen Wettbewerbsvorteil.

Für ordentliche Mitglieder des IVD sind mittels der Verbandszugehörigkeit zum IVD und dem Nachweis der Weiterbildung wesentliche Voraussetzungen für eine Zertifizierung nach der DIN EN 15733 bereits gegeben. Daher wird für IVD-Mitglieder ein vereinfachtes Verfahren angeboten. Die schriftliche Zertifizierungsprüfung zum Nachweis der Fachkunde ist nicht erforderlich, da die Makler bereits beim Eintritt in den IVD einen entsprechenden Sachkundenachweis erbringen müssen.

10.4.2 Zertifizierter Immobiliensachverständiger

Da viele Immobilienmakler auch als Gutachter tätig sind, sei hier noch die Zertifizierungsmöglichkeit für Immobiliensachverständige erwähnt. Diese können sich nach der DIN EN ISO/IEC 17024 zertifizieren lassen. Diese Norm ist eine Personenzertifizierung und überprüft die Kompetenz und Qualifikation des Sachverständigen auf Übereinstimmung mit dem vorliegenden Zertifizierungsprogramm. Die Norm ermöglicht eine weltweite Vergleichbarkeit der Qualifikation von Sachverständigen. Wer das Prüfverfahren erfolgreich durchlaufen hat, kann sich als „Zertifizierter Sachverständiger für Immobilienbewertung nach DIN EN ISO/IEC 17024“ bezeichnen.

Die *The European Group of Valuers' Associations (TEGoVA)* (vgl.11.3 Internationale Verbundsstrukturen S. 251) bietet in Zusammenarbeit mit dem IVD das Zertifizierungsprogramm *Recognised European Valuer (REV)* an. Diese Zertifizierung basiert auf der DIN EN ISO/IEC 17024 und wird von der *DIAZert* vergeben. Die DIAZert ist eine branchenunabhängige Zertifizierungsstelle. Der REV-Titel ist ab Ausstelldatum fünf Jahre lang gültig.

10.4.3 Zertifizierter Immobilienverwalter

Das im Dezember 2020 in Kraft getretene Wohnungseigentumsmodernisierungsgesetz (WeMoG) sieht eine Zertifizierungspflicht für Wohnimmobilienverwalter vor. Die Verordnung, die die Details dieser Zertifizierung regelt, ist im November 2021 vom Bundesrat gebilligt worden. Im Gegensatz zu den beiden vorstehenden Zertifizierungen ist diese Zertifizierung keine freiwillige Zertifizierung, sondern eine gesetzlich vorgeschriebene Prüfung, die jeder WEG-Makler bis spätestens 2024 absolviert haben muss.

Ausgenommen von der Zertifizierungspflicht ist, wer eine Ausbildung als Immobilienkaufmann oder Kaufmann der Grundstücks- und Wohnungswirtschaft besitzt oder ein immobilienwirtschaftliches Hochschulstudium absolviert hat. Auch Personen, die die Befähigung zum Richteramt besitzen (Zweites Staatsexamen), sind von der Prüfung befreit.

11. Verbände und Organisationen

11.1 Verbände

11.1.1 Aufgabenspektrum von Verbänden

Ein Berufsverband bündelt die Interessen eines spezifischen Berufs bzw. einer Berufsgruppe und vertritt diese nach außen gegenüber der Öffentlichkeit, der Politik und den Medien. Für die angeschlossenen Mitglieder ist der Berufsverband Anlaufstelle für berufsspezifische Fragen. Weiterhin bieten die Verbände über ihre Medien bevorzugten Zugang zu fachlich relevanten Informationen, wie z. B. Formulare, Vertragsmuster, spezifische Aus- und Weiterbildungsmöglichkeiten sowie Kooperationen und sonstige Vergünstigungen. Bei Berufsverbänden ist die Aufnahme meistens an formale Voraussetzungen geknüpft. Bei Maklerverbänden ist dies i. d. R. der Nachweis der Fachkunde sowie berufsspezifische Versicherungen und geordnete Vermögensverhältnisse.

Die Angehörigen des Berufsstandes, die in dem Verband als Mitglieder organisiert sind, sind einerseits Träger des Verbands, andererseits bestimmen sie über die Mitgliederversammlung die Strategie des Verbands und kontrollieren die Handlungen des Präsidiums und der Geschäftsführung hinsichtlich ihrer Kompatibilität mit den berufsstandorientierten Zielen des Verbandes.

11.1.2 Unterschiede zwischen Verband und Kammer

Kammern wie Architektenkammer, Rechtsanwaltskammer oder Industrie- und Handelskammer sind Körperschaften öffentlichen Rechts. Sie vertreten die Interessen ihrer angeschlossenen Berufe gegenüber Politik und Öffentlichkeit und erfüllen staatlich festgelegte Aufgaben. Die Mitgliedschaft ist gesetzlich verpflichtend.

Die Gesellschaftsform „Körperschaft des öffentlichen Rechts“ und die gesetzliche Pflicht zur Mitgliedschaft sind die wesentlichen Unterscheidungsmerkmale. Wer als Mitglied mit seiner Kammer unzufrieden ist, kann diese dennoch nicht verlassen. Bei Verbänden, die meist in der Form eines eingetragenen Vereins agieren, sieht dies anders aus. Hier kann jedes Mitglied im Rahmen der satzungsgemäßen Kündigungsfristen den Verband verlassen. Viele Unternehmen scheuen zudem die Mitgliedschaft in Verbänden, da sie auch unabhängig von einer Mitgliedschaft von der Öffentlichkeits-

sowie Lobbyarbeit der Verbände profitieren. Diese Unternehmen reduzieren die Verbände auf die unmittelbar für sie sichtbaren Leistungen. Sie stellen nicht die Frage „Was leistet der Verband für meinen Berufszweig?", sondern „Was tut der Verband für mich?".

Die zweite Frage lässt sich dabei wesentlich einfacher beantworten, die Antwort ergibt sich direkt aus den einzelnen Mitgliederservices. Die *Qualität der Verbandsarbeit* ergibt sich jedoch aus der Antwort der ersten Frage. Dazu einige Beispiele, was Immobilienverbände für ihre Mitglieder in der Vergangenheit bewegt haben:

- Vom RDM gingen die entscheidenden Initiativen aus, die zur *Erlaubnispflicht für Makler* nach § 34 c GewO geführt haben. Auch wenn die Forderung nach einem zusätzlichen Fachkundenachweis nicht berücksichtigt wurde, war dies doch ein entscheidender Schritt zur Bereinigung des damaligen Berufsstandes der Makler.
- Die MaBV entstand unter Berücksichtigung von Vorschlägen des RDM, wenngleich nicht von einer optimalen Lösung gesprochen werden kann. Immerhin waren die Wirtschaftsministerien des Bundes und der Länder davon zu überzeugen, dass *Hausverwalter* vom Anwendungsbereich der MaBV ausgenommen werden sollten.
- Verhindert werden konnte eine Bundesratsinitiative, die darauf abzielte, die *Wohnungsvermittlungsprovision* auf eine Monatsmiete zu begrenzen. Dies war nur möglich, weil auf die Zahlen des *RDM-Betriebsvergleichs* zurückgegriffen werden konnte.
- Die wesentlichen Anhaltspunkte, die als Nachweis für die Existenzberechtigung eines Immobilienverbandes angeführt werden können, liegen jedoch im Bereich der *beruflichen Aus- und Weiterbildung.* Ein Immobilienfachwirt bzw. eine Immobilienfachwirtin IHK wären ohne die Freiburger RDM-VWA-Initiative von 1971 ebenso wenig denkbar wie die Implementierung der Ausbildungsbelange der Makler im Ausbildungsberufsbild des Immobilienkaufmanns/der Immobilienkauffrau durch die Mitwirkung der Berufsbildungsreferenten von RDM und VDM.
- Durchgehend erfolgreich waren die Maklerverbände in ihrer *marktbezogenen Öffentlichkeitsarbeit.* Die ersten Immobilienmarktberichte in Deutschland waren Marktberichte des RDM im Jahr 1968. 1971 wurde der erste RDM-Preisspiegel herausgebracht. In der Folge wurden die Marktanalysen und Preisspiegel insbesondere des RDM für staatliche und städtische Behörden ebenso wie für zahlreiche Marktforschungseinrichtungen zu einer unverzichtbaren Bezugs- und Erkenntnisquelle. Raum- und immobilienpolitische Konzepte stützten sich auf diese Berichte. Die Öffentlichkeit

und damit ungezählte Teilnehmer am Immobilienmarkt wurden über aktuelle Preisverläufe und Preisstrukturen am Markt informiert. Das alles gäbe es nicht ohne die hierfür erforderliche Organisationsstruktur, die nur Maklerverbände bieten können.

- Gleichzeitig wird die *Marktkompetenz* der Makler deutlich in den Vordergrund gerückt und damit deren Akquisitionsvermögen gesteigert. Damit einher ging eine deutliche Imageverbesserung der Makler.
- Die Maklerverbände haben ferner einen entscheidenden Beitrag dazu geleistet, dass das Informations- und Präsentationsniveau der Immobilienangebote im Internet seinen heutigen Standard erreicht hat.

11.1.3 Verbandszugehörigkeit – ein Imagezuwachs

Das Bild, das sich die Öffentlichkeit von Personen und Institutionen macht und das entscheidend von der Einschätzung ihrer Sozialkompetenz abhängt, ist eine Größe, die – wenn sie sich einmal verfestigt hat – nur schwer korrigierbar ist. Einer der wesentlichen Gründe der Verbandszugehörigkeit immobilienwirtschaftlicher Leistungsträger ist der damit verbundene *Imagezuwachs.*

Gemäß einer EMNID-Umfrage geben 75 % der Verbraucher an, die Mitgliedschaft in einem Maklerverband mit besserer Leistungsqualität zu verbinden.

Ein wesentlich deutlicherer Beleg für den Vertrauensvorschuss, den Verbandsmitglieder genießen, ergibt sich aus der Tatsache, dass die Maklerverbände heute vom Marktpublikum in wesentlich größerem Umfang als in den 60er- und 70er-Jahren in ihrer Netzwerkeigenschaft angesprochen werden. Im Vordergrund des Interesses stehen die Verbände in ihrer Eigenschaft als *Informationsvermittler.* Diese Funktion des Verbandes, Transparenz in den Immobilienmarkt zu bringen, hat eine überragende Bedeutung erlangt. Der große Teil derer, die heute ein Grundstück verkaufen wollen, das in einem für sie weit entfernten Landesteil liegt, informiert sich über die Internetpräsenzen der Verbände über geeignete Makler, über übliche Provisionen, Marktverhältnisse und dergleichen.

11.2 Verbandsstrukturen in Deutschland

11.2.1 Der Immobilienverband Deutschland (IVD)

Wer einen Beruf ausübt, dem stellt sich die Frage der Mitgliedschaft in einer berufsständischen Interessensvertretung. Das gilt auch für Makler und andere immobilienwirtschaftliche Berufe. Die unter anderem für Makler zuständige Berufsorganisation ist heute der *Immobilienverband Deutschland (IVD)*, dessen Mitglieder in Regionalverbänden organisiert sind.

Der Immobilienverband Deutschland (IVD) ist ein im Jahre 2004 aus der Verschmelzung eines Teils des *Ring Deutscher Makler (RDM)* mit dem *Verband Deutscher Makler (VDM)* hervorgegangener Verband. Der RDM wurde im Oktober 1924 als „Reichsverband Deutscher Makler" in Köln gegründet und nach dem Krieg als Ring Deutscher Makler neu etabliert. Der VDM entstand 1963 in Frankfurt.

Rechtlich handelt es sich beim IVD um einen eingetragenen Verein. Der Bundesverband hat seinen Sitz in Berlin und ist dort im Vereinsregister Berlin-Charlottenburg eingetragen. Der IVD verfügt über 6.000 Mitglieder.

Der Verschmelzung nicht zugestimmt haben die RDM-Landesverbände Berlin-Brandenburg, Sachsen, Sachsen-Anhalt, Saarland sowie die RDM-Bezirksverbände Düsseldorf, Essen, Münster (Westfalen) und Bremerhaven. Sie sind zwar als Verbände Einzelmitglieder des IVD, diese Mitgliedschaft erstreckt sich aber nicht auf die Einzelmitglieder der RDM-Verbände. Die RDM-Verbände verfügen über ca. 500 Mitglieder.

Oberstes Organ ist – wie bei jedem Berufsverband – die Mitgliederversammlung. Sie kann durch Satzungsänderungen die Kompetenzbereiche der übrigen Organe des Verbandes bestimmen und ändern.

Die *Verbandsführung* (Präsidium, Bundesvorstand und Geschäftsführung) ist in ihren Entscheidungen an den in der Satzung zum Ausdruck kommenden Verbandszweck gebunden. Sie ist das Erfüllungsorgan des Verbandsauftrages.

Grundlagen des IVD

Die Gründung des IVD durch Verschmelzung war ein mehrfacher Kraftakt:

1 **Rechtlich:** Es war die erste Verschmelzung von eingetragenen Vereinen nach den Vorschriften des *Umwandlungsgesetzes* in Deutschland mit der Folge, dass nicht nur die beteiligten Verbände, sondern auch manche Amtsgerichte, bei denen die Vereinsregister geführt wurden, einen Lern-

prozess durchzustehen hatten. Es gab 61 Verbände in Gestalt von Bundes-, Landes- und Bezirksverbänden, davon 46 eingetragene Vereine. Sie waren in einen IVD-Bundesverband und acht IVD-Regionalverbände zu überführen. Dies setzte Vorratsgründungen mit abgestimmten Satzungen voraus. In den Mitgliederversammlungen der bisherigen Verbände musste ein Beschluss über die Annahme der Verschmelzung nach dem Umwandlungsgesetz mit 75 % Mehrheit beschlossen werden.

2 **Verbandspolitisch:** Für die meisten Vorstände bedeutete dies einen Verzicht auf ihr Vorstandsmandat. Dass sich bei manchen Angst um den Verlust von Geltung und Ansehen breitmachte, ist menschlich. Dennoch: Der VDM stimmte mit 91 % zu, der RDM mit 86 %. Der neue Verband mit seinen 6.000 Mitgliedern war zur Gründung der mitgliederstärkste Verband in der deutschen Immobilienwirtschaft. Allerdings ging die Verschmelzung nicht reibungslos vonstatten. Es kam zu einer Anfechtungsklage von nicht verschmelzungswilligen RDM-Verbänden, die durch einen Vergleich beendet wurde. Einige (nicht unbedeutende) RDM-Verbände blieben bestehen und wurden nicht in den Verschmelzungsprozess einbezogen.

3 **Inhaltlich:** Durch die Verschmelzung der beiden Verbände hat sich die immobilienwirtschaftliche Verbandslandschaft in Deutschland grundlegend geändert. Man war sich einig, dass nur Bewährtes erhalten bleiben sollte. Ein Blick in die Satzung zeigt, dass die Verschmelzung auf völlig neuen Grundlagen aufgebaut ist. Beim Immobilienverband Deutschland (IVD) handelt es sich nicht mehr um einen Maklerverband. Dies kommt schon in der Namensgebung zum Ausdruck. Zwar finden auch Unternehmen, die Maklerdienstleistungen anbieten, im IVD ihre Interessenvertretung. Das sind aber schon seit Langem nicht mehr nur die „klassischen Makler“ mit ihrer historischen Verwurzelung. Die Struktur der Mitglieder hat sich seit der Verschmelzung ständig weiterentwickelt. Das entspricht dem gewandelten Marktpublikum, das qualifizierte Leistungen verlangt. Begriffe wie Immobilienberater, Verkaufsbetreuer und Finanzdienstleister haben mittlerweile Einzug gehalten. Zunehmend agieren Bewertungssachverständige mit Marktkompetenz im Verbandsgeschehen.

4 **Zielgruppenspezifisch:** Der IVD will sich in seiner Vertretungskompetenz diesem erweiterten Spektrum anpassen und setzt vor allem auf den jungen Nachwuchs. Neben einer ordentlichen Mitgliedschaft, die jede natürliche Person erwerben kann, die ein Unternehmen verantwortlich führt, können auch juristische Personen Mitglied werden. Zudem gibt es die *Juniorenmitgliedschaft* für Auszubildende und die *Studentenmitgliedschaft*, sofern die Studenten an einer der zahlreichen Hochschulen

einen immobilienwirtschaftlichen Studiengang belegt haben. Komplett neu im IVD sind die *Existenzgründermitgliedschaft* sowie die *Angestelltenmitgliedschaft.*

5 **Lobbyarbeit:** Der IVD steht noch stärker als seine Vorgängerverbände auch öffentlich-rechtlichen Dienststellen zur Verfügung. Von der Mitwirkung in Gutachterausschüssen, IHK-Vollversammlungen und diversen Ausschüssen über bundeslandspezifische Bündnisse für bezahlbaren Wohnraum bis hin zum Wohnungsgipfel im Kanzleramt reicht das Spektrum. Daran erkennt man die Reichweitenbasis des IVD. Naturgemäß werden die bisher bestehenden Beteiligungen und Kooperationen weitergeführt. Dies betrifft vor allem Beteiligungen an wissenschaftlichen Institutionen wie der *Deutschen Immobilien Akademie (DIA)* an der Universität Freiburg und der *Europäischen Immobilien Akademie* (EIA). Diese sind der Anker in Fragen der berufsständischen Aus- und Weiterbildungspolitik. Aber auch Kooperationen mit anderen bewährten Partnern wie dem *Richard Boorberg Verlag*, dem *TÜV SÜD* sowie einigen Industrie- und Handelskammern wurden fortgeführt. Die Mitgliedschaften in verschiedenen nationalen und internationalen Verbänden werden ebenso weiter bestehen. Die Verbindungsschiene nach Brüssel zur Europäischen Union soll nachhaltig gestärkt werden.

6 **Strukturell:** Eine wesentliche Änderung bestand in der neuartigen Strukturierung des IVD. Er ist nach Berufsbereichen sektoral gegliedert. Dies fördert die Kooperation mit den anderen immobilienwirtschaftlichen Verbänden. Die neue Struktur des IVD kommt vor allem in den beim Bundesverband zu installierenden Fachreferaten (*Kompetenzzentren*) zum Ausdruck. Es handelt sich einerseits um institutionelle Zentren in den drei Kernbereichen Immobilienberatung und -vermittlung, Immobilien- und Vermögensverwaltung sowie Gutachten und Wertermittlung. Hinzu kommen Beratungsgremien für Rechts- und Wettbewerbsfragen, Berufsbildung, Öffentlichkeitsarbeit, Marketing und Betriebswirtschaft. Dabei vollzieht sich eine Öffnung nach außen für kompetente Nichtmitglieder, vor allem aus Wissenschaft und Forschung, die beratende Partner dieser Gremien werden können. Vor allem im Bereich der Hochschulen wird dabei auf eine stärkere Zusammenarbeit gesetzt.

Räumliche Gliederung

Der Immobilienverband Deutschland besteht aus einem Bundesverband und sechs *Regionalverbänden.* Eine Verbandsregion besteht aus mehreren Bundesländern. Die angestrebte Vierteilung des Bundesgebiets in eine Region Süd, eine Region West, eine Region Ost und eine Region Nord konnte bei den Verschmelzungsverhandlungen nicht verwirklicht werden. Regionalverbände sind:

- IVD Süd mit Sitz in München und einer Geschäftsstelle in Stuttgart
- IVD Mitte mit Sitz in Frankfurt am Main
- IVD Mitte-Ost mit Sitz in Leipzig
- IVD West mit Sitz in Köln
- IVD Nord mit Sitz in Hamburg
- IVD Berlin-Brandenburg mit Sitz in Berlin

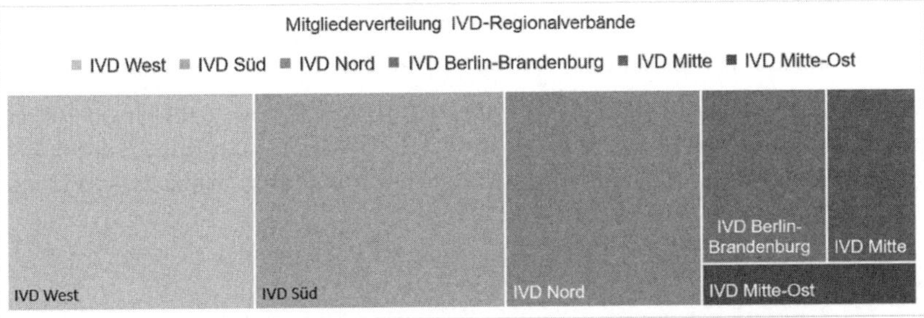

Abb. 10: Mitgliederverteilung IVD-Regionalverbände (Größenvergleich)

Mit der Schaffung größerer Einheiten und somit der Straffung der Organisation einher geht allerdings auch die Implementierung von Regionalbeiräten auf der Ebene von Planungsregionen, die den IVD „vor Ort" vertreten. Ihnen obliegt eine *Berichtspflicht*, sodass ein engeres Informationsnetzwerk entsteht und Verbandsentscheidungen „mitglieder- und ortsnah" getroffen werden können. Die *Regionalbeiräte* übernehmen einen Teil der Funktionen, die früher bei den Bezirksverbänden angesiedelt waren, wie z. B. die Organisation regionaler IVD-Treffen zum Netzwerken und Erfahrungsaustausch unter den Mitgliedern.

Satzungsgrundlagen

Die Satzungen der selbstständigen IVD-Regionalverbände sind der Satzung des IVD-Bundesverbandes nachgebildet.

Nachdem es sich bei diesen Verbänden schon lange nicht mehr um reine Maklerverbände handelte, wurde in den Satzungen des Bundesverbandes und der Regionalverbände des IVD eine völlige Neubestimmung der möglichen Mitgliedschaften festgeschrieben. Mitglied können demnach Personen und Institutionen werden, die einen Bezug zur Immobilienwirtschaft haben, z. B.:

- Immobilienberatung und Immobilienvermittlung
- Vermögens- und Immobilienverwaltung
- Wohnungseigentumsverwaltung
- Immobilienbewertung
- Marktforschung in der Immobilienwirtschaft
- Immobilienwirtschaftliche Projektentwicklung und -realisierung
- Baubetreuung und Projektsteuerung, Immobilienentwicklung
- Gebäudemanagement, Center Management
- Öffentliche und private Dienstleistungen für Immobilieneigentümer

Es kommt auch nicht darauf an, ob jemand diese Leistungen als Gewerbetreibender oder Angehöriger eines freien Berufes erbringt. Mitglied des IVD können Körperschaften des öffentlichen Rechts ebenso werden wie Hochschulprofessoren.

Ziele des IVD

Die Ziele des IVD lassen sich wie folgt beschreiben:

- Information der Öffentlichkeit, der öffentlichen Verwaltung, der Marktteilnehmer über positive wie negative Entwicklungstendenzen in der Immobilienwirtschaft
- Durchführung von beruflichen Fort- und Weiterbildungsmaßnahmen in Kooperation mit der Deutschen Immobilien Akademie (DIA), der Europäischen Immobilien Akademie (EIA) sowie den deutschen Industrie- und Handelskammern
- Förderung des Verbraucherschutzes und des lauteren Wettbewerbs (vgl. 12.2 Ombudsmann Immobilien, S. 260)
- Vertretung berechtigter Interessen immobilienwirtschaftlicher Leistungsträger gegenüber Gesetzgebung, Verwaltung, Rechtsprechung und anderen Berufsverbänden
- Formulierung berufsethischer Normen im Rahmen eines immobilienwirtschaftlichen Governance-Kodex und der solidarischen Kollegialität
- Schlichtung bei Differenzen unter den Mitgliedern in beruflichen Angelegenheiten
- Kooperation mit anderen Verbänden

Organe des IVD

Das oberste Organ ist die *Mitgliederversammlung*. Sie bestimmt über den Inhalt der Satzung und kann deshalb die Funktionen der untergeordneten Organe erweitern und einschränken. Ferner wählt sie das Präsidium, den erweiterten Vorstand, die Kassenprüfer und den Ehrenrat. Sie setzt die Höhe der Mitgliedsbeiträge und etwaiger Umlagen fest, nimmt den Geschäftsbericht des Präsidiums entgegen und entscheidet über dessen Entlastung.

Das *Präsidium* (bei den Regionalverbänden der *geschäftsführende Vorstand*) ist zuständig für alle Bereiche, bei denen die Satzung keine anderen Zuständigkeiten vorsieht. Es wird von hauptamtlichen Geschäftsführern unterstützt, die – wie das Präsidium – den Satzungszielen verpflichtet sind.

Verhältnis Verbandsvorstand (Präsidium) – Geschäftsführung

Das Verhältnis zwischen Präsidium/Vorstand zu Geschäftsführung entspricht der Unterscheidung zwischen ehrenamtlicher Führung („Governance") und dem hauptamtlichen „Management". Dieses Verhältnis war in der Vergangenheit oftmals Knackpunkt in den Verbänden, vor allem wenn der Vorstand glaubte, Geschäftsführungsaufgaben übernehmen zu müssen. Bedingt durch die größeren regionalen Einheiten, die eine professionelle Organisation des Verbandsbetriebs voraussetzen, hat sich innerhalb des IVD sehr schnell eine Trennung zwischen strategischen und operativen Aufgaben ergeben und somit auch eine Differenzierung zwischen Vorstand und Geschäftsführung.

Bundesvorstand und erweiterter Vorstand

Der *Bundesvorstand* besteht aus dem Präsidium und den Vorsitzenden der Regionalverbände. Bei den Regionalverbänden setzt sich der erweiterte Vorstand aus dem geschäftsführenden Vorstand und weiteren Vorstandsmitgliedern zusammen, die aus der Region stammen und dabei die räumlichen Schwerpunkte der Region repräsentieren sollen.

Regionalbeiräte

Neben den Einrichtungen mit „Organcharakter" verfügt der IVD über die schon erwähnten Regionalbeiräte, die für die unabdingbare „Vorortpräsenz" bei den Planungsregionen Deutschlands sorgen sollen. Sie sind Ansprechpartner für Behörden (IHK, Ämter usw.) und regionale Presse. Sie sind zur Erstattung von Berichten an den erweiterten Vorstand verpflichtet.

Marktberichterstatter

Darüber hinaus gibt es *Marktberichterstatter* – in einigen Regionen auch *Preisberichterstatter* genannt – die Marktdaten aus den verschiedenen Planungsregionen an die für den Bereich Research zuständigen Stellen des IVD melden. Die Marktberichterstatter haben eine besondere Bedeutung. Sie sind die Garanten für ein Mindestmaß an *Markttransparenz* auf dem Immobiliensektor. Ihre Aufgabe ist es, auf der Grundlage eines Katalogs von *Normobjekten* ein- bis zweimal jährlich eine Einwertung vorzunehmen. Diese erfolgt durch Ableitung aus den am Immobilienmarkt für Objekte erzielten Preisen. Die Marktberichterstattung setzt naturgemäß eine entsprechende Markterfahrung voraus. Die Normobjekte weisen bestimmte definierte Größen, Lage- und Qualitätsmerkmale auf. Festzustellen sind Schwerpunktpreise. Die Arbeit mit Normobjekten ermöglicht die Erstellung zuverlässiger Zeit- und Raumindizes, also auf einer definierten einheitlichen Grundlage die Wertestruktur in den verschiedenen Marktregionen vergleichbar zu machen und gleichzeitig den zeitlichen Marktverlauf in jeder einzelnen Marktregion nachzuzeichnen.

11.2.2 Bundesverband für die Immobilienwirtschaft

Der BVFI – *Bundesverband für die Immobilienwirtschaft e. V.* – bezeichnet sich selbst als nicht konventioneller Branchenverband und rückt seine Serviceleistungen für die Mitglieder in den Mittelpunkt seiner Tätigkeit. Damit grenzt er sich vom IVD ab, der sich als klassischer Berufsverband positioniert.

Nach eigenen Angaben hat der BVFI über 10.000 Mitglieder, hierzu zählen jedoch auch die sog. akkreditierten Mitglieder. Dabei ist die akkreditierte Mitgliedschaft kostenfrei. Dies ist so, als würden andere Verbände alle Empfänger ihres Newsletters gleichsam als Mitglieder bezeichnen. Die Anzahl der beitragspflichten Mitglieder hingegen ist nicht bekannt, da der Verein kein öffentliches Mitgliederverzeichnis bereitstellt.

Kritik am BVFI ergibt sich aus der engen Verflechtung zwischen dem Verband und seiner Service GmbH. Im Gegensatz zu anderen Verbänden ist die GmbH keine Tochtergesellschaft des Verbands, wodurch sie den Mitgliedern gehören würde. Vielmehr ist sie vom Verband unabhängig. In der Satzung des Verbands werden der GmbH umfangreiche Aufgaben übertragen. Auf der Homepage des Verbands findet sich dazu folgender Passus:

Der BVFI-Bundesverband für die Immobilienwirtschaft e. V. kann gemäß seiner Satzung Leistungen des Vereins ganz oder teilweise an Dritte über-

tragen. Vereinbarungsgemäß ist mit der Erfüllung der Vereinsaufgaben der BVFI-Bundesverband für die Immobilienwirtschaft, Mehrwert- und Servicegesellschaft mbH beauftragt worden. Sofern nichts Abweichendes vereinbart ist, ist Vertragspartner der BVFI-Bundesverband für die Immobilienwirtschaft, Mehrwert- und Servicegesellschaft mbH.[40]

Gegründet hat sich der BFVI in der Folgezeit nach der Fusion von RDM und VDM. Es scheint, als suche die Branche eine Alternative zum IVD. Statt einer Abspaltung wie 1956, als sich Mitglieder des RDM von ihrem Verband getrennt und den VDM gegründet haben, ist der BVFI eine Neugründung. Ob er sich langfristig durchsetzen kann, wird sich zeigen.

11.3 Internationale Verbandsstrukturen

Ein großer Teil der rechtlichen und wirtschaftlichen Prozesse in Europa wird von Brüssel aus gesteuert. Es ist deshalb besonders wichtig, dass die nationalen Organisationen dort durch ihre Einflussnahme die Entwicklungen im Bereich der Immobilienwirtschaft mitgestalten.

Die wichtigste Institution für die Immobilienberufe in Europa ist der *European Council of Real Estate Professionals (CEPI)* mit Sitz in Brüssel.

Im Jahr 2005 haben die CEPI sowie die Verwalterorganisation *Confédération Européenne des Administrateurs des Biens CEAB* (1989 in Florenz gegründet) und die Maklerorganisation EPAG – *European Property Agents Group* (1991 in Hamburg gegründet) fusioniert. Ziel war es, die CEPI als zentrale Organisation für Immobilienmakler und Immobilienverwalter in der Europäischen Union zu stärken.

Die nächste Fokussierung kam 2015, als sich die beiden europäischen Maklerverbände CEPI und CEI – *Conféderation Européenne de l'Immobilier* – zur CEPI-CEI unter dem Namen *European Association of Real Estate Professions (CEPI-CEI)* zusammengeschlossen haben. Der CEI ist somit ebenfalls in der CEPI aufgegangen.

Der neu entstandene Verband bündelt die Interessen von über 30 nationalen Verbänden in mehr als 20 Ländern und vertritt somit über 300.000 Makler und Verwalter in Europa. Die Geschäftsstelle in Brüssel befindet sich in unmittelbarer Nähe zum Parlament und der EU-Kommission. Durch die

40 Vgl. https://bvti.de/impressum (zuletzt abgerufen am 16.11.2021).

direkte Präsenz vor Ort ist der Kontakt und der Austausch mit den EU-Parlamentariern gewährleistet.

Aktuell ist das wichtigste politische Ziel der CEPI-CEI die Einführung der sog. *Professional Card* für Immobilienmakler. Mit dieser Karte sollen Makler in ganz Europa – auch grenzüberschreitend – tätig werden. Hintergrund ist, dass die EU die Immobilienmakler als Modell-Berufsgruppe für die Professional Card ausgewählt hat. Die EU klassifiziert über 600 Berufsgruppen. Die Makler sind eine von sieben Berufsgruppen, die in der Einführungsphase der Karte mitwirken dürfen.

Die Professional Card wird von der CEPI-CEI als wichtiger Baustein für die weitere Entwicklung der Immobilienberufe in Europa gesehen. Damit die Makler europaweit möglichst einheitliche Standards erfüllen, arbeitet der Verband parallel an der Angleichung der Ausbildungsstandards und der Marktzugangsregeln. Damit würden europaweit gleiche Chancen für die Makler geschaffen und auch die Verbraucher würden von insgesamt höheren Standards profitieren.

Die TEGoVA – *The European Group of Valuers' Associations* ist die Interessenvereinigung der nationalen europäischen Sachverständigenverbände. Sie ging 1997 aus dem ehemaligen EUROVAL (European Property Valuers) hervor. Das Ziel der TEGoVA ist die Schaffung einheitlicher Bewertungsstandards vor dem Hintergrund der Qualifizierung der Sachverständigenbranche und der Einhaltung von Corporate Governance und ethischer Standards.

In dem Dachverband sind rund 70 Verbände aus 38 Ländern organisiert. Diese nationalen Verbände bündeln die Interessen von über 70.000 Sachverständigen.

Der IVD ist durch seinen Vorgängerverband RDM Gründungsmitglied der CEPI-CEI sowie der TEGoVa. In beiden Organisationen ist er aktives Mitglied, somit sind auch die Mitglieder des IVD in diesen starken Netzwerken ebenfalls vertreten.

Die FIABCI – *Fédération Internationale des Administrateurs de Biens Conseils et Agent Immobiliers* – ist eine weltweite Organisation für Immobilienexperten. Sie wurde 1951 in Paris gegründet.

Ihr Ziel ist Vernetzung, Wissenstransfer und Informationsaustausch unter den angeschlossen Mitgliedern. Insbesondere der Zugang zu internationalen Märkten steht dabei im Vordergrund. Zudem setzt sich die FIABCI auch für internationale ethische Standards und Corporate Covernance Regeln ein.

Neben Einzelmitgliedern sind auch Verbände und Organisationen Mitglied in der FIABCI. Die deutsche Delegation der FIABCI ist eine von 60 nationalen Repräsentanten in dem Weltverband.

11.4 Organisationen

11.4.1 Franchise-Systeme

Immobilienmakler, die sich einem *Franchise-System* anschließen, profitieren von der Marke der Organisation und erhalten zudem Unterstützung beim Marketing sowohl im Einkauf als auch im Verkauf. Je nach Organisation werden weitere Dienstleistungen wie Schulung, juristische Beratung und Kooperationen mit angeboten.

Der Franchisenehmer zahlt i. d. R. eine einmalige Lizenz, die meist im fünf- bis sechsstelligen Bereich liegt und zudem monatliche Lizenzkosten, die sich nach dem Umsatz bemessen. Die Franchisenehmer sind rechtlich selbstständig.

Es gibt eine Reihe von Immobilien-Franchise-Unternehmen am deutschen Markt. Zu den bekanntesten zählen Engel & Völkers, von Poll Immobilien und RE/MAX. Die beiden ersten Organisationen haben jeweils knapp 300 Standorte und damit mehr als die folgenden Organisationen zusammen. Einbezogen wurden nur Organisationen mit mehr als 15 Standorten.

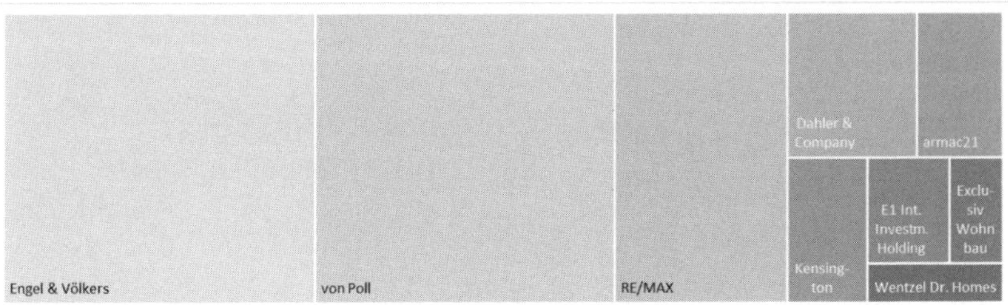

Abb. 11: Franchise-Unternehmen (Größenvergleich nach Standorten)

11.4.2 Banken- und Systemmakler

Neben den Franchise-Maklern sind noch die *Bankenmakler* sowie die System- bzw. Hybridmakler zu nennen. Die Bankenmakler haben durch das starke Filialnetz sowie die Bekanntheit aufgrund ihres Bankennamens einen starken Wettbewerbsvorteil gegenüber Einzelmaklern. Hinzu kommt, dass sie die Finanzierung im Unternehmensverbund mit anbieten und sich dadurch hohe Synergien ergeben.

Eine sehr neue Form von Maklerunternehmen stellen die sog. *Systemmakler*, oftmals auch Hybridmakler genannt, dar. Die beiden größten Systemmakler sind derzeit Homeday und McMakler. Sie werden deshalb als *Hybridmakler* bezeichnet, weil sie einen sehr hohen Anteil der Maklerdienstleistung bundesweit zentral an einem Standort bündeln und unter hohem Einsatz von digitalen Prozessen bearbeiten. Für den direkten Kontakt zum Kunden arbeiten die Unternehmen entweder mit festangestellten Maklern, aber auch mit freien Maklern in Form einer Kooperation zusammen.

12. Berufs- und Verbandsethik

12.1 Ethik – was ist das?

Ethisches Verhalten ist geprägt von der Einhaltung positiver Wertmaßstäbe im Umgang mit anderen Menschen. Positive Wertmaßstäbe sind Ausdruck dessen, was Menschen als das Gute anerkennen. Man spricht auch von den guten Sitten. Für den Theologen Romano Guardini war sittliches Handeln im Sinne der Ethik das Handeln nach dem Gewissen. Dabei setzte er voraus, dass dieses Gewissen so ist, wie es seinem Wesen nach sein sollte, dass es also danach strebt, unter Berücksichtigung allen Wissens die Wahrheit zu erkennen. Zentrale ethische Instanz ist im Sinne Kants der gute Wille auf der Grundlage dessen, was als richtig erkannt ist. Die *Achtung der menschlichen Würde* steht als Wertmaßstab im Vordergrund. Im Gegensatz zu moralischem Verhalten, das sich auf religiöse und damit transzendente Wertmaßstäbe bezieht, hebt die Ethik auf das Zusammenleben der Menschen untereinander ab, gleichgültig welcher Konfession sie angehören. Mit diesem Hinweis soll nicht die Bedeutung der *Moral* im Wirtschaftsleben gemindert werden. Sie ergibt sich aus einer in der Praxis vielfach wahrgenommenen Erfahrungsgrundlage.

Bekannt ist der „kategorische Imperativ" des deutschen Philosophen Immanuel Kant. Demzufolge wird vom Menschen das Handeln nach einer Maxime des Willens gefordert, das als Prinzip einer allgemeinen Gesetzgebung gelten kann. In seiner volkstümlich verkürzten Fassung lautet er: „Was du nicht willst, dass man dir tu, das füg' auch keinem anderen zu." Der kategorische Imperativ, also das bedingungslose Pflichtgebot, setzt enorm hohe Verhaltensstandards, wenn es darum geht, ihn in konkrete Regeln umzusetzen.

Interessant ist, dass die 120 Gründungsmitglieder des amerikanischen Maklerverbandes *National Association of Realtors (NAR)* im Jahr 1908 in Chicago den kantschen kategorischen Imperativ in ihre Präambel aufgenommen haben. Die ersten amerikanischen Maklerverbände sind etwa zeitgleich mit den deutschen entstanden. Es gab damals noch einen nicht unerheblichen Einfluss deutscher Vorstellungen über die Funktionen und Aufgabenstellungen der Makler in den USA. Sie konnten dort wegen der im Vergleich zu Deutschland deutlich geringeren Regelungsdichte wesentlich weiterentwickelt werden, als dies in Deutschland je möglich gewesen wäre. Heute könnten das Dienstleistungspotenzial, die Dienstleistungswilligkeit und die Kundenorientierung amerikanischer Makler wiederum vorbildhaft für die deutsche Maklerbranche sein.

Bei der Forderung nach ethischem Verhalten geht es nicht darum, in Gesetzen und Verordnungen Geregeltes zu beachten. Dies ist ein vom persönlichen Gewissen im Wesentlichen losgelöstes, erzwungenes Verhalten, wobei sicher extreme Situationen denkbar sind, in denen das Gewissen das Überschreiten von Rechtsnormen gebietet. Ethik ist vielmehr angesiedelt im rechtsfreien Bereich des Umgangs der Menschen miteinander. Sowohl das Maklergeschäft als auch das Geschäft eines Maklerverbandes sind selbstredend keine ethikfreien Räume. Dies wird besonders klar, wenn man die Geschichte der Beurteilungen des Berufsstandes der Makler betrachtet.

12.1.1 Wirtschaftsethik im Allgemeinen

Im Jahr 2002 wurden in Deutschland die *Corporate-Governance*-Grundsätze im sogenannten Deutschen Corporate Governance Kodex verabschiedet. Der Kodex enthält wesentliche gesetzliche Vorschriften zur Unternehmensführung sowie zahlreiche Empfehlungen zur Leitung und Kontrolle börsennotierter Gesellschaften. Dabei zielt der Kodex auf freiwillige Unterwerfung von Regeln, die zwar in ihrer Zielrichtung auf Unternehmenstransparenz abzielen, damit aber auch ethischen Grundanliegen dienen. Die Medien haben über den Kodex intensiv berichtet und so sind Fragestellungen des ethischen Handelns nicht mehr nur Thema börsennotierter Unternehmen, sondern auch für Kleinbetriebe relevant geworden.

Die Fragen der *Wirtschafts- und Unternehmensethik* sind in der vergangenen Dekade immer stärker in den Vordergrund öffentlicher Diskussionen gerückt.

Das Institut *Initiative Corporate Governance der Deutschen Immobilienwirtschaft e.V (ICG)* hat Grundsätze aufgestellt, von denen der erste lautet: *Die Unternehmen fühlen sich dem Ziel nachhaltigen Wirtschaftens verpflichtet und berücksichtigen dabei auch die mit ihnen verbundenen Gruppen (Stakeholder). Dies umfasst alle drei Komponenten sozialer, ökonomischer sowie ökologischer Nachhaltigkeit. Hierbei wird auch eine hohe Diversität in der Mitarbeiterschaft angestrebt.*

Die Stakeholder sind u. a. Anleger, Anteilseigner, Geschäftspartner, Mieter, Mitarbeiter sowie die Öffentlichkeit. Grundsatz Nr. 10 lautet:

Faire Kommunikation: Die Informationspolitik ist durch die Grundsätze der Transparenz, Glaubwürdigkeit und Klarheit gekennzeichnet.[41]

Schon vor langer Zeit haben die Vorgängerverbände des IVD sich *Standes- und Wettbewerbsregeln* gegeben, die in ihrer Substanz ethische Normen

41 https://icg-institut.de/de/kodizes-leitlinien/grundsätze (zuletzt abgerufen am 16.11.2021).

darstellen. Solche Regeln sind Ausdruck ethischer Gesinnungen, die denjenigen abverlangt werden, die Mitglied des Verbandes werden wollen.

12.1.2 Berufsethik des Maklers

Ethisches Verhalten ist imageprägend. Man kann die Berufsethik der Makler an Antworten auf die Frage festmachen, was von einem guten Makler zu erwarten ist. Die Antworten sind auf drei Ebenen zu geben:

1 Was erwarten die Kunden von einem guten Makler, dem sie sich anvertrauen?

2 Was erwarten die Öffentlichkeit und die Gesellschaft von guten Maklern, deren Bedeutung für das Gemeinwohl sie einzuschätzen haben?

3 Was erwarten Makler von ihren Kollegen, die einerseits mit ihnen in Wettbewerb stehen und andererseits potenzielle Partner für Gemeinschaftsgeschäfte sind?

Im Sinne des kantschen kategorischen Imperativs müssen sich die Makler bei der Suche nach ethisch fundierten Antworten jeweils in die Perspektive der Kunden, der Meinungsbilder, der anerkannten Repräsentanten der Gesellschaft und in die Situation der Kollegen hineindenken.

Vorhandensein oder Nichtvorhandensein ethischen Verhaltens spiegelt sich vielfach in der *Marketingphilosophie* eines Unternehmens wider. Insbesondere die Kommunikationspolitik (Werbung und Öffentlichkeitsarbeit) sind zentrale Schnittstellen zwischen dem Makler und dessen Kunden. Wenn Marketing definiert werden soll als die Kunst, das eigene Unternehmen vom Markt her (das heißt aus der Perspektive des Kunden) zu führen und den deutlich in den Vordergrund gestellten Kundennutzen nicht nur zu versprechen, sondern auch einzulösen, dann kann von einem ethisch einwandfreien Verhalten gesprochen werden. Klaffen aber Versprechen und Realität auseinander, ist das Handeln des Unternehmens ethisch nicht in Ordnung.

Die *Standesregeln des IVD* zusammen mit den *Geschäftsgebräuchen für Gemeinschaftsgeschäfte* und den *IVD-Wettbewerbsregeln* bilden seit jeher ein Gerüst für einen fairen und kollegialen Umgang mit Kunden und Mitbewerbern.

Die Geschäftsgebräuche für Gemeinschaftsgeschäfte haben jedoch insoweit keinen Kodex-Charakter, als sie – wenn diese verbindlich vereinbart sind – zu Rechtsregeln werden. Alle drei Regelwerke wurden zuletzt 2016 aktualisiert.

Die Standesregeln des IVD sind in ihrem I. Teil („Standespflichten“) eine konkretisierte Aneinanderreihung von Verhaltensvorschriften und in ihrem II. Teil eine Darstellung von sieben Fällen standeswidrigen Verhaltens.

Sie entsprechen zu einem großen Teil dem, was ohnehin durch Gesetz und Rechtsprechung vorgegeben ist.

Die Präambel der Standesregeln sieht eine Art „Generalklausel" vor, die über die Verbandsebene hinausgreift. Danach soll sich jedes Verbandsmitglied innerhalb und außerhalb seines Berufes der besonderen Vertrauensstellung und der volkswirtschaftlichen Verantwortung würdig erweisen und darauf achten, dass durch sein Verhalten und das seiner Mitarbeiter das Ansehen des gesamten Berufsstandes gefördert wird.

Die *Wettbewerbsregeln* haben eine unmittelbar ethische Grundlage und sind dazu bestimmt, branchenspezifische Wettbewerbsbezüge der „Immobiliendienstleister" mithilfe von formulierten *Lauterkeitsmaßstäben* zu steuern. Diese orientieren sich an den Generalklauseln des *Gesetzes gegen den unlauteren Wettbewerb* und hier besonders an den § 3 (Verbot unlauterer geschäftlicher Handlungen) und § 5 (Irreführende geschäftliche Handlungen). Das Verbot der unzumutbaren Belästigung (§ 7 UWG) bleibt in den Regeln ausgespart. Offensichtlich konnte in diesem Bereich kein branchenspezifischer besonderer Regelungsbedarf festgestellt werden. Der überwiegende Teil der Regeln befasst sich mit Verboten, mit denen einer Irreführung der Kunden begegnet werden soll. Vergleicht man die Verbote und Gebote der einzelnen Regeln mit den in der Vergangenheit von „Abmahnern" aufgegriffenen Fällen, stellt man fest, dass im Gegensatz hierzu nicht jeder Bagatellfall erfasst wurde. Harmlose Verstöße gegen die Preisangabenverordnung, die mit dem Verdikt der Sittenwidrigkeit versehen zu einem wahren Abmahnmissbrauch führten, wurden nicht aufgenommen. Zwar sind auch nach den neuen Wettbewerbsregeln (Ziffer 6) unwahre, unvollständige und missverständliche Preisangaben verboten. Der Beurteilungsrahmen ist damit gegenüber der Rechtsprechungspraxis (Verstoß gegen die Preisangabenverordnung ist automatisch sittenwidrig) doch enger gefasst.

Die *Geschäftsgebräuche für Gemeinschaftsgeschäfte* sind interne Regeln unter Maklern, die die Abläufe bei Gemeinschaftsgeschäften betreffen. Sie sollen allerdings auch missbräuchliche Handlungsweisen verhindern und fordern damit ethisches Verhalten zwischen Geschäftskollegen konkret ein.

12.1.3 Verbandsethik

Ein Verband ist kein Selbstzweck. Die besondere Gefahr, der jeder Verband – auch ein Berufsverband – ausgesetzt ist, besteht darin, dass er sich zu einem wirtschaftlichen oder gesellschaftlichen Spielball der Funktionäre und einiger Mitglieder entwickelt. Es gibt genügend Beispiele von Verbänden, die am Ende gescheitert sind, weil sie ihren *Verbandsauftrag* nicht erfüllten.

Ein Beispiel aus der Frühzeit der Maklervereine: Von dem ersten Münchner Maklerverein, dem 1908 gegründeten Verein Münchner Immobilien- und Hypothekenmakler, hat sich bereits 1911 eine Maklergruppe abgespalten, die den „Verband zur Förderung des Süddeutschen Immobilien- und Hypothekenverkehrs München e. V." gründeten. Begründet wurde dies damit, „dass viel zu sehr das persönliche Regiment in den Vordergrund trat, dass persönliche Interessen den allgemeinen Interessen vorangestellt wurden und der Verein nicht die Entwicklung nahm, die er eigentliche hätte nehmen sollen". Allerdings gab es schon damals eine Auseinandersetzung darüber, ob ein Maklerverein die Interessen des Publikums oder die Interessen der Makler vertreten müsse. Der Verein Münchner Immobilien- und Hypothekenmakler hatte sich offensichtlich auch als Schutzverband verstanden, der die Ausbeutung des Publikums durch gewissenlose „Unterhändler" unterbinden sollte. So sollte den Mitgliedern des Münchner Maklervereins untersagt werden, *Aufwandsentschädigungen* für den Nichterfolgsfall zu vereinbaren, obwohl dies rechtlich als zulässig anerkannt werden musste.

Ein Beispiel aus späterer Zeit: Ende der 1960er-Jahre hatte der „Bayerische Landesverband der Makler" (der spätere RDM Bayern) auf die Praktik eines Münchner Mietbüros mit einer großen Aufklärungsanzeige reagiert. Es herrschte damals ein großer Engpass bei der Wohnraumversorgung in München. Dies nutzte das Mietbüro dazu, durch eine Menge von Wohnungsangeboten in der Zeitung Interessenten anzulocken und von jedem vorab eine „Bearbeitungsgebühr" von 50 DM zu kassieren. Die angebotenen Wohnungen waren dann meist schon anderweitig vergeben. Die Sache flog nach dieser Anzeige auf und das Publikum blieb von weiteren Aktivitäten dieses Büros verschont. Die Aktion des bayerischen Maklerverbandes hatte offenkundig einen eminent verbraucherschützenden Charakter. In der Folge wurde das Verlangen von Bearbeitungsgebühren durch das Wohnungsvermittlungsgesetz verboten. Auf die Frage, ob Makler auch Verbraucherschutzbelange berücksichtigen sollen, hat der IVD für seine Regionalverbände im Jahr 2004 die *Förderung des Verbraucherschutzes* in seine Satzung aufgenommen und damit eindeutig Stellung bezogen.

Verbandsethische Vorstellungen kommen in der Regel in den Satzungspräambeln zum Ausdruck. Satzungspräambeln enthalten die Leitbilder, die sich in der konkreten Zweckdarstellung des Verbandes wiederfinden müssen. Das Leitbild eines Verbandes muss von den Mitgliedern getragen und mit Leben erfüllt werden. Es muss deshalb auch aus deren Perspektive formuliert werden.

Wenn von Verbandsverpflichtungen gesprochen wird, darf dies nicht mit den Verpflichtungen der Einzelmitglieder eines Verbandes verwechselt werden. Diese kommen in Standes- und Wettbewerbsregeln sowie in Regeln über das Gemeinschaftsgeschäft zum Ausdruck. Verbandsverpflichtungen binden vielmehr die Verbandsgremien bei der Erfüllung der ihnen per Satzung zugewiesenen Aufgaben.

12.2 Ombudsmann Immobilien

Neben diesen Regeln spielt für den Willen zu einem ethischen Grundverhalten die Tatsache eine Rolle, dass der IVD im Sinne des Verbraucherschutzes bereits 2008 eine Schlichtungsstelle mit einem Volljuristen als Ombudsmann eingeführt hat, die bei Auseinandersetzungen zwischen Mitgliedern und deren Auftraggebern nach Prüfung des Sachverhalts zu einer gütlichen Einigung führen soll.

War die Zuständigkeit anfangs auf Streitigkeiten zwischen IVD-Mitgliedsunternehmen und Verbrauchern beschränkt, so wurde die Schlichtungsstelle in der Folgezeit in Kooperation mit dem Verband der Privaten Bauherren (VPB) erweitert und ihre Zuständigkeit auf private Bauvorhaben ausgeweitet. Die Schlichtungsstelle firmiert jetzt unter nachfolgender Bezeichnung „Ombudsmann Immobilien IVD/VPB – Grunderwerb und Verwaltung“. Die Ombudsstelle ist eine beim Bundesamt für Justiz registrierte *Verbraucherschlichtungsstelle* im Sinne des *Verbraucherstreitbeilegungsgesetzes*.

Bei rechtlichen Meinungsverschiedenheiten mit dem Werkunternehmer kann der Ombudsmann IVD/VPB tätig werden, sofern der Unternehmer erklärt, am Schlichtungsverfahren teilzunehmen. Die Ombudsstelle ist für folgende Angelegenheiten zuständig:

- Streitigkeiten zwischen einem Verbraucher und einem IVD-Mitgliedsunternehmen
- Streitigkeiten zwischen einem Verbraucher und einem Unternehmer aus einem
  - Bauträgervertrag
  - Bauvertrag
  - Grundstückskaufvertrag (Wohnzwecke)
  - Kaufvertrag über Wohneigentum

12.3 Standesregeln

12.3.1 IVD-Standesregeln

IVD-Standesregeln in der Fassung des Beschlusses der IVD-Mitgliederversammlung am 10.06.2016 in Frankfurt am Main:

Präambel

Jedes Mitglied des Immobilienverband Deutschland IVD Bundesverband der Immobilienberater, Makler, Verwalter und Sachverständigen e. V. hat sich innerhalb und außerhalb seines Berufes seiner besonderen Vertrauensstellung und volkswirtschaftlichen Verantwortung würdig zu erweisen und darauf zu achten, dass durch sein Verhalten und das seiner Mitarbeiter das Ansehen des gesamten Berufsstandes gefördert wird.

Die IVD-Standesregeln stellen übergreifende Leitlinien dar, die von den Gedanken der Fairness, Transparenz, Professionalität, Anständigkeit, Aufrichtigkeit und Nachhaltigkeit für ein erfolgreiches wirtschaftliches Handeln geprägt sind.

Diese auch berufsethischen Leitlinien beinhalten Rücksicht und Fairness trotz Konkurrenz, Diskursbereitschaft statt Positionalität, Begrenzung partieller Interessen durch Respekt vor dem Gemeinwohl, Kreativität mit Verantwortung, Verzicht auf das Recht des Stärkeren, einen verantwortungsvollen Umgang mit endlichen Ressourcen (Energieeinsparung) sowie Vermeidung von Diskriminierung.

Die Standesregeln leiten sich auch aus dem European Code of Ethics for Real Estate Professionals des CEPI-European Council of Real Estate Professions vom 30.03.2006 ab.

I. Allgemeine Standespflichten

1 Geschäfte sind auf redliche, faire, transparente und professionelle Art und Weise vorzunehmen. Interessenkollisionen sind zu vermeiden. Die Einhaltung des geltenden Rechts ist selbstverständlich.

2 Es gehört zu den Pflichten des IVD-Mitglieds, sich ständig fachlich fort- und weiterzubilden und stets aktuelles Fachwissen seinen Kunden gegenüber bereit zu halten, und sich permanent und umfassend über alle Gegebenheiten wirtschaftlicher und rechtlicher Natur für die Ausübung seines Berufes zu informieren und mit den daraus gewonnenen Kenntnissen seine Kunden fachgerecht zu beraten.

3 Bei der Werbung um Aufträge sind wahrheitsgemäße Angaben über die eigene Leistungsfähigkeit und die Ausstattung des eigenen Unternehmens zu machen. Das Erscheinungsbild und damit die Werbung sowie das Auftreten der Firma müssen seiner besonderen Verantwortung und den Anforderungen an die persönliche Integrität und berufliche Unabhängigkeit genügen.

4 Das ordentliche IVD-Mitglied hat für sich und seine Mitarbeiter eine Vermögensschaden-Haftpflichtversicherung und eine Betriebshaftpflicht mit einer angemessenen Deckungssumme entsprechend der Geschäftstätigkeit abzuschließen und zu unterhalten. Der Schutz ist regelmäßig nachzuweisen. Zudem nehmen ordentliche Mitglieder an der vom IVD Bundesverband abgeschlossenen Vertrauensschadenversicherung teil.

5 Das IVD-Mitglied ist zur Verschwiegenheit verpflichtet und hat Geschäftsvorgänge vertraulich zu behandeln, soweit dies in Erfüllung des Auftrages möglich ist. Es ist untersagt, die aufgrund seiner Tätigkeit erlangten Erkenntnisse unbefugt zu offenbaren oder zu verwerten. Das Mitglied hat seine Mitarbeiter zur Beachtung der Schweigepflicht zu verpflichten. Angaben von Leerstandszeiten oder sonstige Umstände, die aus Sicht des Immobilieneigentümers vertraulich sind, sind ebenso zu behandeln.

6 Unter Beachtung des Datenschutzes soll das IVD-Mitglied Marktdaten sammeln und dem IVD etwa zur Erstellung von Preisspiegeln zur Verfügung stellen.

7 Das IVD-Mitglied unterliegt der Verpflichtung, sich stets kollegial zu verhalten und sich bei Meinungsverschiedenheiten mit Kollegen zunächst an den Berufsverband zwecks gütlicher Einigung zu wenden. Bei Meinungsverschiedenheiten mit ausländischen Kollegen ist eine gütliche Einigung über die CEPI zu suchen. Bei Meinungsverschiedenheiten mit Kunden soll auf eine Schlichtung durch den Ombudsmann Immobilien im IVD hingewirkt werden. Im Übrigen gilt es, Interessenskonflikte offen, fair, und unverzüglich aufzuklären, bestenfalls aber ganz zu vermeiden.

8 Das Mitglied verpflichtet sich, seine Vermögensverhältnisse geordnet zu halten.

9 Das Mitglied soll seine Mitarbeiter aktiv im rechtlichen und kaufmännischen Bereich fort- und weiterbilden oder hieran mitwirken, indem es ihnen beispielsweise die Teilnahme an Fach-Schulungen ermöglicht. Zur Sicherung des Nachwuchses sollte das Mitglied sich als Ausbilder beteiligen. Zudem sind Regelungen zum Gesundheitsschutz und der Sicherheit am Arbeitsplatz einzuhalten.

10 Das Mitglied verpflichtet sich, die Grundsätze nachhaltiger Unternehmensführung zu beachten. Hierzu zählt auch die Verpflichtung, sich stets für die Verbesserung des Rufes und der Qualität des Berufsstandes sowohl gegenüber der Öffentlichkeit als auch im Sinne der sozialen Nachhaltigkeit einzusetzen.

11 Es müssen interne Systeme und Verfahrensweisen bei den Mitgliedern im Unternehmen vorhanden sein, welche die Einhaltung der IVD-Standesregeln gewährleisten.

II. Standesgemäßes Verhalten im Besonderen

1. Standesgemäßes Verhalten von Maklern

IVD-Mitglieder, die als Makler tätig sind, verpflichten sich neben den allgemeinen Standesregeln, die besonderen Standesregeln des IVD für diese Kompetenzgruppe zu beachten, um standeswidriges Verhalten zu vermeiden. Es ist im Besonderen standeswidrig,

1 gegen die vom Bundeskartellamt mit Beschluss vom 18.09.2006 genehmigten IVD-Wettbewerbsregeln zu verstoßen,

2 ohne Maklerauftrag in Schrift- oder Textform tätig zu werden,

3 Immobilienangebote und Immobiliendaten von Kollegen ohne Einwilligung des Eigentümers oder des anbietenden Immobilienmaklers zur eigenen Nutzung zu übernehmen und/oder Informationen über eine Immobilie für eigene Immobilienangebote zu verwenden, die ohne ausdrücklichen Auftrag des Eigentümers/Immobilienmaklers (z. B. als Ergebnis einer Kaltakquisition) erlangt worden sind,

4 aktive Werbung für eine Immobilie nach Beendigung des Maklervertrages fortzusetzen, wenn ein Makleranschlussvertrag zwischen dem Eigentümer/Verfügungsberechtigten mit einem anderen Maklerkollegen bereits rechtswirksam zustande gekommen ist; ausgenommen bleiben nachvertragliche Betreuung von nachgewiesenen Interessenten sowie ein fortbestehender allgemeiner Auftrag des Eigentümers/Verfügungsberechtigten zur Vermittlung der Immobilie,

5 bei der Werbung um einen Auftrag bewusst einen außerhalb der Marktlage liegenden Preis zu nennen, um auf diese Weise den Auftrag zu erhalten,

6 Vorschüsse auf die Provision zu fordern,

7 sich als alleinbeauftragt darzustellen, ohne nachweisbar über einen Alleinauftrag zu verfügen, ein bestehendes Auftragsverhältnis zwischen einem Auftraggeber und einem Maklerkollegen aktiv zu stören oder einen Auftraggeber mit dem Ziel zu bedrängen, einen eigenen Auftrag zu erhalten,

8 Objekte gegen den erklärten Willen des Auftraggebers anzubieten,

9 verdeckt mit Maklerkollegen in Kontakt zu treten, um Angebotsinformationen zu erlangen und diese im Geschäftsbetrieb zu verwenden,

10 Kunden-Tarnadressen zu verwenden, um Informationen über ein Objekt zu erhalten,

11 angeblich vorhandene Interessenten für eine Immobilie vorzutäuschen und sich Informationen über die Immobilie zu verschaffen, um diese an einen breiten Interessentenkreis ohne Einwilligung des Eigentümers/Immobilienmaklers weiterzugeben,

12 Eigeninteresse an einem Objekt nicht unverzüglich mitzuteilen.

Bei Gemeinschaftsgeschäften ist im Besonderen standeswidrig,

1 keinen rechtswirksamen Auftrag möglichst in Schriftform mit dem Eigentümer/Verfügungsberechtigten zum Zeitpunkt der Vereinbarung des Gemeinschaftsgeschäftes zu haben,

2 vor Abschluss eines Gemeinschaftsgeschäfts eine Abweichung von der hälftigen Provisionsteilung im Gemeinschaftsgeschäft nicht erklärt zu haben,

3 eine nachträgliche einseitige Reduzierung der hälftigen Provisionsteilung oder einen nachträglichen Einbehalt von Provisionsteilen entgegen den Bestimmungen der GfG vorzunehmen,

4 ein Gemeinschaftsgeschäft generell nicht ordentlich abzurechnen,

5 im Zusammenhang mit der Abrechnung des Gemeinschaftsgeschäfts den Maklervertrag und den Hauptvertrag nicht offenzulegen, sofern diese Verträge dem Makler vom Kunden übergeben worden sind.

2. Standesgemäßes Verhalten von Verwaltern

Die IVD-Mitglieder, die als Immobilienverwalter tätig sind, unterliegen ebenso den allgemeinen Standesregeln. Für Immobilienverwalter, denen aufgrund ihrer Eigenschaft als treuhänderischer Sachwalter für fremdes Vermögen eine besondere Vertrauensstellung zukommt, sind zudem die folgenden besonderen Standesregeln maßgeblich.

Qualität des Dienstleisters

Immobilienverwalter verpflichten sich,

1 wirtschaftliche, technische, städtebauliche wie auch soziale Aspekte zu beachten, um lebenswerte Wohnqualität zu schaffen, zu bewahren und ökologisch nachhaltig zu entwickeln,

2 mit denselben Maßstäben auch Gewerbeimmobilien zu betreuen und sich für die Schaffung einer funktional ausgewogenen Arbeitswelt einzusetzen,

3 sich und ihre Mitarbeiter insbesondere im rechtlichen, kaufmännischen und technischen Bereich ständig fachlich fort- und weiterzubilden,

4 sämtliche Arbeitsabläufe zur ordnungsgemäßen und effektiven Erfüllung ihrer Aufgaben zu organisieren,

5 für das Unternehmen und die Mitarbeiter neben einer Vermögensschaden-Haftpflichtversicherung eine Betriebshaftpflichtversicherung speziell für die Tätigkeit des Immobilienverwalters mit einer angemessenen Deckungssumme entsprechend der Geschäftstätigkeit abzuschließen und zu unterhalten.

Verhältnis zu seinen Kunden

Immobilienverwalter verpflichten sich,

1 Kunden stets nach bestem Wissen und Gewissen zu beraten und hierbei aktuelles Fachwissen mit der Zielsetzung, das optimale Ergebnis für unsere Kunden zu erzielen, auch für die nächsten Generationen zu erreichen,

2 sich stets schriftlich beauftragen zu lassen,

3 gegenüber ihren Kunden stets loyal zu verhalten,

4 eine leistungsgerechte Bezahlung zu kalkulieren, aufgeteilt nach Grund- und Sonderleistung. Zur Analyse der eigenen Unternehmenszahlen und Kalkulation einer dauerhaft wirtschaftlichen Verwaltervergütung nimmt der Immobilienverwalter möglichst an Erhebungen teil,

5 sein Entgelt ausschließlich von seinem Auftraggeber zu verlangen. Ohne vorherige Zustimmung des Auftraggebers dürfen keine Provisionen und andere finanzielle Vergünstigen von Dritten angenommen werden,

6 keine wirtschaftlichen Verflechtungen (mittelbar oder unmittelbar) an beauftragten Dritten im Zusammenhang mit der Betreuung der Verwaltungsobjekte zu haben, soweit diese Verflechtung nicht vorab offengelegt wird,

7 mit Beendigung des Auftrages eine vollständige Übergabe vorzunehmen, insbesondere alle notwendigen Informationen zur Weiterführung dem Nachfolger offenzulegen.

Umgang mit dem Verwaltungsvermögen/E-Commerce/elektronischer Datenaustausch

Immobilienverwalter verpflichten sich,

1 Fremdgelder und Treuhandgelder stets getrennt von ihrem und dem Vermögen der Verwaltung zu halten,

2 alle online-Zahlungen nur über gesicherte Wege durchzuführen,

3 vertrauliche Daten und Informationen nur über sichere Wege zu übermitteln bzw. die Auftraggeber über die Risiken einer ungesicherten Übermittlung zu informieren und auf allen Datenträgersystemen eine aktuelle Firewall- und Virenschutz-Software zu installieren,

4 Konten der Wohnungseigentümergemeinschaften als separate, offene Fremdgeldkonten und Konten der Mietverwaltung als offene Treuhandkonten zu führen,

5 keine Bargeldentnahmen von Verwaltungskonten zu tätigen,

6 Hauseigentümern und Vermietern von Mietobjekten und Beiräten in Eigentümergemeinschaften zeitnah bei Bedarf Zugang zu den Kontenbelegen zu ermöglichen und die Bank bei Konteneinrichtung oder Änderung unter Benennung der jeweils Berechtigten entsprechend anzuweisen.

Immobilienverwalter sind gehalten:

1 alle Kontentransaktionen im Vier-Augen-Prinzip durchzuführen,

2 die Kennwörter zu internen EDV-Systemen mindestens alle drei Monate zu ändern,

3 sämtliche Schlüssel zu den Verwaltungsobjekten sowie Miet- und Geschäftsräumen, Kassen, Kennwörter und andere vertrauliche Unterlagen unter Verschluss zu halten und Zugang nur bevollmächtigten Personen zu gestatten,

4 von sämtlichen Arbeitnehmern und Angestellten Führungszeugnisse vorzuhalten,

5 interne Regeln/Arbeitsanweisungen hinsichtlich der Kontenverwaltung und des Zahlungsverkehrs vorzuhalten,

6 die Mitarbeiter über die vorstehenden Regeln in regelmäßigen Abständen zu informieren und zu schulen.

3. Standesgemäßes Verhalten von Sachverständigen

IVD-Mitglieder, die als Sachverständige tätig sind, verpflichten sich neben den allgemeinen Standesregeln, die besonderen Standesregeln des IVD für diese Mitgliedergruppe zu beachten. Für Sachverständige sind zudem die folgenden besonderen Standesregeln maßgeblich:

Unabhängigkeit und Neutralität

1 Jeder Sachverständige ist verpflichtet, seine Leistung unabhängig, weisungsfrei, persönlich, gewissenhaft und unparteiisch zu erbringen.

2 Der Sachverständige darf sich bei Erbringung seiner Leistung keiner Einflussnahme aussetzen, die Anlass gibt, seine Vertrauenswürdigkeit und die Glaubhaftigkeit seiner Aussage in Zweifel zu ziehen.

3 Der Sachverständige darf keine Verpflichtungen eingehen, die geeignet sind, seine tatsächlichen Feststellungen und deren Beurteilung in unangemessener Weise zu beeinflussen.

4 Der Sachverständige hat alles zu vermeiden, was Anlass zur Besorgnis der Befangenheit geben könnte. Bei Ausführung seines Auftrages hat er strikte Neutralität zu wahren.

Erbringung der Sachverständigenleistung

1 Der Sachverständige hat die von ihm geforderte Leistung in eigener Person zu erbringen. Hilfskräfte darf er nur zur Vorbereitung seiner Leistung und nur insoweit beschäftigen, wie er ihre Arbeit ordnungsgemäß überwacht. Der Umfang der Tätigkeit einer Hilfskraft ist in dem Gutachten kenntlich zu machen, soweit es sich nicht nur um Hilfsdienste von untergeordneter Bedeutung handelt.

2 Soweit der Sachverständige mit seinem Auftraggeber keine andere Form vereinbart hat, erstellt er seine Gutachten in Schriftform.

3 Der Sachverständige ist verpflichtet, seine Aufträge unter Beachtung des aktuellen Standes von Wissenschaft, Technik und Recht zu erfüllen.

4 Soweit der Sachverständige Daten oder andere als eigene Erkenntnisse verwendet, hat er dies kenntlich zu machen und deren Herkunft zu belegen.

Aufzeichnungen

1 Der Sachverständige hat über jeden von ihm angenommenen Auftrag gesonderte Aufzeichnungen zu machen. Aufzuzeichnen sind der Name des Auftraggebers, der Tag der Auftragserteilung, der Gegenstand des Auftrags und der Tag, an dem die Leistung erbracht worden ist.

2 Der Sachverständige ist verpflichtet, das erstellte Gutachten mindestens zehn Jahre lang aufzubewahren.

3 Der Sachverständige darf insbesondere keine Grundstücke erwerben oder zum Erwerb vermitteln, über die er zuvor ein Gutachten erstellt hat. Eine Ausnahme gilt nur, wenn er nach Erstellung des Gutachtens von dem Auftraggeber des Gutachtens einen Anschlussauftrag zur Vermarktung des Objekts erhält.

III. Verstöße

Verstöße gegen die IVD-Standesregeln werden in Abstimmung mit dem IVD Bundesverband regelmäßig nach der Satzung des zuständigen IVD Regionalverbandes geahndet.

12.3.2 RICS Verhaltenskodex „Rules of Conduct"

Noch ausgeprägter ist das Verpflichtungsprofil von Mitgliedern bei der *Royal Institution of Chartered Surveyors.* Der Verhaltenskodex („Rules of Conduct"), der zuletzt am 20.03.2020 aktualisiert wurde, listet für die Mitglieder folgende persönlichen und beruflichen Standards auf:

RICS Verhaltensregeln für Mitglieder

Einführung

Die Verhaltensregeln für Mitglieder gelten für alle Mitglieder weltweit. Sie decken die Angelegenheiten ab, für die die einzelnen Mitglieder in ihrem Berufsleben verantwortlich und rechenschaftspflichtig sind. Die Regeln orientieren sich an unseren regulatorischen Zielen und übernehmen die fünf Prinzipien für eine bessere Regulierung:

1 Verhältnismäßigkeit

2 Rechenschaftspflicht

3 Konsistenz

4 Zielsetzung

5 Transparenz

Umfang

Diese Regeln legen die Standards für das professionelle Verhalten und die berufliche Praxis fest, die von Mitgliedern der RICS erwartet werden. Diese Regeln wiederholen keine Verpflichtungen, die den Mitgliedern durch das allgemeine Gesetz auferlegt werden, beispielsweise in den Bereichen Diskriminierung und Beschäftigung.

Nicht jedes Versäumnis eines Mitglieds oder die Nichteinhaltung dieser Regeln führt zwangsläufig zu einem Disziplinarverfahren. Die Nichtbefolgung von Richtlinien im Zusammenhang mit den Regeln ist jedoch ein Faktor, der berücksichtigt wird, falls das Verhalten eines Mitglieds untersucht werden muss. Unter solchen Umständen kann ein Mitglied aufgefordert werden, die von ihm unternommenen Schritte zu begründen, und dies kann berücksichtigt werden. Ein Mitglied sollte sich sowohl vom Geist der Regeln als auch von den ausdrücklichen Bedingungen leiten lassen.

Teil I Allgemeines

1 – Auslegung

In diesen Regeln bedeutet „Mitglied", sofern der Kontext nichts anderes erfordert, Chartered-Mitglied, Non-Chartered-Mitglied, Ehrenmitglied oder ein Mitglied weiterer genannter Klassen.

2 – Kommunikation

RICS kommuniziert mit Mitgliedern auf einem der folgenden Wege:

1 Brief

2 Fax

3 E-Mail

4 Telefon

5 persönlich

Teil II Persönliche und berufliche Standards

3 – Ethisches Verhalten

Die Mitglieder müssen jederzeit integer handeln, Interessenkonflikte vermeiden und Handlungen oder Situationen vermeiden, die mit ihren beruflichen Pflichten nicht vereinbar sind.

4 – Kompetenz

Die Mitglieder üben ihre berufliche Tätigkeit mit der gebotenen Sachkenntnis, Sorgfalt und Gewissenhaftigkeit und unter Beachtung der von ihnen erwarteten technischen Standards aus.

5 – Service

Die Mitglieder haben ihre berufliche Arbeit fristgerecht und unter gebührender Berücksichtigung der von ihnen erwarteten Service- und Kundenbetreuungsstandards auszuführen.

6 – Berufliche Weiterbildung (CPD)

Die Mitglieder müssen die RICS-Anforderungen in Bezug auf die berufliche Weiterbildung erfüllen.

7 – Zahlungsfähigkeit

Die Mitglieder stellen sicher, dass ihre persönlichen und beruflichen Finanzen in geordneten Verhältnissen sind.

8 – Informationen an RICS

Die Mitglieder müssen dem „Board of Regulation" rechtzeitig und zeitnah Informationen vorlegen können, wie sie üblicherweise verlangt werden können.

9 – Zusammenarbeit

Die Mitglieder arbeiten uneingeschränkt mit den RICS-Mitarbeitern und allen durch die Statuten sowie vom Board of Regulation ernannten Personen zusammen.

12.3.3 CEPI European Code of Conduct

Die vollständige Bezeichnung des Code of Conduct der CEPI lautet: CEPI European Code of Conduct and Ethical Behaviour for National Real Estate Association Members. Übersetzt: CEPI Europäischer Verhaltenskodex und ethisches Verhalten für Mitglieder der nationalen Immobilienverbände.

Der CEPI Ehrenkodex „CEPI European Code of Ethics for Real Estate Professionals" aus dem Jahre 2006 ist der Vorläufer des aktuellen Kodex. Der Kodex gilt für alle professionellen Immobilienspezialisten in Europa, sofern sich daraus keine Konflikte mit nationalen Gesetzen ergeben. Auch IVD-Mitglieder unterliegen diesem Kodex. Der Aufbau besteht aus Präambel, Definition (Anwendungsbereich) sowie den Verhaltensregeln:

1. Präambel

Die Tätigkeiten von Immobilienfachleuten (Immobilienmakler und -verwalter) erfordern immer mehr Sorgfalt, Professionalität und fundiertes Wissen in so unterschiedlichen Bereichen wie Recht, Steuern, Versicherungen, Wirtschaft, Rechnungswesen, Gebäudetechnik, Soziologie, Finanzierungsfragen, Informationstechnologie, Städtebau, Raumordnung, Bewertung etc. Darüber hinaus müssen diese Kenntnisse durch ständige Weiterbildung aktuell gehalten werden.

CEPI reagiert auf diese Forderung nach Transparenz, Integrität und Unabhängigkeit, die Immobilienfachleuten aufgrund der ihnen zugewiesenen zivilen, wirtschaftlichen und gesellschaftlichen Rolle auferlegt werden, und nimmt diese Selbstverpflichtung sehr ernst. CEPI ist davon überzeugt, dass mit dem alle gemeinsamen Grundsätze eines europäischen Verhaltenskodex und ethischen Verhaltens in dem vorliegenden Werk (im Folgenden „Kodex" genannt) eingeflossen sind.

Die im Kodex niedergelegten Grundsätze zielen darauf ab, die Qualität der Dienstleistungen wie Vertraulichkeit und Vermeidung von Interessenkonflikten im Interesse des Gemeinwohls und der Erhaltung des beruflichen Erbes für zukünftige Generationen bestmöglich zu gewährleisten.

2. Definitionen

Unter Immobilienmakler ist jeder Dienstleister im Auftrag Dritter zu verstehen, der beim Verkauf, Kauf, Tausch, Vermietung oder Übertragung von Grundstücken, Grundrechten oder Geschäften in dessen Interesse handelt. Als Immobilienverwalter gilt jede Person, die gewöhnlich als Haupt- oder Nebentätigkeit im Auftrag Dritter als Bevollmächtigter oder Vermittler Immobilien oder Immobilienrechte verwaltet oder als Immobilienverwalter tätig wird für Wohnungen in Mehrfamilienhäusern oder im Miteigentum.

3. Verhalten und ethisches Verhalten

In seinen Beziehungen zu Kunden handelt der Immobilienfachmann verantwortungsvoll in Bezug auf die Themenschwerpunkte:

1. Unabhängigkeit
2. Verantwortung
3. Integrität
4. Diskriminierung
5. Vertraulichkeit
6. Selbstkompetenz
7. Professionelles Know-how
8. Fairness gegenüber Kunden
9. Interessenkonflikte
10. Kollegialität
11. Berufliche Diskretion
12. Zahlung
13. Kontinuierliche berufliche Weiterbildung
14. Vermarktung von Kundenimmobilien
15. Bekämpfung der Geldwäsche
16. Datenkontrolle
17. Faire Vergütung
18. Gesetzgebung
19. Versicherung

(Die Ausführung der Punkte 1 bis 19 ist aus Platzgründen auf die Überschriften beschränkt.)

Stichwortverzeichnis